기도, 죽기내기로 기도하라

초판 1쇄	2011년 5월 2일 발행
초판 5쇄	2015년 3월 2일 발행

지은이	박윤선
펴낸이	안만수
책임편집	조주석
발행처	도서출판 영음사
주소	경기도 수원시 권선구 경수대로369번길 20 연안빌딩 4, 5층
전화	031) 233-1401, 1402
팩스	031) 233-1409
전자우편	biblecomen@daum.net
등록	2011. 3. 1. 제251-2011-14호

ISBN 978-89-7304-069-8 03230
값 12,000원

이 도서의 국립중앙도서관 출판시 도서목록(CIP)은 e-CIP 홈페이지
http://www.nl.go.kr/cip.php에서 이용할 수 있습니다.
(CIP 제어번호 : CIP2011001718)

이 책의 저작권은 도서출판 영음사에 있습니다.
저작권법에 의하여 보호를 받는 저작물이므로 무단전재와 복제를 금합니다.

정암 메시지 시리즈 1

기도,
죽기내기로
기도하라

박윤선

영음사

추천의 글 1

김명혁 | 합동신학대학원대학교 명예교수

부족한 나에게 보석과 같은 영적 유산을 물려주신 고마운 다섯 분들 중의 한 분이 박윤선 목사님이시다. 나에게 특별한 애정과 가르침을 나타내 보이신 분이시다. 박 목사님은 말씀과 기도에 사로잡힌 분이셨고 단순함과 소박함과 따뜻함을 지니신 분이셨다. 평양에서 학생시절 기도로 일관하신 분이셨고, 부산 고신대에서 회개의 기도운동을 일으키신 분이셨으며, 6.25 피난 시절 부산 초량교회에서 회개운동을 인도하신 분이셨다. 총신의 학장으로 계실 때 이른 새벽마다 택시를 타고 총신 뒷산에 올라가 몇 시간씩 기도하신 분이셨고, 총신에서 학생 데모 사태가 일어났을 때 매일 밤 강당에서 기도회를 인도하신 분이셨다. 합신의 학장과 교수로 계실 때 교수 세미나를 항상 기도원에 가서 인도하실 정도로 기도로 일관하신 분이셨다. 기도하다가 죽는 사람들이 되라고 채플 시간마다 호소하시곤 하였다. 세브란스 병원에 계시던 마지막 1주일 동안이야말로 기도로 일관하신 분이셨다. 나는 매일매일 회개의 기도와 중보의 기도를 드리시는 박 목사님을 곁에서 바로 볼 수 있었다. 박 목사님의 간절한 기도 중의 기도는 다음과 같았다. "박 목사의 의를 제거해 주시옵소서."

추천의 글 2 홍정길 | 남서울은혜교회 담임목사

총회 신학교 입학한 저에게 박윤선 목사님의 말씀은 충격 그 자체였습니다. 그때만 해도 저는 교회에서의 설교나 신학교 교수님들의 강의를 들을 때마다 '내가 왜 이 자리에 앉아 있어야 하나 시간이 아깝다'라는 생각을 하곤 했었습니다. 물론 저의 신앙이 깊지 못하고 부족한 부분이 많은데다 그릇이 부족하여 주신 은혜를 다 담지 못하던 시절이었습니다.

그런데 신학교에 입학해 박윤선 목사님의 첫 강의 앞에서 형언할 수 없는 감동에 휩싸였고 하나님 임재의 외경에 몸을 떨면서 눈물로 들었습니다. 이 순간은 제 생애에서 하나님 말씀의 엄중함과 말씀이 생명력을 가지고 있다는 사실을 몸 전체로 알게 된 순간입니다.

박윤선 목사님은 말씀을 전하기까지 '말씀' 자체를 깊이 묵상하셨습니다. 헤르만 바빙크, 아브라함 카이퍼, 비비 워필드와 같은 신학자들의 이야기도, 그냥 듣고 읽은 것을 전하시는 것이 아니었습니다. 박 목사님의 학문의 열정은 그들이 그렇게 말할 수밖에 없었던 깊은 세계까지 찾아가 답을 얻어 냈고, 그것을 우리에게 전해 주셨으므로 말씀이 그처럼 힘이 있고 감동 자체였습니다.

그렇게 말씀을 깊이 묵상하셨던 목사님은 또한 말씀 자체에 대한 하나님의 뜻을 항상 기도로 구하셨습니다. 편편하고 좋은 바위를 보시면 여기 엎드려서 예수님처럼 기도하면 좋겠다 하셨고, 조금이라도 한가한 시간이 나면 지금이야말로 하나님과 단둘이 대화할 시간이라고 하시며 기도하셨습니다. 그 분이 유학하신 웨스트민스터 신학교에는 도토리나무 숲에서 홀로 열심히 기도하던 한국 유학생의 이야기가 전설처럼 내려오고 있습니다.

그러나 그분의 기도는 결코 막연한 기도가 아니었습니다. 언젠가 김의환 목사님 집의 이웃에 사시던 박윤선 목사님이 신문을 들고 찾아오신 일이 있었습니다. "김목사님, 경부 고속도로 개통이 옳은 일입니까?" 당시 경부 고속도로 개통을 두고 온 나라에 의견이 분분하던 때였습니다. 김 목사님은 스승님이 이른 아침에 신문을 들고 직접 찾아오신 것이 황송해 왜 물으시냐고 조심스레 여쭈었습니다. 박 목사님이 대답하셨습니다. "신문에 이리 크게 난 것을 보니 국가적으로 중대한 일인 것 같은데 내가 이것에 대해 잘 모르니 정확히 안 다음 기도해야 하지 않겠습니까?" 구체적인 기도를 하나님께 드린 박윤선 목사님, 그래서 구체적인 능력에 힘입어 말씀 사역을 해 나가신 것이라고 생각합니다.

많은 기도와 함께 그 분의 삶을 생각하면 떠오르는 것은 '겸손'입니다. 박 목사님은 오로지 주님만을 높이는 겸손의 삶을 사신 분입니다. 어느 날 목사님 댁에 공사를 하게 되었습니다. 공사 중인 집에 목사님이 들어가셨는데 늘 허름한 옷을 입으시는 목사님을 본 공사 감독은 마침 인부 오기를 기다리던 중이어서 박 목사님이 인부인 줄 알고 "이보시오, 저기 돌들을 이리로 좀 갖다 놓으시오"라고 했답니다. 박 목사님은 열심히 돌들을 날랐습니다. 후에 들어오신 사모님이 "아니 목사님, 이게 웬일입니까?" 놀라서 말씀하시니 목사님은 "저분이 좀 도와달라고 해서 지금 돕는 중이야" 하시며 힘이 있어서 돕는데 뭘 그러느냐고 대답하셨습니다. 공사 감독은 아마 민망하고 미안해 어쩔 줄 몰랐을 것입니다. 이것이 하나님의 사람 박윤선 목사님의 모습이었습니다.

그분의 겸손은 하나님을 높이었고, 그분의 깊은 기도는 말씀에 힘을 더했습니다. 여기 수록된 설교들은 평생 하나님 앞에 사셨던 그분 삶의 증언이고, 하나님께서 신실하신 목사님을 통해 우리에게 하시는 말씀입니다. 귀로 들었던 그 분의 말씀을 다시 읽으며, 사십여 년 전 박윤선 목사님을 처음 뵈었을 때의 감동을 떠올리게 되었습니다.

박윤선 목사님과 같은 믿음의 사람, 하나님의 사람이 이 땅에 많이 드러나기를 소원해 봅니다. 이 책이 목사님의 제자들에게 그 배움을 다시 회복하는 은혜를, 그 분을 모르는 분들에게는 그 분이 온 생애를 다해 그토록 사랑하셨던 하나님을 만나는 축복을 선사하게 되기를 바랍니다.

| 머리말 |

"주여!"

주경 신학자 박윤선의 신학과 목회 그리고 삶의 중심부에는 "주여!"로 시작하는 기도가 있습니다. 그의 "주여!" 기도는 절대자 앞에서 모든 가식적인 치장을 벗어던져 버린 피조물의 겸허한 고백입니다. 또한 그의 수많은 설교들과 깊이 있는 신학체계가 하나님을 주인으로 삼고 있음을 진실하게 고백하는 것입니다. 한 걸음 더 나아가 그는 자신의 삶 전체가 하나님 중심주의적인 기도의 삶이었음을 고백하고 있습니다.

필자가 박 목사님을 모시고 같은 교회를 섬길 때의 일입니다. 어느 날 새벽, 문득 이런 생각이 들었습니다. 박 목사님과 같은 분은 어떤 기도를 하실까? 심히 외람된 일이지만, 은사 목사님의 기도를 곁에서 엿들었습니다. 신학교에서는 신학을, 목회현장에서는 목회를, 그리고, 이에 지나, 경건 생활의 영역에서조차 은사님으로부터 가르침을 받고자 하는 열망 때문이었지요.

"주여! 불쌍히 여겨주옵소서!"

뜻밖에도 박 목사님의 기도는 단순했습니다. 장시간 귀를 기울였는데 결국 알아들을 수 있었던 모든 내용은 "주여! 불쌍히 여겨주옵소서!" 이 한마디로 요약되는 듯 했습니다. 끊임없이 터져 나오는 그의 "주여! 불쌍히 여겨주옵소서!" 기도는 결코 중언부언이 아니었습니다. 좋은 글에는 서론과 본론 그리고 결론의 짜임새 있는 전개가 있듯이 그의 기도도 무엇인가로 꽉 찬 내용이 매우 힘차게 전개되어 나가는 느낌이었습니다. 그런데 각 문단 안에서 작은 단위로 구분되는 각각의 작은 서론들, 작은 본론들, 그리고 작은 결론들 모두가 결국은 "주여! 불쌍히 여겨주옵소서!"로 요약되고 있었습니다.

도서출판 영음사의 도움으로 출간되는 그의 열아홉 편의 설교들을 다시 읽으며 문득 그 날 새벽의 은혜가 어제 일처럼 떠올랐습니다. 정확히 같은 느낌, 같은 교훈, 그리고 같은 은혜를 받은 것입니다. 그의 기도에 관한 설교는 그야말로 꽉 차있는 설교들입니다. 박윤선의 신학과 목회철학 또한 그의 인생관과 세계관이 모두 모두 넘쳐흐르도록 배어난 설교들입니다. 많은 내용을 담고 있음에도 불구하고 결국 "주여! 불쌍히 여겨주옵소서!"라는 한마디의 기도로 요약될 수 있습니다. 이 짧은 한마디가 어떻게 그토록 많은 내용을 담고 있는지, 동시에 어쩌면 그토록 깊은 신학과 경건 그리고 삶 전부를 아우르고 있는지, 독자들은 신선한 충격과 더불어, 어떤 의미에선, 다소 준엄한 교훈을 얻게 될 것입니다.

삼십여 년 전, 은사님의 은밀한 기도를 엿들으며 황송함 속에서 나름 짜릿한 은혜를 체험했던 한 사람의 경험이 이제 박윤선의 "기도"라는 책을 통해 이 민족교회의 모든 성도들의 삶 속에 확대 재생산 되는 간절한 소원이 있습니다. 더욱이 요즘과 같은 때에 몸과 마음 그리고 영혼의 진을 빼며 부르짖는 그 분의 한마디 기도, 바로 그 기도가 가장 그립습니다. "주여! 이 민족교회를 불쌍히 여겨주옵소서!"

2011년 3월
펴낸이 안 만 수

차례

추천의 글_ 김명혁 홍정길 5
머리말 9

기도의 모본
1. 나의 기도생활 17
2. 한나의 기도 I 37
3. 한나의 기도 II 55
4. 요나의 기도 73
5. 히스기야의 기도 87
6. 예수님의 기도 101
7. 첫 기도회 117

죽기내기로 기도하라
8. 항상 기도하라 131
9. 깨어 기도에 힘쓰라 143
10. 강청하는 기도를 드리라 153
11. 강한 영적 요구를 가지라 167
12. 모든 사람을 위하여 기도하라 179
13. 예수님께서 기도를 평하시다 193

차례

기도의 응답
14. 육신을 제어하라 207
15. 아내를 귀히 여기라 219
16. 누구나 받는 기도 응답 231
17. 신자의 원한을 들으신다 243
18. 평생 기도하는 복을 받으라 259
19. 기도의 네 가지 요소 277

기도,
죽기내기로
기도하라

기도의 모본

P R A Y E R

"기도는 보이지 않는 분에게 말하는 연습이다. 보이지 않는 분에게 그야말로 눈물을 흘리면서 말할 수 있도록 연단을 받아야 한다."

1.
나의 기도생활

[1] 내가 찬양하는 하나님이여 잠잠하지 마옵소서 [2] 그들이 악한 입과 거짓된 입을 열어 나를 치며 속이는 혀로 내게 말하며 [3] 또 미워하는 말로 나를 두르고 까닭 없이 나를 공격하였음이니이다 [4] 나는 사랑하나 그들은 도리어 나를 대적하니 나는 기도할 뿐이라.(시 109:1-4)

옛날에 공자라는 사람은 인자(仁者)는 요산 (樂山)이요, 라고 했습니다. 착한 사람이나 의로운 사람은 산을 사랑한다, 산을 즐거워한다고 했습니다. 그 이유를 설명하자면 산을 사랑하고 산을 좋아하는 그런 분위기 가운데 살게 되면 오래 산다는 이야기입니다. 어디까지나 인간 중심의 사고방식입니다.

고요한 장소

그러나 저는 예수님을 따르는 한 사람으로서 예수님의 생각을 좀 받았기 때문에 산을 좋아하고 들을 좋아하게 된 것 같습니다. 예수님께서 종종 산에 가셔서 기도하시고 들에 가셔서 기도하셨습니다. 만일 예수님이 팔레스틴에 나시지 않고 평야만 광활하게 펼쳐진 나라에서 나셨다고 할 것 같으면 산이 없어서 산에 가시지 않고 들에 가셨겠지요. 산이나 들은 고요한 장소입니다. 마가복음 1장 35절에 보면, 한적한 곳이 예수님께서 기도하시는 장소가 되었습니다. 그렇다면 이 한적한 곳이 우리 인생들에게도 중요합니다.

마태복음 22장 37절 말씀에 "네 마음을 다하고 목숨을 다하고 뜻을 다하여 주 너의 하나님을 사랑하라" 하였는데 우리는 어떤 기회를 얻어서라도 전심전력 하나님을 찾을 수 있는 그런 생활을 하게 된다면 더할 나위 없이 행복하겠지요. 우리가 하나님을 바라보고 찾을 때 너무도 우리 인격의 자세가 되어 있지를 않습니다. 그저 머리로만 찾지 심령으론 찾지 않습니다. 정말 인격을 온통 다 드려 바쳐 믿음으로 하나님을 찾지 않는 일이 너무나 많습니다. 그런 이유로 이 세상에서 살고 있는 우리 신자들이 하나님에게서 멀리 떠난 생활을 많이 하는 줄로 압니다.

우리가 전심전력 온 인격을 드려 바쳐서 주님을 찾고 주님을 섬긴다면 지금보다는 훨씬 더 나은 삶의 자세를 이루었을 것입니다. 그래서 우리에게 언제나 아주 중요하게 생각되는 것은 어떤 식으로든지 전심전력 주를 찾는 그런 기회가 있으면 좋겠다는 것입니다. 우리가 이 세상에 태어나서 세상에 사람이 하나도 없고 자기밖에 아무도 보이지 않을뿐더러 또 자기가 발을 딛고 사는 이 땅에 볼 만한 것도 없고 정신 자세가 바른 데로 향한 것이 없다면 그 심령의 형편이 어떻게 될까 이러한 생각을 하게 됩니다.

천태만상의 복잡한 이 세상에서 나라는 이 인생을 끌어가서 못살게 굴고 모든 방면에서 미혹하는 까닭에 그 정신 자세가 갈기갈기 찢겨져 가루가 되다시피 다 깨지고 아무것도 남을 것이 없는 무용지물이 되고 말았습니다. 이렇게 복잡한 세상에서 우리가 인생으로서의 본연의 자세, 인생의 목적을 이루어가려면 전적으로 주님을 찾아야 되며 주님에게 이 전부를 바쳐야 되는 것이 아니겠습니까? 그렇게 할 때 참으로 인생 됨됨이의 본연을 소유한다고 생각합니다. 뭐 여러분도 다 심리는 같겠지만 신자로서 산을 볼 때 거기 들어앉아 기도할 생각이 나고 또 들을 바라다 볼 때에 어느 들판에 앉아 주님께 실컷 기도하고 가야겠다 하는 그런 생각이 날 것입니다.

숭실전문 다닐 때의 기도 생활

한 50여 년 전의 일로서 잊을 수 없는 것이 있습니다. 숭실전문에 다닐 때 기도를 하려고 애를 많이 썼습니다. 산에도 가고 고요한 방에도 찾아가서 시간을 아까워하지 않고 기도하려는 마음이 아주 강했던 것으로 기억합니다. 그때는 왜 그랬는지 모르나 무슨 일을 당하든지 기도하면 되지 하는 그런 마음 자세를 가지고 있었습니다. 물론 기도를 잘 못한 것도 많았지만 기도하면 되지 하는 그러한 생각에 온통 지배를 받고 있었습니다.

한 예를 들면 스스로 학비를 조달해서 써야 할 고학생 때의 일입니다. 영심환이란 약을 가지고 이곳저곳 다니면서 팔았으나 뭐 잘 팔리지를 않아 학비 조달이 어려웠습니다. 하루는 숭실전문의 학감인 모의리 牟義理, E. M. Mowry 씨가 나를 찾아 왔습니다. 그가 좋은 일자리 하나를 소개해 주었는데 서기산 밑에 있는 야나기야 철도 호텔이었습니다. 그 철도 호텔에 서양 손님들이 많이 찾아 왔는데 그곳의 직원들이 영어 회화를 배우고 싶어 하니 가서 가르치는 것이었습니다. 그래서 "예" 하고 그 일을 내가 맡았습니다.

그런데 거기 한 번 가보니까 그 사람들이 나보다 영어를 더 잘했습니다. 난 책만 읽었지 뭐 회화를 해 보았겠어요? 그분들은 매일같이 서양 손님들을 맞이하는 그런 직원들이었으니 말입니다. 그래서 큰 근심이 생겼는데 해결책이 떠올랐습니다. '기도하면 된다'는 것이었습니다. 영어 가르치는 것을 기도로 해보려고 한 것입니다. 평양 신양리에 숭실전문이 있었는데 이곳 가까이에 서문밖교회가 있었습니다. 잠깐 걸어가면 갈 수 있는 곳인데 밤 11시나 12시쯤이 되면 그 교회의 당회실에서 몇 시간씩 기도를 했습니다. 그때 무슨 기도를 했는지 지금은 생각이 잘 나지 않지만 다른 것이었겠습니까? 회화 가르치는 일을 잘 감당하게 해달라는 것이었겠지요. 그렇게 기도하고 호텔에 가서 망신은 당하지 않고 그날그날 꽤 견뎌 냈습니다. 좌우간 계속 기도를 하면서 회화 책도 열심히 읽고 그곳에 가곤 했는데 점차로 내가 그들보다 퍽 앞서 나가자 직원들이 꼼짝 못하고 배웠습니다.

알지 못하는 사이에 받는 응답 기도

오늘 이 시간에 부족한 이 사람이 기도 응답 받은 일에 대하여 말씀을 드리려고 합니다. 이번 사경회를 가만 보니까 강사님들이 나만 나이 많은 것 아니라 다른 분들도 꽤 나이 들어 보이십니다. 그분들은 아직도 영계에 힘이 많으십니다. 하지만 나는 지금 이를테면 소를 부리다 늙어 못쓰게 된 형국이나 다름없는데 저를 여기에 세운 것을 보면 여러분의 지혜가 어디에 있는지 알 것 같습니다. 나이 많은 사람을 데려다 놓고 무슨 말을 듣자 하는 이러한 스타일의 사경회라는 것이지요. 참으로 의미심장합니다. 그러나 제가 또 다행히 나이 많은 사람 축에 들어 말을 체면 없이 해도 무방할 것으로 보입니다. 그래서 이제 기도 응답에 대해서 몇 가지 말씀을 드릴 텐데 그저 양해할 것은 양해하시고 용서할 것은 용서하시고 참고하셨으면 합니다.

첫째로 말씀드리고자 하는 바는 내 자신이 알아차리지도 못하던 때에 기도 응답을 받는다는 것입니다. 우리 신자들이 이 세상 살아갈 때 기도를 많이 합니다. 그런데 그 많은 기도들이 언제 응답되었는가 하는 문제에 대하여 좀 생각을 해봐야 합니다. 제가 생각하는 바는 내가 알지 못하는 사이에 응답 받은 기도들이 많았다는 것입니다.

참된 기도는 대체로 자아 중심의 기도가 아니라 남들을 위한 기도입니다. 우리가 백 번 기도했다고 하더라도 자기를 중심해서 기도한다면 거의 모든 기도가 응답되지 않을지 모릅니다. 참으로 하나님께서 기뻐하시는 기도는 개인주의나 이기주의를 떠나 하나님의 영광을 위하여 다른 사람들을 위해서 하는 기도입니다. 그때에 기도다운 기도가 되는 줄로 생각합니다.

우리가 남들을 위해서 기도를 전혀 안 한 것이 아니라 했을 터인데 그 기도들이 상당히 많이 응답되었을 것입니다. 그런데 우리는 그런 기도를 해놓고도 응답이 되었나 안 되었나 알아보지도 않은 채 자기 자신에게 너무 집착해 있는 형편입니다. 남을 위해서 기도했다면 그분을 위해서 기도한 것이 어떻게 되었나 알아보아야 합니다. 그렇게 열심히 생각해 봐야 함에도 불구하고 그 방면에 대하여 너무나 무관심주의로 지내는 일들이 많습니다. 그러니 하나님께서 그런 기도를 듣고서 응답해주시는 일이 없다고 말할 수 없습니다. 제가 한 기도는 주로 남들을 위한 기도였을 것입니다. 그런 경우에 있어서 그 기도가 어떻게 되었나 알아보지도 않았을 뿐 아니라 실제로 알아보기도 힘들었겠지요. 그러니까 기도 응답에 대해서 우리가 알지를 못합니다.

참된 기도는 영적인 기도입니다. 우리 육신이 잘되기를 위해서 기도할 수 있습니다. 그렇지만 그것이 주가 되면 안 되는 줄로 생각합니다. 성경이 말하는 인생관은 우리의 몸보다 하나님의 성령과의 관계에서 더 잘 돼 나가기를 원합니다. 우리라는 존재가 성령과의 관계에서, 즉 하나님을 영화롭게 하며 하나님을 사랑하며 하나님을 섬기는 일과 관련된 점에서 하나님이 중점적으로 보신다는 것입니다. 그런고로 우리 육신과 관계되는 기도들이 많다 하더라도 그것이 하나님과의 관계되는 점에 있어서 영적인 중요한 사실이 무엇인지 그것을 하나님께서는 보시기를 원하십니다. 따라서 우리 육신을 위해서 기도를 많이 했다 하더라도 그 가운데 하나님이 경청하실 만한 기도가 몇 가지가 되느냐 하는 그 문제입니다.

하나님은 우리의 기도를 응답하실 때에 영적으로 하십니다. 다시 말하면 우리의 영원한 장래, 하나님과 함께 사는 그 장래에 대해서 중점적으로 생각하시고 일들을 처리해 주십니다. 그러니만큼 우리가 보는 것과는 다른 성격의 기도 응답들이 있는 것입니다. 그렇다면 우리는 하나님이 응답해주신 그 기도에 대해서 잘 살피지 못하는 것이 있는 것입니다.

주기도의 사례

예를 들어 주기도를 생각해보십시다. 주기도에 나오는 많은 말씀들은 우리가 이해하기 어려운 말씀들입니다. "이름이 거룩히 여김을 받으시오며"라고 우리가 기도하지만 구체적으로 그 기도가 응답될 때에는 어떤 일이 있었는지 우리는 미처 생각 못한다는 것입니다. 생각해본다 하더라도 어떠한 사건이 이 기도의 응답이라고 하겠습니까? 참 어려운 것입니다.

나라이 임하는 일도 우리로서는 역시 굉장히 살피기 어렵습니다. "뜻이 하늘에서 이룬 것같이 땅에서도 이루어지이다" 하는 기도를 하긴 했지만 기도한 사람인 자기 외부에서 이루어지는 경향이 많다는 말입니다. 이러하니 그것이 어디에서 이루어졌는지 우리는 살피기가 대단히 어렵습니다.

그 다음에 나오는 말씀들도 우리가 아는 것보다는 내용이 더 깊습니다. 또 살피기 어려운 말씀들도 많습니다. 그런고로 기도 응답에 있어서 하나님께서 하나님 중심으로, 하나님 나라 중심으로 응답해 나가실 때 우리로서는 그 응답을 느끼기가 참 어렵습니다. 더 나아가 여러분이나 제가 기도할 때 그 기도가 땅에 떨어지지 않도록 해 주십니다. 성령께서 그 기도를 들으시고 수정하시어 응답해 주십니다.

로마서 8장 26-27절을 보십시다. "이와 같이 성령도 우리 연약함을 도우시나니 우리는 마땅히 기도할 바를 알지 못하나 오직 성령이 말할 수 없는 탄식으로 우리를 위하여 친히 간구하시느니라 마음을 살피시는 이가 성령의 생각을 아시나니 이는 성령이 하나님의 뜻대로 성도를 위하여 간구하심이니라." 아주 명백한 말씀입니다. 우리가 연약하기 때문에 기도를 잘못하는 일이 많다는 것이 이 말씀에 반영되었습니다. 그렇다고 해서 하나님께서 피로 사신 성도가 드리는 기도를 팽개치느냐 하면 그런 게 아니고 성령님께서 그 기도를 들으시고 수정해 가지고 하나님 아버지께 드린다는 것입니다. 그렇게 볼 수 있는 말씀 아닙니까? 말할 수 없는 탄식으로 우리를 위하여 친히 간구해 주신다고 했습니다. 그러기 때문에 믿어야 할 바는 우리의 기도가 헛되지 않다는 것입니다. 피로 산 성도요 하나님의 자녀들이기 때문에 하나님 아버지께서 결단코 팽개쳐두지를 아니하시고 우리의 일거수일투

족을 살피십니다. 특별히 우리의 기도에 대해서 뜨겁게 관계하십니다. 제가 깨닫지 못하는 기도도 많이 응답되었다고 생각합니다.

사명과 관련된 응답 기도

둘째로는 확실히 알려진 기도들이 응답된 것이 있습니다. 이러한 기도 응답들 가운데 먼저는 사명과 관계된 기도를 드렸을 때 하나님께서 꼭 응답해주신다는 것입니다. 사명이란 내가 무엇을 하는가, 내가 무엇을 꼭 해야 되겠다 하는 것입니다. 특별히 나 같은 사람은 목사인데 물론 목사로서도 부족하지만 어느 방면에 봉사할 사람이라는 확실한 신념을 갖는 것이 소명감이 아니겠습니까? 나는 어디서 어떻게 일할 사람이라고 생각하는 것이 중요합니다.

제가 1941년에서 1945년까지 만주에 있었는데 그때 새벽마다 기도했습니다. 그 기도의 내용을 하나님은 아십니다. 하나님께서 이 기도를 들으시고 반드시 그때가 오면 나를 그 방면으로 사용해주시옵소서 하고 기도했습니다. 지금도 잊지 않고 있으니까 그 기도가 뜨거운 것이 분명합니다.

한 4, 5년 동안 그 기도를 했는데 해방되자 제가 부족하나마 부산에 내려가서 고려신학교에서 봉사하게 되었습니다. 저의 한평생에 있어서 고려신학에서 가르친 15년은 그 중심을 차지했다고 해도 과언이 아닙니다. 고려신학교에서 가르치면서 체험한 것들이 없지 않습니다. 그것은 성경 말씀을 깊이 보게 되는 기회였고 주석을 집필하는 그런 기회였습니다. 그 때의 깨달음이 대부분 주석으로 내놓는 데에 관계된 것들입니다. 부족하지만 제 나름으로 깨닫게 된 것이야말로 내 심령을 뜨겁게 한 그런 역사였고 내 어두움을 밝혀주는 그런 역사였습니다. 그때 하나님과 가까워지는 그러한 체험을 적지 않게 했습니다.

우리가 기도 응답을 받을 때에 내가 해야 될 일은 이것이다 하는 그러한 확실한 판정을 내려야 합니다. 또 이 일을 위해서 내가 지금 이것을 하지 않으면 안 되겠다 하는 점에 접촉해야 합니다. 그럴 때에 기도하면 하나님은 그 기도를 꼭 들어주시더라 그 말입니다.

다윗의 이야기들을 보면 다윗이 전쟁하는 데 있어서 하나님의 인도와 하나님의 은혜를 많이 힘입었습니다. 시편 18편을 보면 "주께서 나에게 전쟁을 가르쳐" 줬다고 말할 정도로 전쟁에 있어서 하나님의 인도를 받은 사실을 명확히 시편에 기록해 놓았습니다. 다윗은 시인이고 진실한 신자입니다. 하지만 무엇보다도 그분이 이스라엘의 신정국가를 하나님이 뜻하셨던 대로 터를 세우는 역할을 하면서 많은 이방국가와 전쟁할 때에 하나님의 인도를 받아서 하나님의 뜻을 이룬 일들이 많습니다. 이것이 사무엘과 열왕기에 기록되어 있습니다.

하나님의 뜻을 이루는 일에 대하여 생각해 보십시다. 베드로전서 4장 10-11절을 보면 이런 말씀이 있습니다. "각각 은사를 받은 대로 하나님의 각양 은혜를 맡은 선한 청지기같이 서로 봉사하라 만일 누가 말하려면 하나님의 말씀을 하는 것같이 하고 누가 봉사하려면 하나님의 공급하시는 힘으로 하는 것같이 하라." 이 말씀을 보면 각각 은사를 받은 대로, 다시 말하면 사명대로 하나님이 그 방면에 세웠으면 그 방면에 꼭 은혜를 줄 것이니까 각각 은사를 받은 대로 하나님의 각양 은혜를 맡은 선한 청지기같이 서로 봉사하라는 것입니다. 만일 누가 말하려면, 즉 이것은 하나님의 말씀을 전하는 것을 뜻하는데, 누가 말씀 전하는 은사를 받았다면 하나님의 말씀을 하는 것같이 하라고 말씀합니다.

여기서 '같이'라는 말은 자격을 뜻합니다. 하나님 말씀을 하는 자로서 하라는 것입니다. 헬라어 원문을 보면 자격을 표현하는 '같이'입니다. 즉 '로서'라는 뜻입니다. 하나님의 말씀을 하는 자로서 그 자격으로 하라 그 말입니다. 또 "누가 봉사하려면 하나님의 공급하시는 힘으로 하는 것같이 하라"는 말씀에서도 '같이'라는 말은 자격을 뜻합니다. 하나님의 힘을 받아서 하라는 그 말입니다.

사명을 받았다고 하면 반드시 하나님이 그 방면에 쓰시니까 그 방면에 필요한 것을 주시면서 일을 시키는 법이니 하나님 앞에 가서 구할 때에 받는다는 것입니다. 그러므로 확실히 알려지는 기도 응답에 있어서 우리가 첫째로 생각할 바는 이것입니다. 사명 관계에서 응답을 받는다는 사실입니다.

하나님의 뜻대로 이루어달라는 기도

그리고 확실히 알려지는 기도 응답에 있어서 또 하나를 말씀드리겠습니다. 하나님의 뜻대로 하는 기도 응답입니다. 하나님은 당신님의 뜻대로 기도할 때에 이루어주십니다. 그런데 하나님의 뜻에는 작정 의지와 은밀 의지가 있습니다. 작정 의지란 하나님이 성경에는 밝히지 않고 은밀한 중에 어떻게 하실 것을 생각하고 계신다는 것입니다. 이 사람이 어느 때에 가서는 세상 뜨도록 한다는 것이 여기에 해당합니다. 그것이 작정 의지인 동시에 은밀 의지입니다. 그래서 우리는 알 수가 없습니다. 이처럼 모르는 문제들에 대하여 기도를 어떻게 해야 하느냐 하는 것은 참 말하기가 어렵습니다. 국가와 관계된 문제라든가 사회와 관련된 문제라든가 개인 문제에 있어서도 사실 모르는 게 많습니다. 하지만 기도는 해야 될 문제들입니다.

그런 경우에 기도를 어떻게 해야 합니까? 저는 그렇게 생각합니다. 그렇게 기도를 해옵니다. 내가 원하고 성경 말씀과 위반되지는 않지만 꼭 하나님이 그렇게 하실 지는 잘 모른단 말입니다. 성경에 기록되어 있지 않은 문제로서 잘 모르는 문제에 대해서 저는 이렇게 기도하고 싶습니다. 내가 좋게 생각하는 대로 기도하고 싶습니다. 그렇지만 단서를 답니다. 내 뜻대로 마옵시고 하나님 뜻대로 하옵소서라고 단서를 답니다. 그렇게 기도할 수밖에 없습니다. 그런 문제를 가지고 기도 안 할 수도 없는 것 아닙니까? 기도는 해야 되는데 하나님의 은밀 의지에 속한 것이니 내가 기도를 어떻게 할 것인가 이것이 문제가 되는 것입니다. 그럴 때 나는 내가 생각하기에 좋은 것을 해달라고 간구하면서 거기다가 이제 또 붙이기를 하나님의 뜻대로 하시고 내 뜻대로 마옵소서 그렇게 기도하고 싶습니다. 내가 얼마나 그렇게 기도했는지는 모르지만 기도의 정신 자세는 그렇게 되어 있습니다. 그런데 이런 문제에 있어서 우리는 기도를 뜨겁게 못하는 그러한 과오를 범하기 참 쉽습니다.

뜨겁게 드리는 기도

제가 여기서 지금 깨닫는 바는 이 문제에 있어서 뜨거워야 되겠다는 것입니다. 또 그렇게 실행해 보려고 합니다. 그럼 뜨겁다는 것은 무슨 뜻입니까? 그것은 매달리는 모습으로 나타납니다. 매달린다는 것은 달라 달라

하면서 놓지 않고 계속 달라 달라 하는 것입니다. 그만큼 뜨겁고 집중적이고 참으로 고생을 무릅쓰고 애를 태우면서 기도를 계속 하는 것입니다. 이러한 기도가 사실 중요한데 그저 말만 하는 정도로 해 넘기는 맥 빠진 기도는 참 안 될 일이라고 생각합니다. 우리가 모르는 문제를 놓고서는 하나님이 알아서 하십시오 이런 식으로 해서는 안 되겠다는 것입니다. 그래서 여기서 뜨거워야 되겠구나 하는 이러한 깨달음을 가지고 여러분에게 부탁을 드리는 바입니다.

하나님은 성결하신 분인데 성결을 불로 상징했습니다. 히브리서 12장 29절을 보면 "우리 하나님은 소멸하는 불이심이라" 그렇게 말씀했습니다. 그런데 우리 신자들도 불이 되어야 합니다. 다시 말하면 하나님을 찾는 데 있어서 뜨거워야 합니다. 그저 되면 되고 말면 만다는 식이라면 우선 기도자가 질적으로 하나님이 기뻐하지 않는 그러한 품질로 간주될 수밖에 없습니다. 하나님이 불이시기 때문에 우리도 하나님을 찾는 일에 있어서 뜨거워야 되겠습니다. 이것을 다른 말로 표현하면 간절이라고 합니다. 주기 전에는 놓지 않는 것입니다.

그러기 때문에 기도를 애를 써서 많이 하고 일어서면서도 '아이고, 조금 더 할 걸 그랬다' 하는 그 마음이 있어야 됩니다. 다른 일을 보면서라도 아직도 중얼거리며 기도를 하고 있을 만큼 중단하지 않는 심정으로 기도를 해야 되겠습니다. 결국 다 하나님이 하고 싶은 대로 하실 텐데 우리가 뭐 그렇게 뜨거울 것이 뭔가 그런 생각을 하기 쉽습니다. 절대로 그래서는 안 됩니다. 하나님이 그것을 원치 않습니다. 그것은 인간의 타성이고 그것은 썩어지는 것이고 그것은 성결과 위배되는 성질입니다. 그렇기 때문에 우리가 주님을 찾는 데 있어서 심히 뜨거워야 합니다. 그렇다면 하나님의 뜻대로 구하는 일에 있어서 우리는 그 방면에 주의해야 되겠습니다.

걱정하지 말라는 음성을 듣다

제가 지금까지 말한 것은 우리가 모를 문제에 있어서 하나님의 뜻을 찾는 것이었습니다. 잘 모르는 하나님의 뜻을 놓고 기도하는 것에 대하여 먼저 말씀드렸습니다. 그러나 지금 여기서 말하고자 하는 바는 하나님의 뜻을 알고서 드리는 기도의 응답에 관한 것입니다. 우리는 하나님의 뜻을 아는 것이 있습니다. 교회가 무슨 일을 하려고 하는데 이렇게 할 수도 있고 저렇게 할 수도 있습니다. 둘 가운데 어느 하나를 택할 수 있습니다. 하지만 분명히 그 가운데 한 가지가 하나님께 영광을 돌리는 것입니다. 우리는 하나님께 영광이 돌아가느냐 하는 것으로 판정을 내려야 되는데 그 판정이 내려졌다면 거기에 대하여 우리는 죽자 살자 붙잡아야 됩니다. 그런 경우에 있어서 이것이 혈기의 투쟁은 아니지만 마귀와 싸우면서 반대되는 요소들에 대해서는 투쟁적으로 맞서면서 밀고 나가는 것입니다. 그러면 어떻게 되느냐 할 때 하나님은 분명히 당신님의 영광을 위하는 그 일에 아주 뜨겁게 간섭합니다.

제가 오늘날까지 부족하게 살아왔습니다만 어떻게 바로 살아보려고 힘은 좀 썼다고 생각합니다. 어떠한 일에 있어서도 분명히 하나님의 뜻이 있습니다. 그럴 때에 그저 하나님의 뜻이 있으니까 그대로 되겠지 이렇게 생각할 게 아니고 이것을 받들어서 끝까지 이것을 이루도록 해야 되겠다, 하나님은 사람을 시켜서 일을 하니까 이것을 꼭 되게 해야겠다 할 때에 곤란도 당하고 욕도 먹을 수 있고 어떤 어려움을 만날 수 있습니다. 그러나 하나님께서 용기와 담력을 계속 주시고 또 걱정 말라는 말씀을 주십니다. 남들이 인정하든 안 하든지 간에 나는 이 말을 합니다. 뭐 조그마한 방면에서 일은 하지만 그래도 내 나름대로 체험하는 것이 있습니다. 귀에 들리는 소리는 아니지만 걱정 말라는 것입니다.

엘리야가 호렙산에서 세미한 소리를 듣습니다. 세미한 소리라는 말이 영어로는 'still small voice'입니다. 'still'이라는 것은 고요하다, 소리가 나긴 나는데 고요한 소리라, 고요하고 작은 소리입니다. 엘리야 같은 분은 선지자요 하나님이 직접 불러 세운 분인데 그분의 차원에는 미치지 못한다 하더라도 그분이 가는 그 길을 뒤따르는 심부름을 하는 존재이니만큼 작은 체험이라도 그런 스타일의 체험이 없을 수는 없습니다. 그것을 가지고 세미한 음성이라고 하고 싶습니다. 엘리야가 들었던 세미한 음성이 어떤 음성이었는지는 난 잘 모르겠습니다. 하지만 제가 체험한 바는 소리는 안 들렸으나 걱정 말라 하는 소리를 들었습니다. 수차 몇 번 이러한 체험을 했습니다.

이 고요하고 작은 소리란 조급함이나 격동과 대조되는 걱정 말라는 소리입니다. 그리고 염려를 이기게 하는 응답이 있습니다. 지금까지 살아오는 가운데 역경이 많았습니다. 지금도 역경이 많습니다. 살아 있는 동안에는 아무에게나 말할 수 없는 그런 역경이 있습니다. 그렇지만 하나님 말씀으로 하루하루 살아갑니다. 교계에 역경이 있을 때도 역시 저의 책임과 관계가 있는 일에 대해서는 염려하게 됩니다.

그런 때에 기도하다가 하나님 앞에서 생각난 것이 마태복음 6장 34절입니다. "그러므로 내일 일을 위하여 염려하지 말라 내일 일은 내일이 염려할 것이요 한 날의 괴로움은 그 날로 족하니라." 장차 어떻게 될 것을 생각지 말고 그 날 그 날 네 책임을 다해라, 그 날 그 날 고생해라 이 말씀입니다. 제 생활의 방법이 그렇습니다. 염려를 따라서 움직일 것 같으면 글 한 줄 못 씁니다. 그러나 염려가 생길 때 저는 펜을 굳게 잡습니다. 이제 이것을 하므로 내가 이긴다 이렇게 생각하고 난 그저 요거하고 간다는 그런 생각으로 넘깁니다. 그런 생각으로 넘기면 뭐 별 일도 없습니다. 잘 돼 나갑니다. 그렇게 역경을 이기게 하는 응답이 있습니다.

강단 사역과 기도

또 한 가지 말할 수 있는 것은 강단 사역과 관련된 기도 응답입니다. 다시 말하면 강단에서 설교하는 일과 관련해서 기도를 얼마나 해야 되느냐 하는 그러한 문제입니다. 저는 설교를 준비해 놓고 기도하는 때도 있고 어느 때는 설교 준비를 하기 전에 기도를 하기도 합니다. 그것은 일정하지 않습니다. 그런데 제가 지금 체험한 바로는 기도를 아무리 해도 성경을 잘 준비 안한 다음에 하는 설교는 은혜가 없습니다. 이 성경 말씀이 첫째이지 기도가 첫째는 아닙니다. 이 성경 말씀에서 기도도 나오는 것입니다. 기도하는 법도 성경이 가르쳐줍니다. 또 이 성경 말씀으로 사람을 변화시켜서 기도하게 합니다. 그러니까 기도가 먼저가 아니라 성경이 먼저이고 중요성에 있어서 기도보다 성경이 말할 수 없이 더 중요합니다.

그런데 이제 설교하는 문제에 있어서 기도와 성경 말씀 준비를 이렇게 병행하도록 하라고 하니 어찌된 것인가 생각할 수도 있을 것입니다. 그러나 제가 말하고 싶은 바는 기도 자체와 성경 자체를 비교해서 경중을 말하는 것 아니라 이 둘은 꼭 같이 가야 되겠다는 것입니다. 지금 그 중요성을 말하는 것입니다. 그러면 먼저 기도하고 설교 준비하든지 설교 준비 해놓고 그 다음에 기도하든지 그것은 큰 관계가 없는데 설교 준비를 바로 해야 은혜가 된다는 말입니다. 설교가 비뚤어졌으면 기도를 많이 해도 잘못될 수가 있습니다. 먼저 설교에 있어서 골격을 정비하고 피와 살도 잘 정비해서 이것이 성경적으로 다 제 자리에 놓이도록 조직되어 있어야 합니다. 예화까지라도 심사숙고해서 그 말씀에 살과 같이 꽉 붙어 있어야 됩니다. 억지로 붙여도 안 되겠더라 그 말입니다. 먼저는 이 성경을 계시사적으로 또는 구원사적으로 그 재료들을 풀이하고 또는 정비해서 참 이것을 전하고 싶다, 어디 가서라도 이 말은 하겠다 하는 그러한 확신이 생겨야 된다고 생각합니다. 먼저 이 성경 말씀으로 말씀을 정비하는 이것이 중요합니다.

그러나 그렇게 하기만 하고 기도를 안 하면 또 있어야 될 것이 없게 됩니다. 다시 말하면 성령의 역사가 사람들이 느낄 정도로 역사하시는 것이 매우 빈약하다 그 말입니다. 결국은 사람이란 뼈만 있어서 안 되고 살도 있어야 되지 않습니까? 제가 체험한 대로는 성경의 말씀으로 먼저 확실하게 설교가 준비되어야 되겠다 이렇게 생각을 합니다. 제가 설교한 중에 아마 효과적으로 된 설교보다 실패한 설교가 더 많을 것입니다. 이러한 모든 경험을 통해서 이것을 깨달았습니다. 그런고로 이제 제가 한 가지만 말씀하고 그치겠습니다.

6.25 전쟁 때 이상한 일을 봤습니다. 제가 이상한 일을 봤는데 제가 한 것이 아니고 피난 교역자들이 부산 초량교회에 꽉 차있던 그때의 일입니다. 교역자님들이 부흥회를 열도록 했습니다. 거기에 나온 강사님들은 작고하

신 박형룡 박사님과 한상동 목사님과 저였습니다. 그 분위기는 출옥 성도이신 한상동 목사께서 말씀을 전하고 또 한국 교회의 기둥과 같은 신학자이신 박형룡 박사께서 설교를 하시는 그런 분위기였습니다. 제가 거기 끼어가지고 새벽기도회를 인도했습니다.

새벽기도회를 인도하는데 뭐 기도는 했는지 안 했는지 지금은 생각이 안 나는데 기도를 했을 것입니다. 왜 그런가 하면 설교를 맡으면 기도하는 규례가 있었으니까 기도는 했겠지만 뭐 뜨거운 기도는 하지 않은 것 같습니다. 무척 뜨거운 기도는 안 한 것 같습니다. 그러나 하나님이 봐주시는 게 있습니다. 무엇인고 하니 주여 주여 하는 것입니다. 이거 속이 타서 그런 것입니다. 분명히 주여 주여 그 기도는 했을 것입니다. 펜을 잡고 설교를 쓰면서 주여 주여 했을 것입니다. 지금도 그러니까 말입니다.

이렇게 새벽 설교가 어떻게 되었기에 그날 아침에 은혜가 많았습니다. 그 때 분위기가 다 그렇게 되었지 않았습니까? 박형룡 박사, 한상동 목사 다 이렇게 분위기를 짜 놓았습니다. 그런데 설교를 할 때 설교자에게 은혜 되는 설교는 설교하기가 참 쉽습니다. 설교하기가 그렇게 쉽고 그 설교가 아주 자연스러워집니다. 그렇게 말씀을 전했는데 그런 일이 있으리라고 예상도 안 했는데 수백 명의 목사가 울었습니다. 모두 다 그저 자복을 하면서 나 언제 이랬습니다 이랬습니다 하고 그때 울었습니다. 그 집회가 있은 지 얼마 안 되어 9.28 탈환 사건이 일어났습니다.

나는 그것에 대해서 해석을 안 합니다. 좌우간 그런 일이 있었습니다. 그런데 기도를 안 하면 설교가 뜨겁지를 못합니다. 기도해야 하나님께서 은혜를 주시고 힘을 줘서 수월하게 말하도록 하면서도 그 말이 다 들어가게 됩니다. 이렇게 해서 참 그때에 많은 은혜를 받게 된 사실을 말씀드리는 것입니다. 이밖에도 이런 얘기 저런 얘기가 많습니다. 아직도 뭐 몇 날을 더 할 수도 있습니다. 하지만 용서하시고 이것으로 말씀을 마치겠습니다.

2.
한나의 기도 I

[1] 에브라임 산지 라마다임소빔에 에브라임 사람 엘가나라 하는 사람이 있었으니 그는 여로함의 아들이요 엘리후의 손자요 도후의 증손이요 숩의 현손이더라 [2] 그에게 두 아내가 있었으니 한 사람의 이름은 한나요 한 사람의 이름은 브닌나라 브닌나에게는 자식이 있고 한나에게는 자식이 없었더라 [3] 이 사람이 매년 자기 성읍에서 나와서 실로에 올라가서 만군의 여호와께 예배하며 제사를 드렸는데 엘리의 두 아들 홉니와 비느하스가 여호와의 제사장으로 거기에 있었더라 [4] 엘가나가 제사를 드리는 날에는 제물의 분깃을 그의 아내 브닌나와 그의 모든 자녀에게 주고 [5] 한나에게는 갑절을 주니 이는 그를 사랑함이라 그러나 여호와께서 그에게 임신하지 못하게 하시니 [6] 여호와께서 그에게 임신하지 못하게 하시므로 그의 적수인 브닌나가 그를 심히 격분하게 하여 괴롭게 하더라 [7] 매년 한나가 여호와의 집에 올라갈 때마다 남편이 그같이 하매 브닌나가 그를 격분시키므로 그가 울고 먹지 아니하니 [8] 그의 남편 엘가나가 그에게 이르되 한나여 어찌하여 울며 어찌하여 먹지 아니하며 어찌하여 그대의 마음이 슬프냐 내가 그대에게 열 아들보다 낫지 아니하냐 하니라 [9] 그들이 실로에서 먹고 마신 후에 한나가 일어나니 그 때에 제사장 엘리는 여호와의 전 문설주 곁 의자에 앉아 있었더라 [10] 한나가 마음이 괴로워서 여호와께 기도하고 통곡하며 [11] 서원하여 이르되 만군의 여호와여 만일 주의 여종의 고통을 돌보시고 나를 기억하사 주의 여종을 잊지 아니하시고 주의 여종에게 아들을 주시면 내가 그의 평생에 그를 여호와께 드리고 삭도를 그의 머리에 대지 아니하겠나이다 [12] 그가 여호와 앞에 오래 기도하는 동안에 엘리가 그의 입을 주목한즉 [13] 한나가 속으로 말하매 입술만 움직이고 음성은 들리지 아니하므로 엘리는 그가 취한 줄로 생각한지라 [14] 엘리가 그에게 이르되 네가 언제까지 취하여 있겠느냐 포도주를 끊으라 하니 [15] 한나가 대답하여 이르되 내 주여 그렇지 아니하니이다 나는 마음이 슬픈 여자라 포도주나 독주를 마신 것이 아니요 여호와 앞에 내 심정을 통한 것뿐이오니 [16] 당신의 여종을

악한 여자로 여기지 마옵소서 내가 지금까지 말한 것은 나의 원통함과 격분됨이 많기 때문이니이다 하는지라 ¹⁷ 엘리가 대답하여 이르되 평안히 가라 이스라엘의 하나님이 네가 기도하여 구한 것을 허락하시기를 원하노라 하니 ¹⁸ 이르되 당신의 여종이 당신께 은혜 입기를 원하나이다 하고 가서 먹고 얼굴에 다시는 근심 빛이 없더라.(삼상 1:1-18)

우리는 제일 중요한 일을 등한히 하고 그야말로 사느냐 죽느냐 하는 문제에는 관심 없는 사람처럼 된 것이 우리의 습성입니다. 이 사람부터가 너무도 기도에 약하고 기도에 부족함을 느낍니다. 구약에서 특별히 한나의 기도는 언제나 기도에 대하여 아주 중요한 뜻들을 보여준다고 생각합니다.

하나님의 주권 하에 이루어진 기도

한나의 기도는 하나님의 주권 하에서 이루어진 기도입니다. 한나가 마음이 괴로워서 원통한 생각으로 하나님을 찾아 나온 것이 분명합니다. 11절에 보면 "서원하여 이르되 만군의 여호와여 만일 주의 여종의 고통을 돌보시고 나를 기억하사 주의 여종을 잊지 아니하시고 주의 여종에게 아들을 주시면 내가 그의 평생에 그를 여호와께 드리고"라고 말씀합니다. 그리고 16절을 보아도 역시 그런 내용이 나타납니다. "당신의 여종을 악한 여자로 여기지 마옵소서 내가 지금까지 말한 것은 나의 원통함과 격분됨이 많기 때문이니이다." 이렇게 한나가 마음이 괴로워서 주님 앞에 찾아 나와서 기도했습니다. 무엇 때문에 마음이 괴로웠겠습니까? 5절 하반절에서 6절을 보면 "그러나 여호와께서 그에게 임신하지 못하게 하시니 여호와께서 그에게 임신하지 못하게 하시므로 그의 적수인 브닌나가 그를 심히 격분하게 하여 괴롭게 하더라." 이렇게 한나의 마음은 괴로웠고 또 그 괴로운 원인은 브닌나가 그를 격분하게 한 데 있었습니다. 이 브닌나는 엘가나의 아내입니다. 이 모든 복잡한 일이 참 견디기 어려운 일이었습니다.

그런데 사실, 이 모든 역사적 사실 배후에 계시는 하나님이 모르신 것은 아닙니다. 하나님께서 한나로 하여금 임신하지 못하게 했다 했습니다. 그 모든 원인이 선한 의미에서는 하나님께서 원인이 되셨습니다. 이것을 보면 한나의 기도를 계획하시고 한나의 기도를 이루어 놓으신 분이 여호와 하나님입니다. 그런고로 한나의 기도는 하나님의 주권 하에서 이루어졌다고 우리는 생각합니다. 하나님께서 우리에게 무엇을 주시기 원하시지만 특별히 기도를 통하여 주시는 것을 원하십니다.

하나님께서는 그 어지러운 시대, 다시 말하면 사무엘이 사사로 나오기 전 시대인 엘리의 시대에 역사하시지 않은 것은 아닙니다. 하나님은 엘리를 이어 그야말로 이스라엘의 참된 종교를 일으키며 참된 종교를 세우려고 하는 경륜을 가지고 계셨습니다. 그것은 시간이 상당히 걸리기도 했습니다. 그러나 그 역사에는 하나님께서 손을 대고 계신 것이 분명합니다. 사무엘이라는 사람을 이스라엘의 역사에 나타내시려는 경륜을 가지고 계셨지만 상당한 시일에 걸쳐 이루어진 것입니다. 본문을 보아도 이 사실

이 여실히 드러납니다.

본문 9절에 보면 "그들이 실로에서 먹고 마신 후에 한나가 일어나니 그 때에 제사장 엘리는 여호와의 전 문설주 곁 의자에 앉아 있었더라." 의자에 앉아 있었더라는 말은 무의미한 것이 아닙니다. 엘리가 의자에 앉아 있었다는 것은 그는 무력한 사람이었고 육신의 안일을 좋아하였으며 그 시대에 여호와 하나님을 영화롭게 하기 위해서 주님의 백성이 잘되도록 기도는 하지 아니하고 그저 앉아 있었다는 말입니다. 사무엘상 4장 13절에도 역시 의자에 앉았더라는 말이 나옵니다. 그리고 4장 18절에도 보면 전쟁 때에도 역시 기도는 안하고 의자에 앉아 있었습니다. 이스라엘이 블레셋과의 싸움에서 패배를 당해서 법궤를 빼앗겼다는 비보를 듣고 그 앉았던 의자에서 뒤로 자빠져서 목이 부러져 죽었습니다.

성경이 이런 말씀을 할 때에 그저 그 사건들을 기록하는 정도로 끝나는 것이 아니라, 그 내막에는 엘리의 부패가 있다는 것을 드러내고 있습니다. 그러나 한나는 엘리 제사장과는 달리 울면서 기도했습니다. 엘리는 여호와의 전 문설주 곁 의자에 앉아 있었지만 한나는 마음이 괴로워서 여호와께 기도하고 통곡하며 서원했던 것입니다. 그래서 기도 첫 머리에서 "만군의 여호와여"라고 부르짖습니다.

이러한 시대상이 우리에게 가르쳐 주는 바가 있습니다. 그때에 이스라엘의 종교적 형편이 어떠하였다는 것을 보여줍니다. 한나의 기도를 우리가 살펴볼 때에 거기에 하나님의 경륜이 있었다는 것을 보게 됩니다. 우리는 여기에서 하나님의 주권을 볼 수 있습니다. 사무엘서를 기록한 저자의 말이 "여호와께서 그에게 임신하지 못하게 하시니"라고 기록한 것을 볼 때 한나의 슬픔과 그 기도의 역사적 원인이 여호와의 주권 아래 있었다는 것을 분명히 알려줍니다.

역사의 한 페이지를 바꿀 수 있는 기도

하나님의 섭리는 시간이 흘러간 다음에는 알기가 쉽습니다. 사무엘 저자는 이 책을 한나의 기도로 말미암아 사무엘이 태어나게 된 것과 사무엘이 자라나서 사사가 된 이런 사건 이후에 기록한 것입니다. 사건들이 다 지나간 다음에는 그 사건들을 통한 하나님의 섭리를 알기가 비교적 용이합니다. 그러나 그 사건들의 한복판에 사는 사람들로서는 알기가 어렵습니다. 왜 한나는 잉태를 못했는지 그것도 모르겠고, 엘리가 의자에 앉아 있었던 일에 대해서도 자세히는 모르겠고, 한나가 그 옆에서 울면서 기도했다는 이유도 잘 몰랐던 것입니다. 오늘날도 마찬가지입니다. 하나님은 역사에서 손을 떼시지 않습니다. 이 세상 역사가 진행되고 있는 동안에는 하나님께서 언제든지 어디서든지 어떠한 사건이든지 그 배후를 알고 계시며 내다보고 계시며 직접 혹은 간접으로 주장하고 계십니다. 그러나 그 역사의 한복판에 있을 때는 잘 모른다 그 말입니다.

그러나 성경을 통하여 진리를 알게 되는 하나님의 사람들은 성경을 알므로 자기가 살고 있는 그 시대에 하나님이 하시는 일을 다는 몰라도 어느 정도는 알 수 있습니다. 특별히 자기가 당하고 있는 그 아픔의 사건에 대해서 성경을 믿는 신자라면 깨달을 수는 있습니다. 사람이 자기 외부의 모든 일들에 대해서 명확히 알 수 있겠습니까? 물론 아닙니다. 하지만 사람은 자기를 어느 정도는 알 수 있습니다. 자기의 아픔에 대해서 느낀다는 말입니다. 어려움을 당해서 죽을 지경이고 또 죽었으면 좋겠다고 하고 참으로 탄식할 만한 일이 많다고 느끼는 법입니다. 그래서 그것만은 알 수 있어서 기도는 해야 된다 그 말입니다.

하나님께서는 사람들로 하여금 기도를 시킬 때에 그 사람들을 사랑하시므로 아픔을 주어서라도 기도를 시키는 것입니다. 어떤 학자들은 말하기를 하나님께서는 신자들을 막 채찍으로 때리고 몽둥이로 두들겨서 기도를 시킨다고도 합니다. 그야말로 채찍은 사랑의 채찍입니다. 신자 본인은 채 깨닫지 못하고 낙심하고 절망하지만 사실인즉 하나님께서 그를 사랑하시는 것입니다. 다시 만나볼 수 없는 환경과 사건 속에서 아픔을 당하였은즉 이것은 기도하라는 명령인 줄로 알아야 되겠습니다. 아픔을 기도하라는 명령으로 알아차리고 한나와 같은 참된 기도를 드린다면 그의 앞길과 장래가 백팔십도 전환되어 자기가 생각지도 못했던 선물을 받을 수 있습니다. 그야말로 역사의 한 페이지를 기록할 만한 일이 일어난다고 우리는 믿어야 될 것입니다. 결국은 하나님께서 우리로 하여금 기도를 하게 하도록 하시는 것이 우리에게 알려져야 되는데 그것은 우리에게 아픔을 주시므로 그렇게 해 가십니다.

우리는 지난 해 1983년 9월 초에 일어난 KAL기 격추 사건을 기억합니다. KAL기가 떨어진 이후로 두 달이 지나서야 그 사건과 관련된 사람들이 죽었다는 보도를 접했습니다. 그러한 이상한 일이 있는가 하면 우리나라 교계를 볼 때에 또 얼마나 참 안타까운 일들이 있습니까? 일일이 그러한 것들을 다 들어서 말할 필요는 없습니다. 이러한 특이한 역사 속에 살고 있는 우리는 정신을 차려야 합니다.

우리의 기도가 역사를 고칠 수 있다, 우리의 기도가 개인이나 국가나 우리 교계의 미래 역사를 고칠 수 있다는 신념으로 정신을 차려야 합니다. 우리는 기도에 대하여 좀 더 깊이 알아야 되겠고 우리의 기도 수준이 어느 정도인지 검토해 봐야 합니다. 우리는 무슨 기도를 하고 있는가, 또 우리 기도는 어느 정도 응답되고 있는가? 그것을 우리가 검토해 봐야 될 줄로 압니다.

그러나 만일 우리가 아픔 가운데 살면서도 기도를 하지 않는다고 하면 이것은 우둔함이라고 판정내릴 수밖에 없습니다. 이 우둔함은 성경과 정반대되는 것입니다. 그야말로 깨달음이 전혀 없는 삶이라고 생각할 수밖에 없습니다.

기도생활에 혁명을 일으키자

하나님의 주권을 따라서 과감하게 출발하는 그런 기도, 시대상을 느끼면서 용감스럽게 일어나는 참된 기도만이 우리의 존재 의의를 나타낼 것입니다. 우리가 살고 있는 우리의 번지에 해당되는 행동을 하였다고 평가할 수 있습니다. 후대 사람들이 과연 우리를 생각할 때 그들은 하나님의 주권을 믿는 신앙을 가지고 하나님의 주권의 움직임에 따라서 힘차고 과감하게 생명을 바치고 일어나서 오늘과 같은 이 새 역사를 창조한 사람들이었다고 평가할 것입니다. 이런 평가를 받는다면 하나님께 영광을 돌리는 참다운 신앙생활을 한 사람들로 여겨질 것입니다. 물론 우리가 어떠한 명예나 우리 자신들에 대한 후대의 평가를 바라보고 어떠한 행동을 해야 된다는 말은 아닙니다.

우리는 신자들로서 진리를 아는 사람들이고 하나님의 역사에 참된 방향을 깨달았던 사람들입니다. 그러한 우리가 하나님의 섭리에 대해서, 그의 주권적 행사에 대해서 가르침을 받고 있다면 우리가 살고 있는 이 시점에서 우리 자신의 생활을 고쳐나가는 중에 기도생활에서 혁신적인 용단을 내리지 않으면 안 된다고 생각합니다. 기도를 많이 하는 것이 으레 있어야 하겠지만 참되이 하는 이것이 더욱 귀하다고 믿습니다. 하나님의 주권을 느끼고, 시대상에 대한 하나님의 근심을 느끼는 성도로서는 자기 존재의 이유를 가슴 뜨겁게 깨달으면서 무엇보다도 자기 자신에 대한 혁명, 그 가운데서도 중요한 기도생활에 대한 혁명이 일어나야 하겠습니다. 기도생활의 이 부족한 것을 솔직하게 뜯어고치고 기도생활에 한번 힘써보자는 것입니다. 이때까지 우리가 믿어오는 살아계신 하나님의 섭리의 열매를 거둘 수 있도록 기도생활을 깊이 해 보자는 것입니다.

우리는 하나님의 주권과 그가 걱정하시는 오늘날의 시대상을 바라보면서 고요히 우리 가슴에 손을 얹고 각자가 자신의 생활을 개선해 나가는 가운데 한나의 모범을 따라야 될 줄로 생각합니다.

한나는 오랫동안 기도함

그 다음으로 한나는 오랫동안 기도했다는 사실입니다. 본문 12절을 보십시다. "그가 여호와 앞에 오래 기도하는 동안에 엘리가 그의 입을 주목한즉 한나가 속으로 말하매 입술만 움직이고 음성은 들리지 아니하므로 엘리는 그가 취한 줄로 생각한지라." 한나는 오랫동안 기도했습니다.

모든 시간은 기도를 위하여 있다는 말이 참입니다. 예수님은 말씀하시기를 항상 기도하고 낙심하지 말라고 하셨습니다. 모든 시간은 기도하기 위하여 주어진 시간이라고 판정을 내려야 되겠습니다. 시간을 알리는 시계의 시침의 움직임, 분침과 초침의 움직임을 볼 때에 거기에 따라 우리 가슴속에서도 기도가 움직여야 되겠습니다. 이것은 결단코 과장된 말도 아니며 시문학적인 표현도 아닙니다. 하나님께서 우리 인생을 지어내신 경륜과 특별히 우리 신자들에게 기대하시는 당신의 마음을 밝혀주시는 예수님의 말씀입니다.

사도 바울도 "항상 기도하라"고 했습니다. 베드로도 말하기를 "쉬지 말고 기도하라"고 했습니다. 기도는 이렇게 중요해서 항상 기도하라고 한 것입니다. 모든 시간은 기도하기 위한 기회라고 우리는 알고 느껴야 합니다. 기도의 시간을 바치는 것이 이렇게 중요한데도 우리 신자들이 기도를 위하여 시간을 바치는 분량이 너무 적습니다. 기도를 거의 안 합니다. 기도를 좀 한다고 해도 형식으로 할 뿐입니다. 마지못해서 합니다. 마지못해 하면서도 하나님 앞에서 가증스러운 마음을 가지고 합니다. 그 가증스런 마음이란 다른 것이 아니라 "아이고, 시간이 아깝다, 다른 일 봐야 되겠는데" 하는 생각입니다. 이런 마음이 너무 강하게 움직이는 것을 볼 때 난 기도를 한다고 하지만 기도를 안 하는 사람이다. 기도를 한다고 해도 더욱 나쁜 것은 외모만 움직이고 중심에 뜨거움이 없는 가증스러운 생각을 하고 있다는 것입니다.

양심 있는 신자라면 이런 식으로 기도하는 것은 기도가 아니라고 판정을 내릴 것입니다. 천하보다 귀한 일이 기도하는 일인데 신자들이 제일 등한히 하는 것이 기도입니다. 그렇다면 날림으로 하는 것이 기도가 아닌가 하는 생각도 듭니다. 이러한 형국에 어찌 우리에게 좋은 일이 많이 생길 수 있겠습니까? 이처럼 답답한 세계에 무슨 좋은 일이 그렇게 많겠습니까? 많을 수가 없습니다.

기도할 수 있는 마음 자세를 가져야 함

기도는 많은 시간을 잡아야만 제대로 된다고 생각합니다. 오랫동안 기도하였다는 한나의 진상을 어떻게 좀 알 수 없을까요? 무슨 말이 그렇게 많았던가요? 본문을 보면 뭐 금방 다 말할 수 있는 퍽 짧은 내용입니다. 11절을 보십시다. "서원하여 이르되 만군의 여호와여 만일 주의 여종의 고통을 돌보시고 나를 기억하사 주의 여종을 잊지 아니하시고 주의 여종에게 아들을 주시면 내가 그의 평생에 그를 여호와께 드리고 삭도를 그의 머리에 대지 아니하겠나이다." 무슨 말이 그렇게 많았습니까? 다 알 수는 없습니다. 모르는 것을 짐작으로 생각해 볼 수 없습니다.

그러나 한나가 오랫동안 기도했다고 했으니 그것을 우리의 경우에다 붙여서 좀 생각을 해보십시다. 우리로서는 어떻게 기도를 해야 오랫동안 기도할 수 있겠습니까? 성경이 항상 기도하라고 했으니까 오랫동안 기도를 안 할 수가 없습니다. 저로서는 그렇습니다. 아직도 오랫동안 하지 못하는 사람이지만 절실히 느끼긴 느낍니다. 기도하는 마음 자세에서 먼저 필요한 바는 우선 시간을 잡는 것입니다. 기도하는 마음 자세입니다.

마라톤 경주에 빗대어 생각해 보십시다. 경주자가 사전에 굉장히 준비를 할뿐더러 출발할 때에 얼마나 정신을 집중합니까? 주의하고 정신을 차렸다가 총소리가 나면 뛰는 것입니다. 이 세상에 무슨 일이든지 준비

없이 무슨 일이 됩니까? 과연 우리는 기도하는 가운데 마음 자세가 올바로 준비되어야 한다고 생각합니다. 그저 되는 대로 기도를 시작하고 되는 대로 이말 저말 주워 붙이는 식의 기도는 우리 자신의 양심도 인정하지 않습니다. 우리가 정신을 차리지 아니하고 마음 자세가 돼먹지 않은 상태에서 기도한다면 혓바닥에 그저 기도의 언사를 올리는 정도에서 끝나고 맙니다. 그렇게 하면 양심이 비웃는 것입니다. 자신의 양심도 그것을 인정을 안 합니다.

기도를 기도답게 해야 하지 않겠습니까? 기도의 사람이라고 별명을 가진 화이트라는 사람은 세계 각국의 모든 민족을 위해서 평생 기도했다는 사람입니다. 그분이 기도할 때에 주여, 그렇게 한 후에는 한 5분 동안 침묵했다고 합니다. 그 이유는 그가 기도할 수 있는 마음 자세를 갖추기 위해서 그랬을 것입니다. 이처럼 기도를 신중히 하고 또 기도를 거룩하게 취급하고 참되이 기도해야 한다는 사실을 명심해야 되겠습니다.

마음 준비에 시간이 걸리게 된다면 으레 회개를 안 할 수 없습니다. 사람은 마음으로나 말로나 행동으로나 언제나 하나님의 표준에 맞추지 못하고 잘못하고 시시각각 더럽혀지는 연약 무쌍한 인간인데 회개할 것이 없다고 어떻게 말할 수 있겠습니까? 하나님 앞에 나와 기도할 때에는 으레 말에나 생각에나 행위에서 드러나는 잘못을 진심으로 회개해야 합니다. 또한 감사할 일은 얼마나 많습니까? 나는 감사할 것이 없어 그리 말하는 사람이 있다면 그는 성경대로 사는 사람은 아닙니다. 성경 말씀은 범사에 감사하라고 했으니 신자는 어떤 일을 당해도 감사해야 된다는 것 아닙니까?

주석가 메튜 헨리는 도적을 당하고서도 감사하다고 했습니다. 왜 감사했느냐 하면 자기는 도적놈이 되지 않아서 감사하다는 것이었습니다. 우리가 주 안에서 살게 되면 모든 방면으로 감사하게 됩니다. 어떤 일을 당하든지 우리는 감사하게 됩니다. 아무 생각 없이 지내면 감사할 것이 하나도 없을 것입니다. 그러나 생각해 보면 감사할 것이 수없이 많을 것입니다. 영어에 'think and thank'라는 말이 있습니다. 생각하고 감사하라는 말입니다. 생각 없이 살면 감사할 것이 없습니다. 그러나 성경을 믿는 사람으로서 생각을 하는 사람이라면 감사할 것이 정말로 수없이 많습니다. 우리는 시간을 얼마든지 들여 감사하는 기도를 해야 합니다.

남들을 위해 뜨겁게 기도해야 함

우리는 남들을 위해서 기도하는 데 얼마나 시간을 써야 됩니까? 우리의 기도가 하나님 보시기에 합당한 수준에 오르지 못하는 원인이 어디에 있습니까? 남들을 위한 기도가 너무 부족합니다. 다른 사람 사랑하기를 내 몸같이 하라고 한 것이 주님의 말씀인데 기도하는 데 있어서 언제든지 내 문제만 펴놓고 한다면 뭐가 되겠습니까? 언제나 자기 하나 육신적으로도 잘되고 영혼으로도 잘되기를 바라고 뜨겁게 기도한다면 그 기도는 반쪽 기도일 뿐입니다. 정욕으로 구하는 기도가 될 것입니다. "너희가 얻지 못함은 구하지 아니하기 때문이요 구하여도 받지 못함은 정욕으로 쓰려고 잘못 구하기 때문이라" 약 4:2-3 말씀했습니다.

정욕으로 쓴다는 것이 무엇입니까? 내게 필요한 것, 나와 관련된 일에만 집중하는 욕심입니다. 정욕으로 쓰려고 잘못 구하는 이런 일이 우리에게서 없어지려면 아주 냉철하게 우리 자신을 위해서 기도하는 동시에 남들을 위해서 그만큼 시간을 내어 뜨겁게 기도해야만 이것이 하나님 앞에서 합당하다고 생각합니다. 사실상 우리가 남들을 위해서 기도하는 데 있어서 너무 부족하고, 너무 하지 않으니까 기도를 하나마나한 실정이 아닌가 하는 생각이 듭니다. 우리가 과감하게 남들을 위해서 뜨겁게 기도하고 땀 흘리면서 기도하는 시간을 많이 내어 기도하는 방향으로 한번 나아가 볼 때 우리의 기도생활은 달라질 것입니다. 하나님께서 그렇게 하는 기도를 귀히 여기시고 어떤 면으로든지 은혜를 주실 것이라고 저는 믿습니다. 신앙생활에 진보도 없이 그저 몇 십 년 전이나 똑 같은 수준이라면 진보는 불가능합니다. 과거의 기도 수준이나 지금의 기도 수준이 똑 같고 위로 올라간 것이 없다면 진보는 있을 수 없고 하나님의 살아계심도 실감할 수 없습니다.

좀 한 번 뜯어 고치고 남이 볼 때에 그 형제는 좀 특이하게 달라졌다. 그렇게 밤새도록 자기만 위해서 기도하던 사람인데 어떻게 저리도 다른 사람을 위해서 땀 흘리며, 고생하면서 기도하는가! 남들에게서 그런 정평을 받을 만큼 한번 우리의 기도가 새로워진다면 거기에 따라서 하나님의 새로운 간섭과 하나님이 그런 기도자들의 기도를 들으시고 이 땅 위에 특이한 일을 하실 것이라고 저는 믿습니다. 우리가 오래 기도해야 되겠는데 몇 시간 기도했을지라도 자기 자신이 만족하지 못할 수 있습니다. 자기 양심이 그것을 스스로 흡족할 만큼 여기지 않을 수 있습니다. 이렇게 생각하면서 두 시간 세 시간 하던 기도를 다시 한 번 고쳐서 더 기도하는 이러한 일은 일어날 수 없을까요?

저는 기도를 많이 못하는 사람인데 지금까지 살아오는 가운데 몇 번 그런 일이 있었습니다. 기도하고 났지만 일어날 수가 없었습니다. 기도는 한다고 했는데 기도한 것 같지가 않았습니다. 그래서 다시 몇 가지를 가지고 기도했습니다. 다시 요번에는 꿇어앉아서 기도를 한 적이 있습니다. 하지만 이것을 철저히 실행하지는 못하는 사람입니다.

맺는 말

사랑하는 여러분, 아마 여기 계신 분들 가운데는 저처럼 나이 많은 사람은 아마 없는 것 아닌가 생각합니다. 많은 분들이 참 힘차게 기도할 그 연령들입니다. 오늘 우리가 이 한나의 기도를 배웁시다.

첫째로 한나는 자기도 모르게 하나님의 주권을 타고 기도했습니다. 하나님이 근심하시는 근심, 하나님이 걱정하시는 걱정을 문제로 삼고 자기도 모르는 가운데 그 시대상의 개혁을 위해서 기도했습니다. 그 시대가 새로운 역사를 요청하고 있다는 것을 몰랐습니다. 그러나 마치 아이가 종각에서 놀다가 자기도 모르는 사이에 종을 쳤듯이, 자기도 모르게 힘 있는 영적인 물결을 타고 용감스럽게 기도를 하기 시작하여 통곡하면서 오랫동안 부르짖게 되었습니다. 그 결과 하나님께서 생각하시는 일을 이루게 되었습니다. 기도의 사람 사무엘을 잉태하는 하나님의 역사를 만나게 된 것입니다. 하나님의 주권과 거기에 따라서 시대상에 비춰어 나타나는 올바른 운동, 그야말로 참된 기도운동이 우리에게 있어야 될 줄로 압니다.

둘째는 우리가 시간을 아까워하지 말고 오래도록 시간을 내어 기도해야 하겠습니다. 그렇게 한번 명심해 보시기를 바랍니다. 그리하여 우리 자신들의 생활이 새로워지고 신앙생활의 모습이 좀 새로운 방면으로 전진함으로써 우리 시대나 우리 국가나 우리 교계에서 우리의 존재가 하나님께 영광을 돌리는 것은 물론이고 우리 교계에 참 귀중한 열매가 맺히는 이러한 일이 있기를 바라서 오늘 이 말씀을 드렸습니다.

기도

주님의 은혜를 감사하옵나이다. 우리가 지금 살고 있는 이 역사적 단계에 있어서 과연 하나님의 걱정이 무엇인지를 분명히 파악하고 또 우리 자신이 얼마나 하나님을 걱정시키신다는 이 사실을 파악하므로 주님이여 우리가 한번 과감하게 방향을 전환하는, 용기 있게 새 생활을 출발하도록 은혜 주시기를 바랍니다. 우리는 그저 이럭저럭 세월을 보내기를 원치 않사오니 그저 마비된 심령으로 무엇을 깨닫지도 못하고 마비된 인격이 되어 아무런 힘도 못쓰고, 살아보려고도 하지 않는 이러한 지경에서 우리가 허송세월하다가 죽지 않게 도와주옵소서. 주님이여 우리의 눈을 떠서 이 교계를 바라보고, 눈을 떠서 국가를 바라보고 세계를 바라보며, 모든 참상을 봄으로써 주님이여 지금 이렇게 하나님 앞에서 기회는 받았지만 우리가 아직도 그대로 앉아 있는 엘리와 같이 되지 않게 하시옵소서. 주여, 우리도 역시 통곡하는 일이 있도록, 하나님 우리의 마음들을 부드럽게 만들어 주옵소서. 사랑하는 아버지여 이번에 우리 수양회가 그저 형식적으로 모였다가 흩어지는 일이 되지 않게 하시고, 우리 심령이 다 녹아지게 하여 주옵소서. 주 예수님의 이름으로 비옵나이다. 아멘

3.
한나의 기도 II

⁹그들이 실로에서 먹고 마신 후에 한나가 일어나니 그 때에 제사장 엘리는 여호와의 전 문설주 곁 의자에 앉아 있었더라 ¹⁰한나가 마음이 괴로워서 여호와께 기도하고 통곡하며 ¹¹서원하여 이르되 만군의 여호와여 만일 주의 여종의 고통을 돌보시고 나를 기억하사 주의 여종을 잊지 아니하시고 주의 여종에게 아들을 주시면 내가 그의 평생에 그를 여호와께 드리고 삭도를 그의 머리에 대지 아니하겠나이다 ¹²그가 여호와 앞에 오래 기도하는 동안에 엘리가 그의 입을 주목한즉 ¹³한나가 속으로 말하매 입술만 움직이고 음성은 들리지 아니하므로 엘리는 그가 취한 줄로 생각한지라 ¹⁴엘리가 그에게 이르되 네가 언제까지 취하여 있겠느냐 포도주를 끊으라 하니 ¹⁵한나가 대답하여 이르되 내 주여 그렇지 아니하니이다 나는 마음이 슬픈 여자라 포도주나 독주를 마신 것이 아니요 여호와 앞에 내 심정을 통한 것뿐이오니 ¹⁶당신의 여종을 악한 여자로 여기지 마옵소서 내가 지금까지 말한 것은 나의 원통함과 격분됨이 많기 때문이니이다 하는지라 ¹⁷엘리가 대답하여 이르되 평안히 가라 이스라엘의 하나님이 네가 기도하여 구한 것을 허락하시기를 원하노라 하니 ¹⁸이르되 당신의 여종이 당신께 은혜 입기를 원하나이다 하고 가서 먹고 얼굴에 다시는 근심 빛이 없더라.(삼상 1:9-18)

한나의 기도는 하나님의 주권과 맥을 통하는 기도입니다. 동시에 그 기도는 잠깐 동안이 아니라 오랫동안 한 기도였습니다. 오늘도 한나의 기도라는 동일한 제목으로 다시 한 번 말씀을 전하고자 합니다. 특별히 읽은 본문 중에 13절 말씀부터 18절까지가 중요한 내용이 됩니다.

오직 하나님을 상대로 한 기도

먼저 한나의 기도는 오직 하나님을 상대로 한 기도라는 것입니다. 시편 73편 25절에 보면, "하늘에서는 주 외에 누가 내게 있으리요 땅에서는 주밖에 내가 사모할 이 없나이다"라고 말씀했습니다. 우리가 참 알고 보면 하늘에도 주님밖에 없고 땅에도 주님밖에 없습니다. 한나도 이와 똑같은 신앙 사상을 가졌다고 생각합니다.

사무엘상 2장에 나오는 한나의 기도 내용을 보면 그의 신앙 사상이 구약의 수준이기는 하지만 참으로 여호와 하나님이 어떤 분이신가를 잘 아는 여성도이었음을 알 수 있습니다. 사무엘상 2장 1절부터 마지막 절까지 읽어보면 참 영구히 신학적으로 배워야 할 깊은 하나님 사상이 들어 있음을 발견합니다. 한나는 그저 믿는다는 이름만 가진 사람이 아니라 사색에서 깊고 참으로 신앙의 고난의 고비를 많이 겪은 가운데서 신앙 사상의 연단을 받아 과연 출중한 승리의 성도라고 여겨지는 귀한 여종입니다. 오직 하나님만을 상대로 기도한 것입니다. 본문 13절을 보면, "한나가 속으로 말하매 입술만 움직이고 음성은 들리지 아니하므로 엘리는 그가 취한 줄로 생각한지라"고 말씀합니다. 그가 입술만 움직이면서 기도한 것입니다. 얼핏 생각해 보면 입술만 움직여 가지고서 기도가 되겠는가 할 수 있습니다.

제 경험으로도 소리를 내야 기도가 되고 말이 풀려 나오지, 소리를 내지 아니하고 기도하려고 하면 꽉 막혀서 생각이 풀려 나오지 않습니다. 먼저 나올 생각과 뒤에 나올 생각이 구분도 되지 아니하고 매우 희미해서 기도를 할 수가 없습니다. 그렇기 때문에 성경을 읽어보면 구약이나 신약이나 말할 것 없이 기도를 했다 하면 소리를 내서 기도했습니다. 혹 어떤 이들은 말하기를 묵상으로도 기도할 수 있다고 생각을 합니다. 그러나 묵상이라는 것은 어느 만큼에서 멎고 맙니다. 어느 정도 길게 풀어내는 기도가 될 수 있겠느냐 하는 문제입니다. 그저 잠깐 동안은 하나님을 경외하는 태도 표시로는 가능하다고 생각합니다.

칼 바르트와 같은 사람은 말하기를 "말을 많이 늘어놓아야 기도인가? 그 말무더기를 쌓아놓을 때에 그것이 경건한 기도인양 잘못 생각하는데 말을 할수록 기도는 잘못된다"는 듯이 말했습니다. 그것이 그의 신학의 결론이기도 합니다. 그는 실존주의자로서 시간계와 영원계는 초절적으로 서로 융통이 안 된다고 하였기 때문에 영원계에 속하시는 하나님이 이 시간계의 것으로 통할 수 있느냐? 안 통한다고 했습니다. 그러니까 정말 경건한 기도라고 할 것 같으면 그저 기다리는 태도, 그 이상은 없다고 말했습니다.

그러나 그것은 경험적으로도 도저히 성립이 되지 않습니다. 기다리는 태도의 기도가 어찌 정규적인 기도가 되겠습니까? 다윗이라든지 기타 성경에 기록된 유명한 기도자들의 기도는 음성을 존중시했습니다. 여기에는 이유가 있습니다. 하나님께서 세상을 이처럼 사랑하사 권능과 사랑으로 이 시간 세계의 사람들을 하감하시는 까닭입니다. 권능이 없어서 못할 것도 아니고 사랑이 없어서 못할 것도 아닙니다. 우리를 하감하셔서 이 피조물 된 자들의 음성을 들어 주십니다. 그렇게 은근한 가운데 하나님의 하감하시는 사랑, 내려오셔서 살펴주시는 사랑을 굳게 성립시킨다는 의미에서 계시 종교는 어디까지나 하나님께서 인간을 체휼하신다는 사실을 강조합니다. 특별히 기도생활에 있어서 음성을 들어주신다는 것입니다. 이것이 얼마나 귀합니까?

시편 116편 1-2절을 보십시다. "여호와께서 내 음성과 내 간구를 들으시므로 내가 그를 사랑하는도다 그의 귀를 내게 기울이셨으므로 내가 평생에 기도하리로다." 이렇게 말씀한 것을 보니까 참으로 피조물 중에 아무것도 아닌 자, 조금 올라가 내려다보면 보이지 않는 이러한 인생의 음성을 들으시다니 이것은 생각하면 할수록 감격할 일입니다. 그런고로 소리를 내어 기도하는 것을 원칙으로 삼아야 합니다.

그런데 한나는 입술만 움직였습니다. 그 음성은 들리지 않았다고 합니다. 이것을 볼 때에 참 이상하다 하는 생각이 들긴 합니다. 그러나 자세히 보면 그것이 소리 없는 기도는 아닙니다. 엘리가 듣지 못한 것뿐이지 음성은 났습니다. 그 음성이 어느 정도로 났습니까? 자기 혼자 들을 수 있는 음성입니다. 입술이 움직일 때에 소리가 나지 않습니까? 여러분도 저처럼 입술만 움직이는 기도를 해 보신 줄로 생각합니다. 누군가 들을까 봐 고요히 기도한다는 생각으로 기도를 하면 입술만 움직입니다. 그러나 기도하는 소리는 납니다. 자기 위치에서 더 나가지 못하는 것뿐이지 적어도 구강 안에는 소리가 있습니다. 고막이 울리는 까닭에 기도하는 자신은 들은 것이 분명합니다. 여기 본문에 없다 하더라도 입술이 움직였다면, 자기가 들을 수 있는 소리는 났을 것입니다. 엘리가 못 들었던 것입니다. 엘리에게는 음성이 전달되지 않았습니다. 자기 혼자만 들을 수 있는 기도를 했습니다. 이제 이 기도에 나타난 한나의 신학을 살펴보겠습니다.

행동을 달아보시는 하나님

본문 2장 3절에 "심히 교만한 말을 다시 하지 말 것이며 오만한 말을 너희의 입에서 내지 말지어다 여호와는 지식의 하나님이시라 행동을 달아보시느니라"고 합니다. 위대한 신앙 사상입니다. 여호와는 지식의 하나님이시므로 행동을 달아보신다고 했습니다. 저울에 단다고 할 때는 정확하게 안다는 말입니다. 이 무게가 얼마나 나가는지 아는 것입니다. 우리 인생들이 말로 하는 것이나 손발로 하는 것이나, 몸으로 행한 모든 행동을 저울에 달듯이 정확하게 감찰하시며 아신다고 했습니다. 이와 같이 한나는 하나님을 무소부재의 하나님으로 알았기 때문에 사람들이 듣든지 못 듣든지 하는 것이 문제가 아니라 하나님이 들었으면 됐다 하는 그러한 신학 사상입니다. 여호와는 지식의 하나님이라 행동을 달아보시느니라. 이렇게 한나는 입술로만 기도해도 좋은 줄로 알았습니다.

우리는 이 기도에서 외식이라는 것이 전혀 없다는 것을 살피게 됩니다. 사람들이 외식하는 것은 다른 사람들을 의식하기 때문에 외식을 합니다. 다른 사람들이 들으니까 내가 말을 조심해야 되겠다. 다른 사람들이 들으니까 내가 모든 이 행위를 조심해야 되겠다 하는 것입니다. 자기 보호 의식과 무엇보다도 자기를 잘 나타내 보이겠다는 이 부패한 본능 때문에 외식하는 것입니다. 그러나 한나는 전혀 그렇지 않았습니다. 엘리도 듣지 못하게끔 자기 혼자만 알아들을 수 있어서 그 마음이 외식할 리는 만무합니다. 혼자서 하는 기도의 장점이 여기에 있습니다. 혼자만 알아들을 수 있도록 하는 기도야말로 귀한 기도라고 생각합니다.

사람은 별 수가 없어서 목사라도 외식하는 그러한 시험을 받습니다. 특별히 젊으신 분들이 더 그러합니다. 혼자서 기도한 훈련이 없고 한적한 자리에서 기도하므로 재미 본 경력이 없는 까닭에 강단에 나서서 대중을 상대로 하는 기도가 위주가 되어서 외식하기 쉬운 것입니다. 하나님 앞에 기도한다고 하면서 사실은 하나님께 기도하는 것이 아니라 사람에게 기도를 하고 있습니다. 사람을 상대로 말을 꾸미고 또 좋게 하고 흐뭇하게 하려고 하는 그런 의도가 없을까요? 입으로는 주님 주님 하지만 걸핏 잘못하면 제일 외식 많이 하는 사람이 목사이기 십상입니다. 젊어서 목사되어 강단에 서기 시작하는 때부터 조심해야 될 것입니다. 조심해도 별 수가 없을 수 있습니다. 왜냐하면 자기 혼자만 알 수 있는 기도에 들어갈 수 없기 때문입니다. 자기 혼자만 아는 기도, 이것이 그렇게 귀한데 이 기도를 너무도 등한히 하고 있지는 않습니까?

한나가 입술만 움직이고 소리는 구강 속에 갇혀 있어서 자기 혼자만 들을 수 있었던 기도의 마음 자세는 어떤 것이었겠습니까? 엘리가 듣지 않는 것이 오히려 좋고 자기 혼자만 알고 하는 기도가 제일 좋다고 하는 신앙 사상이 어떤 것이었겠습니까? 하나님과 자기 사이에 거리가 제일 가깝다고 생각하는 것입니다. 사람은 언제든지 그 누구든 제삼자요 하나님이 제2자로서 내게 가장 가까우신 분입니다. 이 세상에 그 누가 하나님이 나를 사랑하시듯 사랑하겠습니까? 하나님께서 어느 때는 부드럽게 대해 주시고 어느 때는 채찍으로 때리시면서 나를 취급하지만 그 사랑이 뜨겁고 그 사랑이 가치가 있고 그 사랑이 과연 열매를 맺게 합니다. 창조주 되신 그분의 사랑이 피조물인 나에게 얼마나 깊은가? 그 사랑이 얼마나 위대한 것인가? 독생자를 보내시어 나를 대신하여 피 흘려 죽게 하신 그 사랑을 어디에 비할 것인가? 이처럼 하나님은 한나에게 있어서 제2자였습니다. 그런고로 그는 원칙적으로 누가 듣는 기도보다는 자기 홀로 들을 수 있는 기도를 함으로써 주님과 속삭이고 주님과 사연을 주고받는 것이 가장 좋다고 생각했을 것입니다. 이러한 기도보다 더 재미있는 기도도 없고 효과 있는 기도도 없다고 생각했을 것입니다.

특별히 신학을 졸업하고 강도사 시취한 후에 한 1년 지난 다음 목사 안수를 받으면 모든 것이 서툽니다. 모든 것이 서툰 때에 하는 기도는 더욱 서툴러서 본의 아니게 외식하는 기도를 할 수 있습니다. 그런 까닭에 우리는 한나를 본받아야 할 줄로 압니다. 한나가 여성이라서 무슨 신학 사상이 있었겠는가, 진리에 대한 무슨 체계가 있었겠는가, 이렇게 쉽게 잘못 생각할 수 있습니다. 그러나 사무엘상 2장을 보면 상상 못할 높은 수준의 신학 지식을 드러내고 있습니다. 그는 진리에 바로 섰기 때문에 그 시대에 하나님의 쓸 만한 사람이 되었습니다. 다시 말하면 사무엘을 세우는 데 있어서 한나를 사용하신 것입니다.

교역자들은 회중 앞에서 하지 못할 말을 할 수가 있습니다. 회중 앞에서 본의 아니게 아첨하는 일도 할 수가 있는데 특별히 젊은 분들이 그렇지 않겠는가 하는 생각이 듭니다. 성스러운 기도를 드리는 데 아첨하는 것으로 바꾸고 성스러운 기도를 하는데 자기 나름의 형편을 따라 말을 하게 된다면 이 얼마나 서툴고 잘못된 기도입니까? 그런고로 젊으신 분들은 강단을 지키는 것도 귀하지만 겸하여 혼자서만 들을 수 있는 기도의 자리를 만들어야 합니다. 보이지 않는 분에게 말하는 연습을 해야 됩니다. 보이지 않는 분에게 그야말로 눈물도 흘리면서 말할 수 있도록 연단을 받아야 되겠습니다.

보이지 않는 분을 상대로 해서 말할 수 있게 하신 이 놀라운 계시 종교, 이 놀라운 하나님의 구원 역사에 우리가 참여했다는 것이 얼마나 귀합니까? 썩어질 것, 보이는 것만 알던 내가 보이지 아니하고 영광 가운데 계신 그분을 상대로 말할 수 있다는 것이 참으로 그 어느 것과도 바꿀 수가 없습니다. 은밀한 데서 보시는 분을 섬기게 된 것이 얼마나 행복합니까? 고요히 나 혼자만 들을 수 있는, 기도할 수 있는 그 자리, 깊은 산중에 들어가서 기도할 수 있다는 것이 얼마나 귀한 기회입니까? 한적한 들에 나아가서 자기 혼자 하나님 앞에 부르짖는 그 행복이 얼마나 귀합니까? 이 자리를 귀하게 아는 교역자라야 반드시 주님이 쓰는 교역자가 될 것입니다.

자기 심정을 토로한 기도

한나의 기도는 여호와 앞에 자기 심정을 통한 기도입니다. 사무엘상 1장 15절에 보면, "한나가 대답하여 이르되 내 주여 그렇지 아니하니이다 나는 마음이 슬픈 여자라 포도주나 독주를 마신 것이 아니요 여호와 앞에 내 심정을 통한 것뿐이오니"라고 말씀하였습니다. 이처럼 한나의 기도는 여호와 앞에 자기 심정을 통한 기도입니다. "나의 심정을 통한 기도"라는 표현을 히브리 원문대로 번역하면 '나의 영혼을 토하였다'라고 번역할 수 있습니다. '나의 영혼'이란 말은 '나의 심정'이 아닙니다. 심정이라고 하기보다는 영혼이라고 해야 맞습니다. 자기 영혼을 토하는 기도, 자기 영혼을 토했다는 것입니다. 영혼을 토한다는 말은 얼마나 희귀한 표현입니까? 영혼을 어떻게 토합니까?

우리는 여기에서 한나에게 있었던 중요한 결단을 생각할 수 있습니다. 그는 아들이 없어서 남에게 천대와 멸시를 받았습니다. 그때마다 그는 슬퍼 울기도 했습니다. 그 마음에 피가 맺힐 정도로 아픔이 있었습니다. 그것도 한두 번이 아니라, 상당한 시일 동안 그 고생을 했습니다. 그런 고생을 할 때마다 그는 하나님 앞에서 생각을 했습니다. 어려움을 당할 때마다 하나님과 관계를 가져온 이것이 참으로 희귀한 일이고 복 받은 일입니다. 그는 낙심하거나 절망하지 않고 기도로 마침내 이 문제를 해결

했습니다. 그가 이번에 기도할 때는 큰 결단을 낸 것입니다. 영혼을 토했습니다.

사람이 영혼을 건사하기가 힘듭니다. 이 영혼이라는 말은 생명이란 말로도 바꿀 수 있습니다. 영혼을 구원한다는 것은 금생과 내세에서 인간 존재와 그 생명을 구원한다는 것인데 나 자신을 구원해 내기가 힘든 일입니다. 어떤 순교자가 이런 말을 했다고 합니다. 원수가 칼을 들고 와서 죽이려고 하니까 그가 말하기를 네가 잘한다, 내가 건사하기 어려운 이 육신 생명을 죽여주니 참 잘 한다, 영원토록 빼앗길 수 없는 생명을 내가 이제는 누리게 되었으니 참 네가 잘 한다 하고 순교했다고 합니다.

참으로 우리는 한세상을 살아가기가 힘듭니다. 더욱이 영혼 건사, 인간 존재에 있어서 본질이요 그 중심이라고 할 수 있는 이 영혼 건사, 이 영혼과 관련된 모든 문제들을 바로 취급해 나가는 것이 참으로 어렵습니다. 육신 하나 살아가기도 어렵지만 이 영혼 건사를 하기가 얼마나 어려운지 모릅니다. 내가 한평생 산 것이 유감이 없고 내가 한평생 아니 영원토록 잘될 길이 없겠는가 이런 생각을 하지 않을 수가 없습니다. 사람이 의식하든 하지 않든지 간에 그런 생각을 해나가는 것입니다. 하지만 계속 실패입니다. 따라서 불만입니다.

한나는 자기에게 아들이 없어서 인간 존재의 결함을 가진 것입니다. 인간으로서, 하나의 영혼으로서 뭔가 손색이 있었습니다. 이런 고민을 해왔는데 이 문제를 가지고 이제 주 앞에 나아가 기도를 하게 되었습니다. 그는 모든 참된 기도자들이 체험한 것 같은 그런 체험을 한 것입니다. 뭐냐면 참된 기도의 결론에 도달한 것입니다.

하나님께 토했다는 것은 하나님께 맡기는 것임

참된 기도란 무엇입니까? 아들이 있었으면 좋겠지만 하나님의 뜻이라면 아들이 없어도 좋다, 이제 나는 체념한다, 이제는 마음을 정했다. 아들을 주셔도 좋고 아들을 아니 주셔도 좋습니다. 또 아들을 주실지라도 내 아들이라 해서 내가 데리고 있어야지 내가 이 아들로 영광을 받아야지 하는 생각이 다 없어지고, 그저 이 아들을 성전에 데려다 놓고 살든지 죽든지 어떻게 되든지 하나님께만 맡기겠다고 한 것입니다. 나는 여기에 대해서 아무런 미련도 갖지 아니하고 아들을 주는 경우에라도 내 어떠한 이익을 위해서라도 생각하지 않겠다고 결심한 것입니다. 그래서 하나님께 모든 것을 몽땅 맡겨 버렸습니다.

사람은 자기 영혼의 문제에 대하여 자신이 직접 해결하려고 하니까 불안이 찾아오는 것뿐입니다. 결국 안타까운 것과 걱정과 염려가 오는 것뿐이지 도무지 이것을 다룰 수가 없는 것입니다. 사람이 먹지 못할 것을 먹은 다음에는 토하는 법입니다. 위가 감당치 못할 것을 감당하려고 하니까 배만 아플 뿐입니다. 그래서 어떻게 약을 먹고라도 그것을 토해버리는 것입니다.

사람이 친히 다룰 수 없는 문제가 무엇입니까? 그것이 바로 자신의 문제, 영혼의 문제입니다. 자기 자신의 문제 중에 제일 요긴한 문제, 본질적인 문제, 영혼이 구원받는 문제, 영혼이 행복해지는 문제에 대하여 이 세상 표준으로 보든지 그 무엇으로 보든지 잘됐다 할 만큼 자기 마음대로 못하는 것입니다. 내가 친히 다룰 수 없는 이 문제를 내가 다루겠다고 할 때 울컥 토하는 것입니다. 그래서 다시는 이것을 집어 먹지를 않게 됩니다. 하나님께 토했다는 것입니다. 하나님께 이것을 맡긴 것입니다. 우리는 우리가 다룰 수 없는 문제들을 평생 가지고 씨름하다가 종래 해결하지 못하고 한숨 쉬고 죽을 수밖에 없습니다. 따라서 우리에게 고민되는 문제가 그 어떤 것이라도 주님께 맡기기를 잘해야 합니다. 내가 해결할 수 있는 문제라면 모르겠는데, 해결할 수 없는 문제를 끝까지 쥐고서 해결하겠다고 할 필요가 어디에 있겠습니까? 손해만 볼 뿐입니다. 고통만 당할 뿐입니다. 한나는 오랫동안 기도했다고 어제도 말씀드렸는데 씨름하듯이 기도한 결과 그가 내린 결론은 주여 나 이것 모릅니다, 내가 맹세하건데 나 이 문제 안 맡겠습니다. 자식을 줄지라도 하나님께 바치겠습니다. 이와 같은 결단을 내린 것입니다. 이것이야말로 하나님이면 그만이라는 그런 사고방식입니다. 이 점이 엘리와 달랐습니다.

사무엘상 2장 29절에 보면 엘리는 자기 아들들을 하나님보다 더 존중했습니다. 이 점에 있어서도 한나와 엘리는 서로 대조를 이룹니다. 하나님이면 그만이라는 이 신앙 사상 얼마나 놀랍습니까? 한나의 신앙 사상이 2장에 담뿍 실려 있는데 그 말씀을 볼 때마다 은혜가 됩니다. 그는 그때까지 전통적으로 내려오는 신학 사상과 신앙 사상을 아는 자로서 모든 받는 고난을 통해서 자기 것으로 가지게 되었고 하나님 앞에서 기도하는 중에 자기의 문제를 하나님께 시원스럽게 맡기게 됩니다. 이러한 사건을 통해서 모든 후세에 전하는 진리가 얼마나 굉장합니까?

사무엘상 2장 2절을 보면 여호와와 같이 거룩하신 이가 없다고 했습니다. 하나님이면 그만이라 그 말입니다. 성결을 위주로 하는 데 있어서 사람이란 성결해야 주님을 모십니다. 성결을 제일로 생각할 때는 여호와밖에 없습니다. 뿐만 아니라 우리 하나님 같은 반석도 없다고 했습니다(삼상 2:2 하반절). 주님만이 피난처요, 주님만이 우리가 든든히 거할 보금자리요 안전보장이 되는 것입니다.

그는 주님만이 홀로 공의대로 심판하신다고 말씀했습니다(삼상 2:10). 공의대로 심판하시는 이가 주님밖에 없다는 것입니다. 주님은 죽이기도 하시고 살리기도 하십니다. 음부에 내리기도 하시고 올리기도 하십니다. 낮추기도 하시고 높이기도 하십니다. 사무엘상 2장 6-7절에 이런 말씀들이 나옵니다. 또한 그가 거룩한 자들의 발을 지켜 준다고 했습니다. 하나님께서는 거룩하시기 때문에 그 백성이 거룩해지는 것을 원하시며 그 백성들 중에 거룩한 자가 생겨날 때는 그들을 붙잡아서 실족하지 않게 하시고 끝까지 거룩해지도록 은혜를 주십니다.

본문 9절에, "그가 그의 거룩한 자들의 발을 지키실 것이요 악인들을 흑암 중에서 잠잠하게 하시리니"라고 말씀합니다. 악인은 시간문제일 뿐이지 결국에 가서는 흑암에 떨어지게 하신다는 말씀입니다. 힘으로는 이길 사람이 없다고 했습니다. 그 누가 자기의 힘으로 여호와를 이길 수 있겠습니까? "여호와를 대적하는 자는 산산이 깨어질 것이라"고 말씀했습니다.삼상 2:10

하나님 한 분으로 만족하는 신앙

이런 놀라운 말씀들이 여기 기록되었는데 이것이 바로 한나의 신학이요 한나의 진리 사상입니다. 여호와 하나님이면 그만이라는 이러한 신념, 이러한 진리 신앙, 이러한 신앙 사상이 그의 생명이 되었고 그의 생활이 되어 있어서 과연 자기의 문제를 유쾌하게 토했습니다. 한나는 일시적으로 어떤 흥분에 의하여 기도를 한 번 한 정도가 아닙니다. 그는 신학이 확고히 서있는 신앙인이었습니다. 그야말로 자기의 문제를 토하여 여호와께 드릴 만큼 그는 확고하게 진리에 사로잡힌 삶의 모습을 취하고 있었습니다. 그의 모든 신앙 행위는 결국 생동적인 하나님의 역사로 이루어진 것이라고 생각하지 않을 수가 없습니다.

한나에게 있어서 살아서 움직이는 이 생동적인 신앙의 활동, 이 생동적인 기도의 모습, 이 기도의 결론은 진리에서 나온 것입니다. 물은 낮은 데로 흘러가지만, 하나님은 진리를 향하여 가시며 진리를 향하여 임하십니다. 물이 낮은 데로 흘러가는 것은 물리적인 것이지만 하나님이 진리를 향하여 가신다는 것은 약속에 따른 것입니다. 그가 약속하셨기 때문에 그는 그렇게 아니할 수 없습니다. 예수님이 말씀하셨듯이 "두세 사람이 내 이름으로 모인 곳에는 나도 그들 중에 있느니라"(마 18:20)고 하심과 같습니다.

두세 사람이 내 이름으로 모인다는 말은 진리대로 모인다는 말입니다. 구약에도 계시됐고 신약에도 계시됐는데, 그 진리대로 모일 때에 두세 사람뿐 아니라 개인에게도 하나님이 임하시는 것입니다. 진리는 있는데 하나님이 오시지 않는 법은 없습니다. 이것은 관념이 아닙니다. 이것은 생명과 약속을 한 하늘의 진리입니다. 진실하게 이 진리를 가질 때는 하나님이 오시겠다고 한 약속이 이루어지는 법입니다. 진리를 진실하게 가지지 아니하고 겉날림으로 그저 형식으로만 가질 뿐 실은 딴 짓하고 딴 생각을 한다면 어떻게 진리를 가졌다고 할 수가 있겠습니까? 정말 진실하게 주님의 진리를 상대해야 합니다. 그 진리는 사람들더러 가지고 놀라고 준 진리가 아니고 그 진리는 사람들더러 그저 형식으로 그저 외식으로 그렇게 하도록 주신 것이 아닙니다. 이 진리는 귀한 진리로서 이 진리대로 살라고 주신 것입니다. 그러할 때 하나님이 임하십니다.

무디 선생은 성령 충만이란 다른 것이 아니라 진리 충만이라고 솔직하게 말했습니다. 그는 성경을 평생 전한 사람입니다. 그가 설교할 때는 다른 말 없고 성경을 고요히 해석하는 것뿐이었다고 합니다. 이것은 무디 전기가 말하는 바입니다. 그가 그렇게 체험하고서 한 말은 진리 충만에 성령 충만이 함께 한다고 한 것입니다. 진리는 주시고 성령은 안 주는 법이 없습니다. 진리가 없는 곳에는 마귀가 들어옵니다. 진리가 열 가지가 있어야 되는데 다섯 가지만 있을 때 마귀가 다섯 가지는 점령하게 됩니다. 진리가 없는 것만큼 마귀에게 문을 열어 주는 것입니다. 우리가 진리를 귀한 줄로 알아야 되겠습니다. 귀한 진리에 생명을 걸고 이 진리를 내가 소유해야만 주님이 여기 오십니다. 이 진리를 내가 소유하지 않는 것만큼 마귀가 들어옵니다. 과연 있을 만큼 있어야 합니다. 진리가 있어야 할 만큼 있어야지 진리가 있을 만큼 있지 못한 때에 그곳에 악마의 역사가 나타납니다.

맺는 말

사랑하는 여러분, 한나가 진리의 사람이라는 것을 우리는 인정할 수 있습니다. 이 얼마나 놀라운 표본입니까? 하나님이면 그만이라는 이 귀한 신앙 사상, 하나님이면 된다, 하나님이면 그만이라는 이와 같은 견고한 신앙 사상이 우리에게 요구되는 바입니다. 이 신앙 사상이 확고하여질 때에 주님이 오십니다. 과연 한나는 이와 같이 진리의 사람으로서 주님 앞에 기도하는 가운데 하나님밖에 없다는 것을 재확인했습니다. 그가 자기의 문제를 토해 여호와께 맡겼던 비결이 여기 있습니다. 오늘 우리가 한나의 기도를 본받읍시다. 한나는 주님만 상대로 기도의 자리를 잡은 사람입니다. 한나는 하나님께 자기의 영혼을 토한, 즉 영혼을 쏟아버리는 귀한 결단을 내리는, 하나님이면 그만이라고 생각하여 안정을 찾은 신앙 인격자였습니다.

기도

주님 감사하옵나이다. 오늘도 이와 같이 모이도록 하여 주시고 주님의 말씀을 다시 상고하면서, 진리의 사람, 기도의 사람, 한나의 사적을 연구하며 우리 자신이 받아야 할 바를 이렇게 챙기게 해 주시니 감사하옵니다. 죄대로 갚으면 우리는 망할 것밖에 없습니다. 우리에게 무엇이 있습니까? 캄캄한 것과 사악한 것과 독한 것과 온갖 가증스러운 것이 아직도 내게서 나가 작동하는 이런 처지에 놓여 있습니다. 주님이여 우리는 우리 자신에게 소망을 걸 수가 없고 오직 우리 주님만이 우리의 소망임을 다시 믿습니다. 하나님 아버지, 우리 사랑하는 모든 형제자매들에게 또한 이 죄인에게 은혜를 베푸사 짧은 이 세상 동안에 안개와 같이 있다가 사라져가는 한 세상에서 우리가 공연히 근심 없는 자처럼 아무런 생각 없는 자처럼 그저 그 날 그 날 허송하지 않게 하여 주시옵고 기어코 한나처럼 근심을 갖고서 한나처럼 결단을 내릴 수 있는 우리들이 되게 하여 주시옵소서. 주님이여, 우리가 눈에 보이는 것을 따라가지 아니하고 보이지 않는 분의 영광을 볼 줄 알게 하시며 보이지 않는 분을 향하여 마음껏 말하며 보이지 않는 분을 향하여 마음껏 소통하며 그 가운데서 기쁨을 얻으며 그 가운데서 힘을 얻는 이러한 생활을 우리에게 주시옵소서. 아버지 하나님이여, 은밀한 가운데서 보시는 그분을 우리가 기쁘게 볼 수 있게 하시며 기억하게 하여 주시옵고, 우리의 생활이 전혀 그분 앞에서 바로 되어 나가도록 은혜 주시옵소서. 예수 그리스도의 이름으로 비옵나이다. 아멘

4. 요나의 기도

¹ 요나가 물고기 뱃속에서 그의 하나님 여호와께 기도하여 ² 이르되 내가 받는 고난으로 말미암아 여호와께 불러 아뢰었더니 주께서 내게 대답하셨고 내가 스올의 뱃속에서 부르짖었더니 주께서 내 음성을 들으셨나이다 ³ 주께서 나를 깊음 속 바다 가운데에 던지셨으므로 큰 물이 나를 둘렀고 주의 파도와 큰 물결이 다 내 위에 넘쳤나이다 ⁴ 내가 말하기를 내가 주의 목전에서 쫓겨났을지라도 다시 주의 성전을 바라보겠다 하였나이다.(요나서 2:1-4)

요나가 큰 고기 뱃속에서 기도한 경험을 기록한 말씀이 요나서 2장 1절에서 10절에 나옵니다. 이 사건은 구원 사상에 매우 중요한 사건을 다루고 있습니다. 주님께서 사흘 만에 다시 살아나실 일에 대하여 구약의 예언을 인용할 때도 특별히 요나의 이 사건을 인용하였습니다. 예수님의 부활을 예언하는 중대한 사건이기 때문에 우리는 이 말씀에서 더욱 기쁨을 가지며 용기를 갖게 됩니다. 신앙생활에서 어떤 어려움이나 기가 막히는 어려움을 당할 때 그러합니다. 이 요나의 사건은 예수님이 죽었다가 다시 살아나신 사건을 연상하게 하고 또 그리스도 안에 있는 자에게는 능치 못함이 없다 하는 것도 새삼 기억하게 합니다.

　이 귀한 믿음의 사건들에 대해서 우리는 왜 이다지도 둔하며 또 믿는 데 있어서 바보와 같은가 하는 생각을 합니다. 고기 뱃속에서 드린 요나의 기도에 대해서 생각해 보겠습니다.

요나는 음성으로 기도함

요나가 드린 기도는 음성의 기도입니다. 2절에 "이르되 내가 받는 고난으로 말미암아 여호와께 불러 아뢰었더니 주께서 내게 대답하셨고"라고 말씀합니다. 여기 불렀다는 말이 나옵니다. 불렀다는 것은 부르짖는다는 말입니다. 그러니 음성이 꽤 높을 수도 있습니다. 그리고 바로 이어 "내가 스올의 뱃속에서 부르짖었더니"라고 표현하는데 여기서도 부르짖는다는 말을 사용했습니다. 이렇게 부르짖었더니 "주께서 내 음성을 들으셨나이다"라는 응답이 있었다고 말씀합니다.

여기에 음성이란 말이 나옵니다. 음성이 얼마나 귀합니까? 혹 생각하기를 어떻게 고기 뱃속에 들어가서 발성을 할 수 있을까, 질식 상태에 빠지지 않았을까 하는 생각이 들기도 합니다. 요나의 코나 입으로 고기 뱃속의 불결물들이 불가항력적으로 들어갈 터인데 어떻게 입을 열고 기도를 했을까 하는 생각도 들긴 합니다.

어떤 신학자는 이 큰 고기가 '롤쾀'이라는 고기라고 설명하면서 고래의 일종이라고 말하기도 합니다. 일반적으로 고래는 목이 좁아서 사람이 못 들어간다고 합니다. 그러나 롤쾀이라는 고래는 배가 깊고 그 배가 가슴에까지 통해서 공기가 바깥에서 들어올 수 있다고 합니다. 그 큰 고기가 롤쾀이라는 고래라면 해석상 문제가 없이 잘 해석이 됩니다.

여기서 우리가 이런 과학적인 설명을 취해야 되겠는가 하는 것은 문제입니다. 물론 과학적인 설명을 했다고 해서 우리가 믿는 믿음에 지장이 있는 것은 아닙니다. 하나님께서 직접 이적으로 안 하시고 섭리로 역사하셔서 이 자연 조건을 그대로 활용하시면서 일을 하실 수도 있기 때문입니다

다. 결국 그것이 하나님의 손 가운데서 된 일이라면 우리 믿음에 무슨 지장이 될 것 있느냐 이러한 생각이 납니다. 그렇게 생각할 수도 있습니다.

그렇지만 이 사건을 기적적으로 설명하는 것이 더 좋은 설명이라고 생각됩니다. 왜 그런가 하면 이 사건이 구약에서는 예수님의 부활을 내다 보고 계시된 특이한 사건이고 예수님의 부활은 기적인 만큼 이 사건도 기적으로 됐다고 생각하는 것이 오히려 자연스러운 설명이라고 생각되기 때문입니다.

자신을 들어 바다에 던지라 할 때 요나는 하나님이 직접 역사하시는 현장임을 느꼈습니다. 지금 이 현장에서 하나님이 함께 하신다고 믿었고 또 느꼈습니다. 그러니만큼 하나님의 뜻대로 하려고 자기의 생명을 전적으로 하나님의 손에 내맡긴다는 뜻에서 이와 같이 말한 것으로 생각하는 것이 매우 타당성을 가집니다. "나를 들어 바다에 던지라"고 요나가 말했을 때는 '하나님이 다 보신다, 하나님이 어떻게 하시든지 잘하실 것이고 나는 죽어 마땅한 죄인이니 하나님께 받은 내 생명을 하나님께 도로 바치겠다, 주님 내가 일사를 각오하는 것이 진리에 합당합니다'라는 생각에서 평안한 마음으로 그 말을 한 것입니다. 이와 같이 하나님의 역사가 그 바다와 그 배 위에서와 모든 환경에 아주 힘 있게 역사하는 장면이었습니다. 하나님께서 이처럼 순종하는 요나를 큰 고기 뱃속에 들어가게끔 하신 것입니다. 그리고 하나님께서 직접 간섭하셔서 요나가 큰 고기 뱃속에서도 말을 할 수 있었다고 생각합니다.

요나는 소리를 내어 음성으로 기도를 했습니다. 본문에 보면 "불러 아뢰었더니"라고 하였고 "부르짖었더니"라고 했으며 또 "내 음성을 들으셨나이다"라고 했습니다. 음성이란 귀합니다. 하나님은 우리의 음성을 듣기 원하십니다. 다른 동물과 달리 우리를 당신의 형상대로 지으신 목적은 영원토록 하나님 당신과 함께 살며 영원토록 함께 얘기하며 영원토록 사람과 교제하려는 데 있었습니다. 하나님의 형상으로 지음 받았다는 것은 보통 일이 아닙니다. 사람은 피조물 중 최고봉의 존재요, 또 하나님을 닮은 자로서 하나님과 교제할 수 있도록 지음을 받았습니다. 따라서 하나님과 교제하는 일에 있어서 음성은 아주 귀합니다.

우리가 마음이면 그만이지 그렇게 말을 하긴 합니다만 마음이란 잘 통하는 것이 아닙니다. 사실 마음이란 우리 몸보다 중요하고 몇 배 요긴하긴 합니다. 그렇지만 이 몸도 하나님이 필요해서 지으셨고 또 마지막 날에는 다시 살려서 영원토록 이 몸을 가지고 살도록 하셨다는 것입니다. 우리가 세상 뜰 때에 얼마 동안 육신을 떠나 있게 되지만 부활의 날에는 우리 영혼이 부활의 몸을 취하게 되어 있습니다.

우리가 서로 사귀고 교제할 때 말이 없으면 안 됩니다. 음성이 없으면 교제하기 어렵습니다. 우리가 오랜만에 만나서 악수를 하지만 말없이 악수할 때에는 마음이 통하지 않습니다. 말로써 우리가 서로 통하는 법입니다. 그런데 누구를 만났을 때 말 한마디 안 하는 사람이라면 어찌 되겠습니까? 그 사람 속에 무엇이 들어 있는지 알 수가 없는 것입니다. 따라서 그 사람이 잘 믿어지지 않을 것입니다. 말을 빗나가게 하거나 말을 좋게 하지 않아서 그렇지 말처럼 좋은 것이 없습니다. 말이 나올 때에 심령이 풀리는 것입니다. 말은 안하고 가두어 둔다면 심령을 사장하는 것입니다. 심령을 죽은 시체처럼 딱 가두어 놓을 때에 우선 자신이 살기가 힘들어집니다. 불편하고 기쁨이 없고 또 다른 사람에게 기쁨을 주지 못합니다. 말이 없으면 교제가 원활하지 못해서 오해와 여러 가지 불편한 것만 쌓이게 될 것이 명백합니다.

우리가 하나님께 기도할 때에도 입을 열어 기도해야지 마음으로 기도한다 하는 것은 매우 부족한 기도입니다. 저는 생각으로 기도하려고 할 때에는 이 생각이 풀리지 않고 움직이질 않고 논리가 풀려 나오지 않고 말도 되질 않습니다. 그저 꽉 막혀 있어서 잘해 봐야 이 심령이 하나님을 향하여 있다 하는 그런 정도인데 그것을 기도라 할 수는 없습니다. 하나님은 우리가 말을 할 때 기뻐하십니다. 우리가 심령을 열어서 말로 풀어낼 때에 하나님은 기뻐하십니다. 그러므로 이 음성이 얼마나 귀한지 모릅니다.

저는 젊었을 때에 김인서 1894-1964 장로와 아주 가까이 지냈습니다. 그 분은 6.25 이후에 부산에서 목사 안수를 받았습니다. 그 전에는 장로였습니다. 평양에서 지낼 때 모란봉 밑에 고누동이라는 곳에 초가집을 하나 마련하고 거기에 수십 년 있으면서 『신앙생활』이라는 잡지를 펴냈습니다. 그분과 김상철 목사라는 분도 있는데 역시 제 친구입니다.

두 분이 묘향산에 기도하러 갔을 때 굴속에 들어가서 하룻밤을 지냈는데 김상철 목사님이 "이거 난 가겠수다"라고 했습니다. 김인서 목사님이 "왜 가려고 해요" 하니까 "뭐 꼭 여기 와서 기도해야 은혜를 받겠나요. 난 가겠시오" 하더랍니다. 암만 말려도 가겠다는 분을 어떻게 할 도리가 없어서 보냈는데 김인서 목사님의 말이 김상철 목사님이 떠나가신 후 어찌나 사람이 그립던지 하시는 것이었습니다. 김상철 목사님이 그 굴에서 나온 후 산을 내려와 길을 따라 십 리 가까이 가는 동안에 김인서 장로님도 혼자 말을 했답니다. 아무 내용도 없이 그저 "김 목사, 김 목사" 계속 그렇게 이름만 불렀다는 것입니다. 그런데 김상철 목사님도 역시 산을 내려가면서 내내 "김 장로, 김 장로" 하면서 한 십 리 가까이 내려왔는데 말이 안 들릴 거리가 되어서야 김인서 장로를 찾지 않았다고 합니다. 사람이 참 반가운 것입니다. 사람의 음성이 그렇게 반가운 것입니다. 사람들이 서로 말 안하고 입을 꼭 닫고 왔다 갔다 한다면 교제가 되겠습니까? 마음과 마음이 통할 수가 있겠습니까? 하나님과는 더욱 통할 수 없습니다.

　하나님은 우리의 음성을 좋아하십니다. 입을 넓게 벌리고 찾는 것을 원하십니다. 피조 세계를 내려다 볼 때 이 가운데서 하나님을 찾는 자가 있는 것을 무척 반가워하고 기뻐하십니다. 하나님을 찾는 자를 제대로 보호하고 구원하시려고 독생자를 희생시키셨습니다. 그렇게 하여 성도들과 대화할 수 있는 분위기를 만들어 놓으셨습니다. 우리가 기도할 때 음성으로 기도한다는 것이 그렇게 귀합니다. 우리가 음성으로 기도하면 우리의 심령이 부드러워집니다. 또 우리의 심령이 열리게 되고 우리의 심령이 주를 향하여 가는 것입니다.

　어떤 신학자는 말하기를 이 마음이 하나님을 향하여 있는 것이 기도라고 하는데 그것은 아주 잘못된 말입니다. 우리는 이 음성이 아주 귀한 까닭에 기도할 때 이 음성을 쓰면서도 잘 사용해야 합니다. 우리가 어느 때는 너무 답답하면 "주여, 주여, 주여, 죽겠습니다! 주여, 주여, 주여" 이렇게 하기도 합니다. 그것도 기도입니다. 여러분, 그것도 중요한 기도입니다. 어린아이들이 엄마를 찾을 때 급하면 발버둥질 치면서 앙앙 웁니다.

이처럼 누구를 찾는 데는 논리가 없습니다. 아이가 울면서 하는 말을 보면, 주어와 목적어가 전도가 되기도 하고 거꾸로 나오기도 하고 동사만 나오기도 하고 또 주어가 없는 말을 하기도 합니다. 그러나 그런 말에도 장점이 다 있는 법입니다. 우리가 기도하는 가운데 하나님의 은혜가 왔다 갔다 합니다. 그렇더라도 우리가 음성을 써서 기도할 때에 말의 문법도 맞지 않고 논리도 맞지 않고 또 아무리 급하고 간절하고 안타까워도 침착해야 합니다.

시간을 내서 기도하라

음성으로 기도하더라도 먼저 시간을 딱 바쳐야 합니다. 우리가 기도할 때 시간을 별로 바치지 않고 기도하는 때가 있습니다. 어느 때 시간을 안 바치고 기도하는가 하면 '얼른 기도하고 가겠다'는 마음이 앞설 때입니다. 그러면 기도하는 말 자체에도 정신이 집중되지 않습니다. 정신이 집중되지 않아 논리도 맞지 않고 말 자체에 타성이 있게 됩니다. 다시 말하면 게으름이 있게 됩니다. 하기 싫고 속히 하고 가겠다는 생각이 들기 때문입니다. 그러므로 기도할 때 먼저 할 바는 시간을 정말 바쳤느냐 안 바쳤느냐 하는 점을 명확히 해야 합니다. 한 시간 동안이면 한 시간 동안, 30분이면 30분, 심지어 10분이면 10분, 딱 잘라서 꼭 그 시간에는 기도에만 전력하기로 마음을 정하는 것이 중요합니다.

누군가 기도하는 나를 만나 보겠다고 찾아와서 어수선하고 분주하게 되면 마음은 다른 데 두고 이 소리 저 소리 하면서 말도 제대로 되지 않게 됩니다. 이런 형편을 보면 어떤 생각이 들겠습니까? 이 사람이 도대체 무슨 소원이 있긴 있어서 말을 하긴 하는데 생각은 다른 데 있고 시간 내기를 아까워하는구나 하는 것이 보이게 됩니다. 그렇게 하면 교제가 되겠습니까? 그러면 교제의 재미가 떨어지는 법입니다. 말을 들어주는 사람도 재미가 없고 말을 와서 하는 사람도 재미가 없는 것입니다.

 기도하는 시간의 길고 짧은 것은 물론 우리가 생각할 문제입니다. 주님을 만나는 데 시간을 아까워하고 될 수 있는 대로 짧은 시간만 낸다 하는 것은 조금 문제가 있습니다. 그러나 짧은 시간이라도 정말 바쳤는가, 그것을 먼저 다짐해야 되겠습니다. 기도하려면 시간을 딱 바쳐놓고 와서 앉아야 합니다. 기도하는 동안은 시간 관념이 사라져야 합니다. 하나님 앞에 말씀드릴 때에 침착하게 생각하고 논리를 잘 지키고 문법을 제대로 지켜가면서 말을 해야 합니다. 그렇게 할 때 정신이 말에 가는 것입니다. 정신이 말에 담기니까 이것이 진정한 말이 되는 것입니다. 하나님은 언제든지 신실하시기 때문에 정식으로 말하는 사람을 배척하시는 법이 없습니다. 시간을 바쳤고 정신을 전폭적으로 사용해서 말을 하는 사람이야말로 믿음으로 말하는 사람입니다. 말을 그렇게 조심스럽게 하는 사람이 믿음 없이 기도할 수 있겠습니까?

 우리가 믿을 때에 믿음이란 것은 의지로 조정하는 것이 아닙니까? 사람의 인격이라는 것은 의지로 조정하는 것입니다. 주님을 믿고 살 때 방해도 있겠고 여러 가지 올무가 있을지 모르나 믿음으로 관철해 나가는 것입니다. 이것이 내가 살 길이니 다 제치면서 믿음의 길을 가는 것 아닙니까? 우리가 주님 앞에 나와서 믿음을 고백할 때 말없는 가운데라도 역시 그런 태도를 확정해야 합니다. 그렇게 태도를 확정할 때에 주님은 그런 믿음을 상대해 주십니다. 그처럼 믿음으로 말할 때 논리가 정연하고 문법이 명백하고 정신이 기도하는 말 마디마디에 가게 됩니다. 그렇게 기도할 때에 이상하게 실감이 나는 것입니다. 주님과 얘기하는 실감이 나게 됩니다. 거기에 기쁨이 있고 재미가 있고 주님을 앞에 모시고 담화하는 맛이 있게 됩니다. 물론 주님께서 멀리 계시니 오시는 데 시간이 걸려 대면이 잘 안 되는 그런 법은 없습니다. 떼를 쓰는 그런 기도도 일리가 있지만 재미있는 기도는 담화의 기도입니다.

환난이 주께로부터 온 것을 믿고 기도한 요나

요나는 이 재앙이 주님에게서 온 재앙으로 알고 기도했습니다. 3절에 보면 "주께서 나를 깊음 속 바다 가운데 던지셨으므로"라고 했는데 주님께서는 요나를 깊은 물에 던지셨습니다. 그래서 "큰 물이 나를 둘렀고 주의 파도와 큰 물결이 다 내 위에 넘쳤나이다"라고 말합니다. 여기 '주의 파도'란 말이 있습니다. 저 파도가 주님의 심부름하는 물결이라는 뜻입니다. 즉 이 일의 배후에 주님이 계신다는 말입니다. 모든 어려움은 주님 모르게 오는 법이 없습니다. 어려운 일을 볼 때에 주님께서 보내셨다고 생각하는 것이 성경적입니다.

우리 믿는 사람들에게 주님도 모르게 무엇이 올 수 있겠습니까? 주께서 어려움을 보냈다고 생각하면 주님께서 보내는 환난을 어떻게 막으랴 하는 문제가 생기겠지만, 그것은 피상적으로 생각할 때에 그럴 뿐이지 사실상 주님이 보내신 환난이요 주님이 보내신 재앙이기 때문에 막기가 용이합니다. 환난이나 재앙이 우연으로 왔다면 정말 해결할 길이 없겠지요. 태산과 같은 환난이 왔는데 우연으로 왔다고 한다면 그것을 누가 굴려낼 수 있으며 그것을 누가 뚫어낼 수 있겠습니까? 태산 앞에 사람이 설 때는 자신이 먼지만 할 텐데 태산을 어떻게 먼지가 쳐들 수 있겠습니까?

그러나 감사한 것은 그리스도인이 당하는 모든 환난은 주님의 손에서 온 것이라는 사실입니다. 주님은 우연이 아니시고 살아 계신 주님이시고, 의로우신 주님이시고, 이름이 사랑이라고도 하는 이처럼 놀랍고 좋은 주님이십니다. 우리는 우연 철학을 믿지 않고 생명 철학을 믿습니다. 이 우주 만물은 살아 계신 주님이 운영하시며 이 땅 위에 이런 일 저런 일, 쉬운 일 어려운 일, 평안한 일 괴로운 일 모두가 살아 계신 주님의 장중에서 다 된다는 것을 우리가 믿습니다. 세상 일이 우연에 속한다는 말은 설득력이 없겠지만 살아계신 주님께서 세상을 다스리신다는 사실에 대해서는 설득력이 있습니다. 주님께서는 살아 계시고 "귀를 지으신 이가 듣지 못하시랴"고 한 말씀처럼 주님께서는 음성을 들으시는 분입니다. 특별히 그분은 우리의 음성을 사랑합니다. 재앙과 환난이 주님에게서 온 줄 알았다면 어떻게 기도하지 않고 가만히 있겠습니까?

요나는 말하기를, 4절에 "내가 주의 목전에서 쫓겨났을지라도 다시 주의 성전을 바라보겠다 하였나이다"라고 했습니다. 낙심할 리가 없는 것입니다. 다시 주님 성전을 바라봅니다. 다시 계시의 계약을 바라봅니다. 주님은 이 땅 위에 살고 있는 작은 사람들과, 특별히 성도들과 계약을 하십니다. 천지는 없어질지언정 하나님의 계약은 변하는 법이 없습니다. 이 계약으로 우리를 사랑하시는 주님이신데 사랑으로 행하시는 주님 앞에서 우리가 기도를 하지 않겠습니까? 사랑은 죽음과 같이 강하다고 했습니다(아 8:6). 우리는 이 사랑을 찾기 위하여 죽음을 각오해야 됩니다. 우리는 그 사랑을 받지 않으면 살 수가 없고 그 사랑을 떠나서는 우리의 삶이 의미가 없습니다.

그분이 우리에게 단 것을 주든지 쓴 것을 주든지 오직 그분만이 우리에게 무엇을 주는 것이 명확합니다. 이렇게 생각하는 우리로서는 그분이 사랑이라는 것을 알고 있기에 기도하는 일에서 죽음을 각오하면서 기도하는 것입니다. 그러기 때문에 진실하게 믿는 사람들일수록 어려운 일이나 환난을 당할 때에 기도로 총 매진했습니다. 참 어려운 때에 그 어려움이 주님의 손으로부터 왔다 하는 것을 먼저 알아야 되겠고 그리고 기도밖에 할 것이 없다고 기도해야 하는 것입니다. 비중으로 볼 때 기도가 제일 효과가 적은데 기도밖에 할 것이 없으니 기도라도 한다는 말이 아닙니다. 기도처럼 힘 있는 것이 없고 기도처럼 우리의 난제를 해결하는 열쇠가 없습니다. 기도로 해결 받을 때에 그것이 하나님의 솜씨로 이루어진 것인 만큼 영구히 효과가 있고 기도로 해결 받았으니 만큼 모든 방면에 유익이 되는 그러한 열매를 가지게 됩니다.

선진국가인 영국에서는 핍박 시대에 얼마나 기도했습니까? 피 흘리면서 기도하는 그러한 정신이라고 할 수 있습니다. 순교자 래티머가 Hugh Latimer, 1555년 순교 핍박받아 옥에 갇혔을 때에 그 이상 어려운 형편이 있었겠습니까? 죽은 형편이나 다름없고 힘이 없었지만 그는 기도로 일관했습니다. 힘이 없는 사람인데 엎드려서 기도를 오랫동안 하다가 맥이 다 빠져서 일어날 수가 없게 되자 옆에 있는 사람이 일으켜줘서 일어났을 정도로 기도했습니다.

우리가 제일 어려운 때가 언제입니까? 세상 떠날 시간이 가까운 때가 아니겠습니까? 병에서 나을 수도 없고 죽음을 내다보는 때가 아니겠습니까? 임종 시처럼 어려운 때가 있겠습니까? 이제는 살 길이 없고 이제는 끝이 나는 그럴 때에 무엇을 하겠습니까? 자식들이 앞에 모여 앉았으니 유언이나 하고 갈 것입니까? 유언이 아니라 기도를 해야 합니다. 기도로 하나님께 자녀들을 부탁하는 것 이상 더 좋은 것이 있겠습니까? 우리가 기도의 비중을 그 정도로 생각해야 기도라는 것이 무엇인지를 아는 사람들의 사고방식이 아니겠습니까? 숨이 넘어갈 때는 분초를 다투는 때인데 무엇을 해야 합니까? 하나님께 부탁해 놓으면 당장 이 시간에 무엇이 뚝 떨어지진 않아도 기도는 결단코 헛되지 않으니까 하나님께 맡기는 것입니다. 하나님께 부탁을 하는 것입니다.

맺는 말

오늘 여러분에게 말씀드린 것은 큰 고기 뱃속의 요나의 기도라는 주제입니다. 첫째는 음성으로 기도했다는 것이고, 둘째는 그 환난이 하나님의 손으로 이루어진 환난임을 알고 기도했다는 것입니다. 여러분이 모두 영국의 순교자 래디미와 같이 기도할 수 있는 그러한 기도의 사람이 된다면 이 땅의 사람들이 다 살겠구나 하는 생각을 하게 됩니다. 참으로 여러분이 다 그런 기도자가 된다면 더 이상 무엇이 되라고 할 필요가 없다고 저는 믿습니다. 여러분에게 제가 이 말씀드립니다. 이것이 욕심인지 몰라도 또 외람된 것인지 몰라도 참 이 말이 헛되지 않기를 바랍니다. 우리가 남더러 기도하라고 하면서 자기는 기도 안하는 일이 많고 또 기도하겠다

하겠다 하면서도 이럭저럭 기도 안하는 일이 많습니다. 제일 좋은 일이 천대를 받고 제일 좋은 일이 등한히 여겨지고 제일 좋은 일이 환영을 못 받는 원통한 일을 우리 성도들이 모른다면 누가 알겠습니까? 우리 다 같이 한 번 음성 합하여 우리나라를 위해서 기도합시다. 다 같이 음성을 합하여 하나님께 말씀드리십시다. 자, 우리가 좀 미안스럽습니다만 한 번 무릎 꿇고서 기도합시다.

# 5.
히스기야의 기도

¹ 그 때에 히스기야가 병들어 죽게 되매 아모스의 아들 선지자 이사야가 그에게 나아와서 그에게 이르되 여호와의 말씀이 너는 집을 정리하라 네가 죽고 살지 못하리라 하셨나이다 ² 히스기야가 낯을 벽으로 향하고 여호와께 기도하여 이르되 ³ 여호와여 구하오니 내가 진실과 전심으로 주 앞에 행하며 주께서 보시기에 선하게 행한 것을 기억하옵소서 하고 히스기야가 심히 통곡하더라.(왕하 20: 1-3)

유다 나라의 히스기야는 신앙으로 큰 은혜가 임하는 것을 보았습니다. 즉, 하나님께서 유다를 앗수르의 침략에서 구원해 주신 것이 그가 주님 앞에 나아가서 기도한 결과로 된 것은 잘 알고 있으며 기도하면 된다는 지조가 그에게 있었습니다. 그런데 오늘 우리가 이 말씀을 읽은 대로 이 훌륭한 왕이 병들어 죽게 되었습니다. 또 하나님께서 이사야를 보내 히스기야는 죽는다고 선언을 하라고 했습니다. 여호와의 말씀이 "너는 집을 정리하라 네가 죽고 살지 못하리라" 이렇게 선언하게 했습니다. 그런데도 불구하고 히스기야는 기도했습니다. 하나님의 뜻이 정해졌는데도 불구하고 기도한 것입니다. 하나님이 어떻게 뜻을 바꿀 것이라고 생각했겠습니까?

변하지 않는 하나님의 뜻

태산은 변할지언정 하나님의 뜻이란 변할 수가 없습니다. 하나님의 뜻은 군대의 명령보다 견고한 것입니다. 군령여산軍令如山이란 말이 있는데 사령관이 한번 명령을 내리면 산처럼 요동하지 않는다는 말입니다. 하나님의 정한 뜻은 요지부동입니다. 그러나 바뀔 수 있는 경우가 하나 있습니다. 그것은 하나님이 히스기야가 죽는다고 정하셨을 때에 그가 기도하면 바꾼다는 조건부로 정했다면 변동이 일어나는 것입니다.

저는 생각하기를 하나님께서 히스기야가 기도하는 것을 심히 원하신 까닭에 이렇게 선포하게 하신 줄로 생각합니다. 하나님의 정하신 뜻은 요지부동하지만 조건부의 결정은 바뀔 수 있습니다.

하나님은 기도를 그렇게 원하시며 믿는 사람들이 기도하는 것을 생명같이 귀히 여기십니다. 하나님은 히스기야로 하여금 기도하도록 하시기 위해서 그런 작정을 했고 선지자를 보내 선포하게 하신 줄로 생각합니다. 그런고로 하나님께서 히스기야가 죽으리라고 결정하고 또 선포하게 한 뒤에 히스기야가 기도하자 이제 그 결정을 바꾼 것은 하나님의 변동은 아닙니다. 하나님은 이랬다 저랬다 하는 법이 없습니다.

하나님의 뜻을 바꾸겠다는 기도

먼저 그의 기도는 벽을 향하여 한 기도였습니다. 2절 보니 "히스기야가 낯을 벽으로 향하고 여호와께 기도하여 이르되"라고 말씀합니다. 낯을 벽으로 향하고 여호와께 기도했습니다. 그 얼굴을 돌이켜 벽을 향한 그 내막이 무엇이겠습니까? 그것은 비장한 용단이라고 생각합니다. 큰 용단이라고 생각합니다.

이것이야말로 특별기도인데, 특별기도란 우리에게 그렇게 귀한 것인데 용단이 없이는 안 됩니다. 무슨 용단입니까? 하나님이 정하신 것이라도 바꾸겠다는 것입니다. 히스기야가 하나님의 마음은 모릅니다. 다만 하나님이 작정한 것이라도 한 번 변동시키겠다는 용맹입니다. 용맹이란 언제나 귀한 것인데 특별히 기도의 용맹이 귀합니다.

사람들이 기도하기를 싫어합니다. 기도한다고 하지만 형식적 기도에 머물며 졸며 자는 형편입니다. 하나님을 아버지로 모신 신자들이 이렇게 기도에 대하여 무감각하고 기도에 대하여 등한하고 무관심할 수 있겠습니까? 좋으신 하나님을 모셔놓고 뭐 한 가지 착실하게 달라고 하는 생활이 없다면 이것은 문제가 됩니다. 사람이란 언제나 용단이 필요합니다. 끊을 것은 끊고, 하기 싫어도 이어가야 할 것이라면 이어가야 합니다.

이렇게 할 때에 즐거움도 오는 법이고 힘도 생기는 법입니다. 하나님의 정하신 뜻을 변동시키려는 용단은 참으로 만고의 모본이 됩니다. 히스기야가 돌아앉아서 벽을 향하여 여호와께 기도하였는데 이것은 전심하는 기도입니다. 사람이 찾아와도 만나줄 수 없다. 또 어느 다른 방면에서 무슨 해결이 있다 해도 난 그것을 듣지도 않겠다. 나는 하나님 한 분에게만 매달린다. 하나님 한 분에게만 나는 향한다. 이것은 정신 집중을 의미하는 것 아니라 인격의 봉헌으로서, 인격을 드려 바치는 것으로 단일성의 힘을 가집니다. 하나님께서는 우리의 정신 집중을 불가결의 요소로, 없어서는 안 될 요소로 생각하시는 것은 아닙니다. 물론 정신 집중이라는 것도 유익합니다. 하지만 정신 집중에만 머무는 것은 안 됩니다. 인격의 집중이 필요합니다. 인격이 오직 하나님께만 바침이 되는 것을 원하시며 전 인격이 주와 관계를 맺고 주님께 매어 달리는 식으로 전 인격을 하나님의 장중에 바쳐 매달리는 것이 전심의 기도입니다.

　사람이 벼랑에서 떨어지다가 어느 나무 그루터기 하나만 잡더라도 그것을 놓을 수가 없습니다. 전심으로 나무 그루터기를 잡기 위해 총력을 다 하게 됩니다. 그 이유는 생명이 거기에 달려 있기 때문입니다. 그것 하나가 나의 생명이고 나의 구원이 되기 때문입니다. 그 나무 그루터기를 잡는 것만이 자신에게 문제 해결이 된다는 것을 믿는 까닭입니다. 이것을 놓으면 떨어져 죽게 되는데 거기 매달려 있을 때에 그 마음이 어떻겠습니까? 거기에 전심을 다하는 것은 그것이 유일한 소망이 되기 때문입니다.

전심을 원하시는 하나님

　하나님과 나의 관계라는 이 하나의 관계가 그렇게 요긴합니다. 하나님은 우리가 하나님과 하나의 관계를 맺는 것을 기뻐하시며 무척 사랑하십니다. 이렇게 한마음 한뜻으로 주님께 매달릴 때 은혜가 오는 법입니다. 하나님께서 기뻐하시니 하나님의 기쁨이 내게 전달되고 하나님은 적극적으로 필요한 은혜를 주시기 원하십니다.

　언제든지 한마음으로 일을 하지 않을 때는 자신이 우선 괴롭습니다. 이럴까 저럴까 갈팡질팡하고 이걸 좀 해 보기도 하지만 뜻은 다른 데가 있습니다. 그러니까 마음이 기쁘지 않습니다. 그러나 딱 한마음이 돼서 이거라야 되겠다고 결론을 내리고 달음질할 때는 힘도 나거니와 기쁨도 생기고 일도 되는 법입니다. 이 세상일도 그렇습니다. 무엇을 바로 판단해서 하나에 집중해야 하는 것이지 이럴까 저럴까 하는 딜레마의 생활이란 언제나 고민의 생활이요 무력한 생활인 것입니다. 하나님은 우리가 전심전력하여 믿는 것을 기뻐하십니다.

우리의 마음도 하나밖에 없고 우리의 몸도 하나밖에 없습니다. 이것이 유일한 보물입니다. 이것을 어디에 바쳐야 합니까? 하나님께만 바칠 만합니다. 하나님은 우리가 그렇게 움직이는 것을 기뻐하십니다. 그런고로 역대하 16장 9절에 "여호와의 눈은 온 땅을 두루 감찰하사 전심으로 자기에게 향하는 자들을 위하여 능력을 베푸시나니"라고 했습니다. 하나님은 우리의 전심을 원하십니다. 히스기야는 이렇게 벽을 향하여 여호와께 기도하였다고 합니다. 우리는 이 기도를 본받아야 할 것입니다. 우리도 이런 참된 기도에 힘써봅시다.

기도에는 특별기도라는 것이 있습니다. 특별한 날 특별한 시각에 특별한 장소를 정해서 가끔 가서 기도하는 이 생활이 우리 주님의 기도의 생활이었습니다. 우리는 주님을 본받아서 산중에 가서 기도하며 들에 가서 기도하며 특별한 장소에 가서 매달리는 이것이 있어야만 금생과 내세에 구원을 받습니다.

본문 3절 말씀을 읽겠습니다. "여호와여 구하오니 내가 진실과 전심으로 주 앞에 향하며 주께서 보시기에 선하게 행한 것을 기억하옵소서." 히스기야가 전심으로 주 앞에서 행한 증거는 이 기도생활에도 나타났습니다. 그는 전심전력으로 벽을 향하여 여호와께 기도한 것입니다.

눈물의 기도

히스기야의 기도는 눈물의 기도입니다. 본문 3절 하반절에 보면 "히스기야가 심히 통곡하더라"고 말씀합니다. 눈물의 기도입니다. 눈물은 귀합니다. 시편 39편 12절에 보면 "내가 눈물 흘릴 때에 잠잠하지 마옵소서", 그리고 시편 56편 8절에 보면 "나의 눈물을 주의 병에 담으소서"라고 말씀합니다. 이것은 성령님의 감동으로 하는 말씀인데 하나님께서는 우리의 눈물을 귀히 여기신다 하는 뜻을 내포하고 있습니다.

눈물이 없으면 은혜가 떨어졌다는 증거입니다. 눈물이 없으면 그 영혼이 윤택하지 못하고 메말라 죽어갑니다. 눈물은 귀합니다. 눈물은 마음을 부드럽게 하는 것이니 귀합니다. 마음이 쇠 같고 마음이 돌 같으면 우선 자신이 너무 메말라서 살 수 없는 형편이 됩니다. 어떻게 해서든 좀 울면 좋겠어요. 어느 때는 남이 슬픔을 당했을 적에 나도 좀 울게 됩니다. 눈물이 날 수도 있습니다. 불쌍한 사람들을 심방하게 되면 자신이 눈물을 가져볼 수도 있습니다.

마음이 강퍅해져 있으면 눈물도 사라지는 까닭에 어떤 어려움을 당할 필요도 있습니다. 사실 땅땅한 이 놈, 굳은 이 놈, 쇠 조각 같은 이 놈, 도무지 생명의 요소라곤 전혀 없는 다 말라빠진 이 놈이 그야말로 좀 아픔을 당해서 수그러지고 눈물을 흘릴 수 있었으면 좋겠다는 것입니다.

물론 슬퍼서 운 때도 있지만 사람은 어디가 아프면 눈물이 납니다. 그러니까 이 귀한 눈물을 소유하려면 어느 때에는 아픔을 당하는 그러한 일도 필요합니다. 그런데 내게서는 괴로운 일도 없어져라, 내게서는 뭐 고통스러운 일도 없어져라, 내게서는 늘 평안만 있게 해 주십시오 하는 것은 미련한 소원입니다. 고통이 있어야 사람이 좀 부드러워집니다. 사람이 좀 수그러집니다. 사람이란 심령이 부드러워질 때에 하늘의 은혜를 받으며, 심령이 부드러워질 때에 깨닫는 것이 있습니다. 생명의 진리를 깨닫게 된다는 것입니다.
눈물이란 남을 비평하게 되면 내게서 멀어지는 법입니다. 그저 입만 벌리면 남을 훼방하고 비평하고 욕질하는 사람에게서는 눈물이 아주 없어지고 맙니다. 참 두려운 일입니다. 남을 비평하지 않고 내 자신을 아프게 초달하고 내 자신을 사정보지 않고 비판하고 내 자신을 아주 날카롭게 들여다보고 내 자신을 때릴 때 눈물이 나게 됩니다. 눈물은 남을 동정하는 때도 있을 수 있습니다. 눈물이 없는 사정 모르는 사람이라도 마음을 좀 돌이켜 가지고 불쌍한 사람을 동정할 때에 마음이 부드러워져 눈물이 날 수 있습니다. 이것은 이론이 아니고 실제입니다.

여러분과 저는 이 방면에서 노력해야 됩니다. 남을 동정하는 데에 힘을 쓰자는 것입니다. 남의 사정을 깊이 좀 느껴보자 그 말씀입니다. 남의 어려운 사정을 깊이 살펴보자는 것입니다. 가까이 그것을 느껴보자 말입니다. 또 이들을 불쌍히 여겨서 내 나름대로 내 힘닿는 대로 그저 이 만큼이면 희생이라고 할 정도로 동정하고 돌보자는 것입니다. 그럴 때에 메말랐던 눈에서도 눈물이 날 수 있습니다.

우는 것이란 신앙 인격에 빛나는 덕

눈물이 귀한 줄 아는 사람은 "내 눈물을 병에 담아 주시옵소서"라고 합니다. 내 눈물을 병에 담아서 건사해 달라는 기도까지 했는데 참 우리도 눈물을 소유하려면 힘쓸 필요가 있습니다. 히스기야는 귀한 눈물을 흘리면서 통곡했습니다. 아프게 울었습니다. 일국의 왕으로서 많은 백성을 다스리는 지혜를 소유했고 굳은 지조를 가진 사람이었지만 울 수 있는 사람이었습니다. 이것이 얼마나 귀합니까? 그는 약자가 아닙니다. 남들한테 뭐 천대와 멸시나 받고 이리저리 쫓겨 다니는 그런 사람도 아니고 대군을 가지고 나라를 다스리는 사람이지만 그렇게 마음이 부드러웠습니다.

하나님을 모시는 사람이 됐기 때문에 이렇게 통곡하는 귀한 덕을 소유한 것입니다. 우리가 우는 것은 결단코 인격의 실패가 아니며 인격의 무슨 실수가 아니라, 이 우는 것이 참으로 우리 신앙 인격에 빛나는 덕이란 말입니다. 우리가 눈물을 흘리며 울 때에 또 심령이 부드러워집니다. 부드러우니 또 울게 되고 겸손과 온유를 소유한 사람이 되어 신앙도 무럭무럭 자라날 수 있습니다. 이러한 일을 하나님은 기뻐하시므로 그에게 은혜를 쏟아 부을 수 있습니다. 우리는 위대한 지도자들이 울었다는 것을 기억해야 됩니다.

예를 들면 다윗은 얼마나 울었습니까? 통곡한 일도 있습니다. 요셉은 얼마나 울었습니까? 그도 통곡한 일이 있습니다. 오늘날 이렇게 눈물이 없는 이 메마른 풍토에 살면서 자신을 개탄하며 나 역시 눈물 없는 이 강퍅한 사람이 됐구나. 어떻게 해야 눈물을 얻을 수 있겠는가. 그 비결이 무엇인지 연구도 해봐야 되겠습니다. 그래서 참으로 우리의 신앙생활이 하나님 앞에 합당하고 교회에 은혜를 끼치는 신앙생활이 될 수 있도록 여러분이 명심해야 할 것입니다.

눈물이 있는 사람들의 결정

우리는 소수이지만 올바로, 참되이 믿어나가는 이것이 요긴합니다. 다수의 장점도 있겠지만 소수의 장점도 아주 절실하게 있습니다. 다수라면

히스기야의 기도 **95**

고치기 어려워도 소수라면 비교적 쉽게 고쳐나가는 작업을 할 수 있습니다. 우리의 신앙생활이란 결코 물량주의가 아닙니다. 소수이지만 정미롭게 나갈 때에 그것이 바람직하고 자타가 살 수 있는 길입니다. 다른 이들에게도 덕을 끼칠 수 있고 은혜를 전달할 수 있습니다. 눈물이 얼마나 귀합니까?

이번에 우리 총회도 일찍이 있을 수 없는 참 귀한 일을 했다고 나는 생각합니다. 자초지종 참 순조롭다면 순조롭게 일이 돼 갔다고도 할 수 있습니다. 특별히 은밀한 가운데서 울었는지는 모르나 눈물 있는 그런 처사들이 확실하게 있었다는 것을 하나님 앞에 감사하는 바입니다.

한 가지 예를 들면 헌법을 고치는 작업을 시작한 지 2년이 지났습니다. 그런데도 아직 미비한 점이 있어서 이것을 바로 하자 더 잘하자고 했다는데 이렇게 하는 것이 용이한 것은 아닙니다. 먼저 개정 작업하던 사람이 있었는데 그것이 아직 미비하다 하면 그 작업하던 사람은 좀 섭섭하게 생각할지 모르겠습니다. 그러나 다 달게 이 충고를 받았습니다. 이 헌법을 비판하는 사람들이 날카롭게 비판했습니다. 비판하는 사람들을 헌법 수정위원으로 모시게 된 이러한 일은 생각 깊은 처사입니다. 이것이 얼마나 귀한 일인지 모릅니다. 이제 우리가 이 헌법을 수정하는 데 있어서 또다시 2년을 잡게 되었습니다.

지금부터 1년 동안 더 연구해서 철저히 개혁주의, 다시 말하면 성경대로 믿고 성경대로 행정할 수 있는 원리를 분명하게 드러내고 규칙들을 분명하게 드러내고 성경으로 뒷받침하자는 것입니다. 그야말로 읽으면서 딱딱한 감만 있어서도 안 되겠고 읽으면서 마음이 부드러워질 뿐 아니라 눈물도 흘릴 수 있을 만큼 성경을 깊이 드러내자는 것입니다. 웨스트민스터 신앙고백서가 가지고 있는 헌법을 기본으로 해서 성경 말씀을 더 많이 풀어서 모든 기본 원리들의 정당성과 기본 원리들이 가질 수 있는 지엽적인 규칙들도 만들어 이것이 우리의 얼굴이니만큼, 세계에 내놓아도 부끄럽지 않는 빛나는 얼굴이 되도록 우리 모두 총 단결하여 해보자고 결심하고 나선 것은 매우 귀한 것입니다. 이것은 다 마음속에 눈물이 있는 사람들의 결정이라고 저는 생각합니다.

영혼 본위의 신앙생활

히스기야의 기도는 우리의 기도가 되어야 합니다. 그 용단성 있는 기도, 모든 것을 다 제쳐 놓고 오직 하나님께만 소망을 두고 오직 하나의 목적으로 하나님과 오로지 하나의 관계만 갖고서 뜨겁게 들어붙어 매달리는 이러한 기도가 오늘날 우리에게 필요합니다. 미사일이 무섭고 핵무기가 무섭다고 합니다. 하지만 그것이 영혼을 죽일 수는 없습니다. 오늘날 이 위험한 때에 언제 불바다가 될지 알 수 없습니다. 사람을 따라 다니면서 죽이는 기계도 나온다니까 이러한 죽음의 문명 가운데 살면서 오늘날 우리가 영혼 본위로 살지 않으면 벌벌 떨다가 죽을 것입니다. 영혼 본위로 살면서 다 잃을지라도 영혼만 망하지 않으면 된다 하는 이러한 신앙으로 살아야 되겠습니다. 우리의 신앙보다 주위의 소리가 너무 강합니다. 주위에 있는 모든 문명의 움직임이 너무 강합니다. 우리의 신앙 정도로는 이겨낼 수 없을 것처럼 생각해야 합니다. 그러나 하나님은 살아계시는 까닭에 우리가 전적으로 하나님께 향하고 매달리는 신앙생활을 한다면 보장해 주실 것입니다.

우리 교회는 아직 지금도 예배당을 짓지 못했습니다. 예배당이 뭐 근본 문제는 아니나 그래도 셋집에는 안 있어야 되겠습니다. 앞으로 예배당도 준비해야 되겠고 또 우리가 목사님을 모시고 함께 주님을 향하여 살면서 그야말로 많은 무리가 몰려오도록 우리의 생활이 참 아름다워야 되겠습니다.

어떻든지 우리 각자가 이 신앙생활에 있어서 영혼 본위로 강력한 신앙생활, 강력한 기도생활, 강력한 헌신, 이 몸을 주 앞에 바치는 생활이 전개되어야만 할 줄로 생각합니다. 모든 것은 다 없어지고 떨어지고 망하고 변해 가지만 예수 그리스도는 어제나 오늘이나 영원토록 동일하시니 우리가 그분을 전적으로 모시고 그분께 전적으로 매달리는 눈물겨운 신앙생활을 할 수 있도록 힘써 나가야 되겠습니다. 이 말씀을 꼭 기억하시기 바랍니다.

기도

하나님 우리 아버지 감사하옵나이다. 연약한 죄인이고 늙은 노쇠한 물건인데 이렇게 세워주시고 주님을 위하여 주의 말씀을 전하도록 하신 것을 감사하옵나이다. 아버지 하나님이여 어떻든지 교회의 모든 성도들이 다 한마음 한뜻 되어 주님 한 분께 충성하기 위하여 전심전력으로 주님께 매달려 주님을 어느 순간이라도 놓치지 않고 주님을 모시고 과연 주님 보시기에 아름답게 살아가게 하시고, 우리의 신앙생활이 열매를 맺고 또 맺어서 이 교계에 빛이 되며 이 교계에 과연 소금이 되며, 과연 주님이 함께 하여 주신 것을 보여 줄 수 있게 하여 주옵소서. 날마다 시마다 돌보아 주셔서 시간이 갈수록 신앙이 더욱 공고해지며 더욱 자라나서 하나님께 영광 돌리도록 은혜 주옵소서. 예수 그리스도의 이름으로 비옵나이다. 아멘

6.
예수님의 기도

³⁹ 예수께서 나가사 습관을 따라 감람 산에 가시매 제자들도 따라갔더니 ⁴⁰ 그 곳에 이르러 그들에게 이르시되 유혹에 빠지지 않게 기도하라 하시고 ⁴¹ 그들을 떠나 돌 던질 만큼 가서 무릎을 꿇고 기도하여 ⁴² 이르시되 아버지여 만일 아버지의 뜻이거든 이 잔을 내게서 옮기시옵소서 그러나 내 원대로 마시옵고 아버지의 원대로 되기를 원하나이다 하시니 ⁴³ 천사가 하늘로부터 예수께 나타나 힘을 더하더라 ⁴⁴ 예수께서 힘쓰고 애써 더욱 간절히 기도하시니 땀이 땅에 떨어지는 핏방울 같이 되더라 ⁴⁵ 기도 후에 일어나 제자들에게 가서 슬픔으로 인하여 잠든 것을 보시고 ⁴⁶ 이르시되 어찌하여 자느냐 시험에 들지 않게 일어나 기도하라 하시니라.(눅 22:39-46)

예수님의 고난을 우리가 배우려고 합니다. 예수님의 고난의 억만 분의 일이라도 우리가 알 수 있다면 얼마나 다행한 일이겠는지 모르겠습니다. 이 세상 사람들은 고난 받기를 원치 않습니다. 고난 받기를 원치 않으려 하는 것은 예외가 없습니다. 사람마다 다 그렇습니다. 그러나 신구약 성경은 고난을 무척 중요하게 여기고 고난을 받지 않으면 신자의 자격을 이룰 수도 없다고 여러 가지 각도로 가르칩니다.

고난 받으신 구주

우리 구주님 자신이 고난의 구주입니다. 인생이 범죄하여 타락했을 때 받은 것이 첫째는 이마에 땀을 흘려야 먹는다는 것이며 또 육신이 죽기까지 고생한다는 것입니다. 조상 때 범죄하였으므로 고생을 해야 된다고 계명을 받은 것입니다. 고생을 해야 모든 복을 얻는다는 말입니다. 범죄한 인생의 죄의 짐을 지시는 구주님께서 고난의 짐을 져주십니다.

이 세상 임금은 권세를 가지고 백성을 행복하게 해 준다고 합니다. 권세를 가지고 외국 침략을 막아내고 또 권세를 가지고 불의와 비리를 다스리고 나라가 평안하게 해 준다는 것입니다. 그러나 그것은 잠시뿐입니다. 그나마도 이 세상에서 제정된 육신 구원의 방법이기는 하지만 제대로 안 되는 것이 이 세상입니다.

그런데 하늘나라 임금, 메시아이신 예수님은 인류가 마땅히 받아야 할 고생과 죽음의 짐, 구원받을 자의 짐을 다 져주신 것입니다. 그런 까닭에 이러한 주님을 따라가는 데 있어서 구원받을 우리 자신들은 고생을 안 해도 될까요? 고생 안 해도 될 만 합니다. 얼른 생각해 보면 예수님께서 고생의 짐, 죄의 짐, 죽음의 짐, 즉 우리에게 죄 값으로 오는 모든 짐 되는 것을 다 짊어지셨으니까 우리는 짊어질 것이 없으므로 새처럼 날듯이 가벼워졌습니다. 그 모든 저주의 짐을 주님께서 다 감당해 주셨으니까요. 주님께서 다 져주셨기 때문에 우리가 짊어질 죄 짐은 없습니다. 주님께서 다 져주셨으니 우리에게는 죽음도 없습니다. 병이 나서 못 고치면 죽는데 그것은 육신의 죽음이고 진짜 죽음은 없어진 것입니다.

예수만 믿으면 진실한 신자가 당하는 죽음이란 마치 이빨 뽑힌 사자 같고 침을 쏜 벌과 같아서 힘을 쓰지 못합니다. 진실한 신자의 죽음이란 도리어 영생의 세계에 들어가는 문이라고 할 수 있습니다. 영원한 멸망의 죽음이 아닌 생명 세계로 들어가게 하는 수속에 불과합니다. 죄 짐, 고생 짐, 죽음 짐을 다 주님께서 져주셨으니 그분의 명칭을 고난의 구주라 부르는 것을 도리어 하나님이 기뻐하시는 것입니다.

그렇다면 우리는 고생을 안 해도 되는 것입니까? 아닙니다. 우리 주님이

예수님의 기도

져주신 고생 짐은 망할 고생 짐이었습니다. 망하는 고생 짐을 주님이 대신 져주신 것입니다. 그러나 우리의 믿음을 진실하게 만드는 고생은 우리가 져야 됩니다. 그 고생은 우리가 하도록 되어 있습니다. 사람이 얼마나 거짓됩니까? 그런데 고생을 조금하면 거짓이 하나 벗겨집니다. 그렇게 벗겨지면 될 줄 알지만 거짓 껍데기가 또 그 속에 있더란 말입니다. 그래서 고생을 더하면 눈물을 뽑을 만큼 아픔이 오고 또 어려움을 당하면 거짓도 벗겨집니다. 그러면 이젠 될 줄 알았더니 또 거짓이 있습니다. 인간의 내부로 들어가면 들어갈수록 거짓이 있습니다.

하나님께서 우리에게 기대하는 것은 공로를 세우라는 것이 아니라 진실해지라는 것입니다. 좌우간 믿으면 되는데 진실하게 믿어야 된다는 것은 우리 하나님께서 요구하시는 바입니다. 가짜 믿음, 그것으로 무얼 하겠습니까? 사람이 진실해지려면 고생을 해야 되는 법입니다. 시편 119편 67절에도 말하기를, "고난당하기 전에는 내가 그릇 행하였더니 이제는 주의 말씀을 지키나이다"라고 말씀합니다. 그러면 고생 당하기 전에는 내가 잘못 행했다, 즉 거짓되게 행하고 쓸데없는 짓을 했다는 것입니다. 거짓되게 노는 사람이니까 쓸데없는 짓을 하는 것입니다. 그래서 "고난을 당하기 전에는 내가 그릇 행하였더니 이제는 주의 말씀을 지키나이다"라고 하지 않습니까? 고생이 얼마나 귀합니까? 참 귀합니다.

시편 51편 6절에 말씀한 것을 여러분은 기억하시지요? 여호와께서는 중심이 진실한 것을 원하십니다. 이 속에 진실이 있는 것을 원하십니다. 그런데 인간에게 거짓된 것이 너무 깊이 뿌리를 박고 있기 때문에 진실을 찾기가 힘듭니다. 고생하면 좀 나아지지만 사람은 또 수단부리고 뭘 덮어

쓰고 꾀부리고 게으름 피우고 이렇게 됩니다. 이렇게 얄밉게 놀고 이렇게 가증스럽게 행동하고 생각합니다. 참으로 중심까지도 썩었고, 더럽고, 가증스럽습니다. 그러나 중심이 진실만 하면 좌우간 문제는 해결됩니다. 암만 어려운 문제들이 있어도 진실만 하면 문제가 해결되는 것입니다. 그저 믿으면 된다고 하니까 성경 말씀을 믿기는 하는데 또 가짜가 있습니다. 열심을 내고 힘을 내지만 그것이 진실한 신앙인가 하는 것은 모르는 일입니다. 믿는 데도 가짜가 있다 그 말입니다. 다른 사람이 그렇다는 것이 아니라 우리 자신들이 그와 같은 사람들입니다. 그러니까 우리가 고생해야 되는 것입니다.

습관을 좇아 기도하심

우리 주님께서 고생의 짐을 지시고, 죽음의 짐을 지시고 지금 겟세마네 동산에서 기도를 하십니다. 우리 짐을 지셨기 때문에 그가 그렇게 괴로움을 당했습니다. 본문 39절에 "예수께서 나가사 습관을 따라 감람산에 가시매 제자들도 따라갔더니"라고 말씀합니다. 감람산은 예루살렘 부근에 있습니다. 예수님께서 지금 예루살렘에 들어오시는데 며칠 후에는 십자가를 지시는 고난을 당하십니다. 그 일을 다 알고 계시면서 지금 준비를 하시는 것입니다. 마치 해산할 여인이 해산할 준비를 하는 것처럼 예수님께서 우리의 모든 짐을 지시고 십자가에 매달리게 될 그것을 내다보시면서 지금 깊은 기도에 들어가십니다. 그렇게 하시기 위하여 감람산에 있는 겟세마네 동산이라는 곳으로 찾아가시는 것입니다.

예수님께서 습관을 좇아 감람산에 가셨다고 했으니까 한 번만 가신 것이 아닙니다. 벌써 며칠 째 가신 것입니다. 우리가 이 말씀을 볼 때에 크게 배워야 합니다. 꼭 배워야 합니다. 예수님을 따른다고 크게 말을 하면서도 예수님의 기도를 본받지 않는다면 그것은 말이 맞지 않는 것 아닙니까? 예수님을 본받는다면 우리도 예수님처럼 습관을 좇아 기도해야 되겠습니다. 즉 늘 규례를 세우고 한 달에 한 번은 큰 기도를 한다든지, 혹은 일주일에 한 번은 큰 기도를 한다든지, 규례를 세워서 계속 하는 기도가 귀합니다. 그저 한 번 기도하고 마는 것은 일관성이 없는 행동입니다. 어쩌다가 한 번 하는 것은 그렇게 바람직하지 않습니다. 사람이란 좋은 일은 끝까지 해야 유익하고 또 하나님이 주시는 복을 받을 수 있습니다. 그렇지 않고 어쩌다가 한 번 하고 그 뒤에는 다 허물어뜨리고 기도한 뒤에 딴 짓하고 아주 딴 방면으로 살아간다면 어떻게 되겠습니까?

사람이 기도를 안 하면 해이해지고 주님에게서 멀어집니다. 별 수가 없습니다. 그렇게 안 될 사람이 없습니다. 규칙을 따라 하는 기도 생활이 있어야 합니다. 또 규칙을 따라서 행하는 것을 힘써야 됩니다. 규칙 지키는 것은 되는 대로 해서는 지키지 못합니다. 마음을 풀어 놓은 사람은 규칙을 못 지킵니다. 규칙을 늘 마음에 기억하고 규칙을 범하지 않겠다고 생각하면서 늘 조심스럽게 지키려고 힘써야지 그렇지 않고는 규칙을 못 지킵니다. 우리 주 예수님도 기도하는 규칙을 지키시지 않았습니까? 그렇다면 우리는 얼마나 더 힘써 지켜야 되겠습니까? 규칙을 지켜 기도하기를 힘써야 합니다.

예수님께서 "습관을 따라 감람산에 가시매 제자들도 따라갔더니 그 곳에 이르러 그들에게 이르시되 유혹에 빠지지 않게 기도하라" 하셨습니다. 시험은 무슨 시험입니까? 예수님께서는 겟세마네 동산에서 나가실 때 로마 군병들에게 잡히십니다. 예수님께서 잡히실 때 제자들은 도망가지 않아야 하는데 도망가는 시험에 들었습니다. 주님께서는 제자들에게 그런 시험에 들지 않기를 기도하라고 하셨습니다. '이제 우리 선생님이 앞으로 어려움 당할 것을 생각하고, 우리도 생사를 같이 해야 되겠고 고난을 같이 해야 되는데, 우리가 맥을 놓으면 안 되겠다. 우리가 기도를 계속하고 하나님이 주시는 힘을 얻어야겠다'고 기도를 했어야 합니다.

예수님은 41절에 보면 "그들을 떠나 돌 던질 만큼 가서 무릎을 꿇고 기도하"였습니다. 돌 던질 만큼 한 거리가 어느 정도입니까? 돌을 멀리 던질 때에 어떤 사람들은 상당히 멀리 던집니다. 여기서는 멀리 던지는 것을 의미하지 않고 그저 돌을 들어서 던질 만한 그런 정도라고 생각합니다. 그렇기 때문에 예수님이 기도하실 때에 세 제자들이 듣기에 모를 말이 더러 있었을지라도 그 기도를 어느 정도 알아들었을 것입니다.

예수님은 "무릎을 꿇고 기도하"였습니다. 무릎을 꿇고 기도한다는 것은 하나님을 전적으로 의지하는 것입니다. 주님에게 아주 매달리는 것입니다. 말하자면 납작 엎드리는 것 아닙니까? '저는 도무지 할 수 없습니다. 그저 하나님께서 맡아 주셔야 하겠습니다' 하는 것 아니겠습니까? 납작 엎드리는 것입니다. 하나님만 높이고 하나님만이 할 수 있다고 생각을 하시면서 자기를 낮추는 것입니다. 마태복음에는 얼굴을 땅에 댔다고 했습니다. 얼굴을 땅에 댔으니까 꿇어앉되 상체를 땅에 바짝 가져다 댈 정도로 낮춘 것입니다. 우리 같은 사람은 이런 것 해보려고 해도 도무지 못하겠습니다. 얼마나 사람이 뻣뻣해졌는지 모릅니다. 꿇어앉아서 얼굴을

예수님의 기도 **107**

대려니까 도무지 안 됩니다. 그런데 주님은 기도하실 때에 제가 생각하기로는 이렇게 많이 하신 줄로 압니다. 기도할 때는 하나님만 전적으로 믿으면서 막 매달리고, 문제를 맡기고, 하나님께서 해주셔야지 다른 방법이 없다고 생각하고 그저 막 조르는 것입니다. 이런 기도를 우리가 여기서 배우게 되는 것 아닙니까?

고난을 앞두고 기도하심

예수님의 기도의 내용은 이렇습니다. 본문 41절 이하에 보면 "아버지여 만일 아버지의 뜻이거든 이 잔을 내게서 옮기시옵소서 그러나 내 원대로 마옵시고 아버지의 원대로 되기를 원하나이다." 이 말이 무슨 뜻입니까? "이 잔을 내게서 옮기시옵소서"라고 했는데 여기서 이 잔이란 무슨 뜻입니까? 잔은 고생을 비유합니다. 고생의 분깃입니다. 즉 그 고생은 십자가의 고난이 아닙니다. 십자가를 지지 않게 해 달라는 말씀이 아닙니다.

마태복음 26장 38절에 보면, "이에 말씀하시되 내 마음이 매우 고민하여 죽게 되었으니 너희는 여기 머물러 나와 함께 깨어 있으라 하시고"라고 나와 있습니다. 내 마음이 매우 고민스러워서 죽게 되었다고 하셨는데 예수님의 마음에 죽을 지경의 괴로움이 있었습니다. 무슨 괴로움입니까? 이제 며칠 후에 십자가를 지게 될 그 일을 생각하니까 너무 어려움을 느끼는 것입니다. 예수님께서는 하나님의 아들이기 때문에 그런 고생 같은 것을 다 쉽게 넘기고, 손에 못을 박아도 능력을 발휘해서 아프지 않게 당하고, 손에 구멍이 뚫리고 피가 쏟아져도 하나님의 능력으로 그 피가 보혈이 되고 그래서 고통이 없게 하여 당할 수도 있을 것입니다.

그러나 예수님께서 십자가를 지시는 것은 많은 성도들의 죄 짐과 고생 짐과 죽음의 짐을 다 합쳐서 짊어지는 일인데 그 고난을 당하지 않는다면 세상의 구주가 되실 수 없습니다. 당신에게는 죄가 없고 죄를 알지도 못하시는 분이 죄로 삼음이 되고 죄인 아닌 죄인이 되는 것입니다. 그런 수치를 당하시는 것입니다. 심지어 하나님께서는 예수님을 죄인으로 여기시는 것입니다. 그렇게 전 우주적으로 죄 짐을 지는 사람으로, 죄인으로 판정이 되는 것입니다.

그렇기 때문에 십자가 위에서 "엘리 엘리 라마 사박다니 나의 하나님이여 나의 하나님이여 어찌하여 나를 버리시나이까"라고 하신 것입니다. 하나님께서도 예수님을 죄인으로 여기는 것입니다. 그때는 고생 짐, 죄 짐을 지고 죽음의 짐을 지실 때 하나님께서 그 모든 짐을 예수님으로 하여금 지게끔 경륜하셨습니다. 그렇기 때문에 그 분이 우리 대신 죄 짐을 져주신 구주님이신 것입니다. 고생 짐도 능력으로 고생이 안 되게 당하고, 죄 짐도 하나님이 볼 때는 죄인 아닌 것으로 봐주시고, 죽음의 짐도 그저 죽음의 아픔이나 고통이 없이 어떤 능력으로 대처한다면 우리의 구주님이 되실 수 없습니다. 구주님으로서의 자격을 잃어버리는 것입니다. 문자 그대로 죄 짐, 고생 짐, 죽음의 짐을 그대로 지는 것입니다. 하나님께서도 예수님이 십자가를 지실 때는 죄인으로 판정하십니다. 그렇기 때문에 "엘리 엘리 라마 사박다니 나의 하나님이여 나의 하나님이여 어찌하여 나를 버리시나이까"라고 부르짖으셨습니다. 하나님 앞에 죄인으로 버림당하신 것입니다.

우리는 그 지경에 가보지 못했으니 예수님의 어려움을 도무지 모릅니다. 그런고로 어떤 사람이 말하기를 예수님의 십자가 고난을 느껴 보려면 지옥에 가 봐야 안다고 말했습니다. 예수님께서는 억만 성도의 구주가 되시기 위하여 억만 지옥의 고통을 당한 것입니다. 우리는 이 고통이 어떠한 고통인지 느껴보지 못하는 고통입니다. 우리는 그 사실을 믿을 뿐이요 경배할 뿐입니다.

이런 어려움의 짐을 지는 것을 생각하니까 주님께서는 얼마나 마음이 괴로우신지 모릅니다. 마태복음 26장의 말씀과 같이 고민하여 죽게 되었으니 그것을 면하게 해 달라는 것입니다. 며칠 후에 당하게 될 십자가의 고통을 면케 해 달라는 것 아니라 십자가를 지시는 그 고통은 받겠지만 지금 이 마음이 너무 괴로우니까 그것을 면케 해 달라고 기도하시는 것입니다.

심한 통곡과 눈물로 기도하시다

히브리서 5장에 보면 하나님이 그 기도를 들어주셨다고 했습니다. 히브리서 5장 7절에서, "그는 육체에 계실 때에 자기를 죽음에서 능히 구원하실 이에게 심한 통곡과 눈물로 간구와 소원을 올렸고 그의 경건하심으로 말미암아 들으심을 얻었느니라"고 말씀합니다. 기도를 들어주셨다는 말입니다. 누가복음의 기록에는 예수님께서 울었다는 말은 없습니다. 그러나 히브리서에는 더 자세하게 기록되어 있습니다. 심한 통곡과 눈물과 간구와 소원을 올린 기도를 하나님이 들어주셨습니다. 그래서 죽을 지경의 고민을 덜어 주십니다.

본문 42절에 나오는 "만일 아버지의 뜻이거든 이 잔을 내게서 옮기시옵

소서"라는 말씀에서 이 잔이란 '십자가 고생을 옮기시옵소서'가 아니라
'지금 마음의 고생을 내게서 옮기시옵소서'라는 뜻입니다. 지금 마음의
고통이 죽을 지경으로 일어났는데 이걸 좀 어떻게 제게서 옮겨 달라고
한 것입니다. 그러나 그것도 역시 내 뜻대로 마옵시고 아버지의 뜻대로
되기를 원하나이다라고 말씀했습니다. 이 고생도 하나님의 뜻이면 죽을
지경의 고생이고, 고민이지만 이대로 지내겠습니다 하는 말씀입니다.

시종일관 예수님은 하나님의 뜻 가운데서 행하셨습니다. "아버지의
원대로 되기를 원하나이다" 하시니 그 기도가 이제 이루어졌습니다. 히브
리서 5장 7절 하반절에 보니까 "들으심을 얻었느니라"고 되어 있습니다.
어떻게 들어주신 것입니까? 누가복음 22장 43절에서는 "천사가 하늘로부
터 예수께 나타나 힘을 더하더라"고 하였습니다. 예수님께서 내 뜻대로
마옵시고 아버지의 뜻대로 하시옵소서 하고 기도하시니까 곧장 응답이
온 것입니다. 응답이 무엇인가 하면 천사 한 분이 와서 힘을 도운 것입니다.
천사가 하늘로부터 예수께 나타나 힘을 더해 주었습니다. 이것이 기도를
들어주신 것입니다. 히브리서 5장에 나오는 말씀을 보면 천사가 여럿이
아니고 한 분입니다.

힘을 얻어 더욱 기도하심

예수님께서 기도하실 때에 천사가 찾아와서 힘을 줍니다. 괴롭고 어렵
지만 기도하는 데 힘을 주었습니다. 그것이 응답입니다. "천사가 하늘로부
터 예수님께 나타나 힘을 더하더라." 응답 받았으면 기도를 안 할 것
같은데, 우리 같은 사람은 이제 응답 받았으니 됐다 그럴지 모르겠는데

본문 44절에 보면 "예수께서 힘쓰고 애써 더욱 간절히 기도하시니"라 하였습니다. 힘이 생기는 대로 또 그걸 전부 다 기도하는 데 넣습니다. 얼마나 기도를 귀하게 여기셨습니까? 예수님께서 천사 한 분이 와서 힘을 좀 도와드리니까 힘이 생긴 김에 기도를 더욱 힘 있게 하면서 총집중해서 기도를 드리는 것입니다. 우리가 여기서 배울 것이 있습니다. 기도 응답 되었으니 이젠 됐다 하지 말고 또 기도하고, 그 힘 가지고 또 기도하고, 받은 은혜 가지고 바로 행하게 해달라고 하나님께 기도해야 되겠습니다. 많은 사람들이 기도 응답 받은 후 이젠 됐다 하고서 교만하고 경솔하게 행동하고 남을 멸시해서 과오를 범하는 일이 얼마나 많습니까? 그런 사람들이 참 많습니다.

본문 44절을 보십시다. "예수께서 힘쓰고 애써 더욱 간절히 기도하시니 땀이 땅에 떨어지는 핏방울 같이 되더라." 예수께서 기도하시는 데 힘을 쓰니까 땀구멍으로 피가 흘러나옵니다. 사람이 죽을 지경으로 힘을 쓰면 그렇게 된다고 합니다. 피가 땀과 함께 나오는 일이 있다는 것입니다. 피땀을 흘리면서 기도하신 주님을 볼 때 우리는 얼마나 기도를 해야 되겠습니까? 이 죄인들이 죄 가운데서 살고, 죄를 즐거워하고, 죄를 떠나야 좋은 줄 알면서도 또 죄 가운데로 들어가고, 도무지 죄에 대해서 철면피가 된 인간들인데 얼마나 기도를 해야 되겠습니까? 예수님은 죄가 전혀 없으시지만 이렇게 우리의 죄 짐을 지시고 피땀을 흘리면서 기도하셨는데 나는 평안히 기도 안 하고 있을 수 있겠습니까? 그럴 수가 없습니다.

우리 신자들이 몸을 아끼느라고 기도 안 하는 잘못이 많습니다. 기도하는 것은 힘이 들고 신경도 많이 써야 되니까 기도를 안 합니다. 또 어느 때는 산골짜기 같은 데는 자리도 불편하고 고생스러운 것 같아서 기도할 마음이 없기도 하고 이렇게 저렇게 핑계하며 기도를 하지 않으려고 회피합니다. 사람의 성질이라는 것이 그렇게 생겼습니다. 그것만 봐도 사람이 못됐다는 걸 알 수 있습니다. 사람이 전적으로 부패하고 온통 썩었다는 것은 누가 알 수 있느냐 하면 옳은 것을 해 보겠다는 사람만이 알 수 있습니다. 옳은 것을 해 보겠다고 힘써 보면 도무지 안 됩니다. 꾀를 부리고 안 하려 하고 고생스럽다고 또 안 하려고 하고 이런 핑계 저런 핑계로 안 하려고만 합니다.

 그런 것을 보니 인간이 얼마나 부패했나, 내가 얼마나 부패했나, 만물보다 거짓되고 심히 부패한 것이 마음이라고 예레미야 17장 9절에서 말씀했는데 바로 그 말씀대로입니다. 만물보다 거짓되었다는 뜻은 이 세상에 있는 모든 것보다 거짓되었다는 것이니 제일 거짓되었다는 말입니다. 사람이 만물보다 거짓되고 심히 부패하고 심히 썩었다는 것은 옳은 일을 해 보려는 사람만이 아는 것입니다. 옳은 일을 해 보려고 애써 보니까 안 되더라 하는 것입니다. 이렇게 회피하고 저렇게 회피하면서 안 하더라는 말입니다. 옳은 것과는 정반대로 썩어져서 할 수 없는 자가 되어 있더라 그 말입니다. 성경을 바로 아는 사람이면 언제든지 나는 죄인이라 하는 생각이 있습니다. 사람이 혹시 실수로 교만할지는 몰라도 정신을 차리고서는 교만할 수가 없습니다. 왜 그런가 하면 나라는 이 존재가 너무 형편없는 존재이기 때문입니다. 그걸 너무 잘 아니까 교만할 수 없습니다. 그런데도 불구하고 교만해지는 것이 인생입니다. 그런 것을 볼 때 깨닫는 바는 사람이란 썩어도 보통 썩은 게 아니라는 것을 알 수 있습니다.

기도와 관련된 예수님의 고난

우리 주님께서 기도하실 때 몸에서 땀이 나는데 그 땀이 핏방울 같이 됐다고 말씀했습니다. 본문 45절을 보시면 "기도 후에 일어나 제자들에게 가서 슬픔으로 인하여 잠든 것을 보시고"라고 말씀합니다. 기도를 마친 다음에 제자들에게 가보니까 제자들은 슬픔으로 인하여 잠이 들었다고 했습니다. 주님께서 처음에 기도하러 가시면서 깨어서 시험에 들지 않게 기도하라고 부탁을 하지 않았습니까? 그렇게 부탁을 했는데도 제자들이 기도는 안 하고 잠자고 있었다는 말입니다. 그러므로 주님께서 "어찌하여 자느냐 시험에 들지 않게 일어나 기도하라"고 말씀하셨습니다. 이렇게 기도하지 않는 것도 예수님께 괴로움을 드린 것입니다. 옳은 것을 하라고 하는데 안 할 때 얼마나 괴롭습니까? 우리가 자식을 길러 보면 자식에게 꼭 유익하기 때문에 부탁을 했는데 안 하는 경우에는 얼마나 마음이 괴롭습니까? 예수님께서 기도하는 일과 관련하여 이런 고난을 받으셨는데 이것도 역시 고난이란 말입니다. 사랑하는 제자들이 말 안 듣는 것도 고난입니다.

맺는 말

우리가 예수님의 기도의 고난을 살피기 위해서 이 본문 말씀을 읽었는데 그저 읽기만 하고 우리 생활에 변동이 없으면 또 다시 죄를 범하는 것입니다. 하늘나라의 좋은 것을 하라고 권면했는데 안 할 때는 그것이 우리의 성품의 부패를 또 다시 알려 주는 것이 됩니다. 예수님께서 친히 기도의 모범을 보이시면서 기도하라고 권면했는데 기도를 안 하면 이것은 일종 반역이란 말입니다.

　우리가 앞날을 살아갈 때 우리 힘으로 살아가려고 생각하지 맙시다. 우리 주님께서 꿇어앉아서 얼굴을 땅에 대고 기도하시는 그 마음의 모습과 같이 우리도 그렇게 전적으로 주님께 매달리고 전적으로 주님만이 나를 살릴 수도 있고 잘되게 할 수도 있다는 것을 믿고 내 힘을 의지하지 않는 이 구체적인 작업을 하자는 말씀입니다. '우리가 우리 자신을 믿어야 되나 주님을 믿어야지. 믿되 보통 믿어 되나, 전적으로 믿어야지' 하고 말을 하면서도 기도는 전심전력 안 한다면 이것은 말뿐이지 귀한 복을 차버리는 것입니다.

　우리도 실제로 꿇어앉아서 얼굴을 땅에 대고 기도할 정도로 우리 심령이 깊이 우리 주님께 의지하며 바라보는 심령으로 우리 여생을 살아가자는 말씀입니다. 우리는 봉사하는 일에 있어서도 우선 기도를 해야 됩니다. 무슨 일에서나 기도를 진실히 해야 합니다. 형식과 순서로만 기도를 하지 않아야 되겠습니다. 기도를 착실히 하고서야 무엇이 되는 것입니다. 이제 이 말씀을 명심하시고 기도하는 교회가 되기를 바랍니다.

기도

하나님 우리 아버지 감사합니다. 오늘도 이렇게 죄 많고 허물 많은 죄인들을 불쌍히 여겨서 모이게 하시며 또 우리 주님이 피땀 흘리면서 기도하시는 그 기록을 읽으며 오늘날도 이 말씀을 통하여 성령이 역사하시는 줄 믿고 바라보며 이 한 시간을 지금 생각하였사오니 하나님이여 우리로 하여금 기도의 사람들이 되게 하여 주옵소서. 사는 동안 기도하는 삶을 살게 하시고 세상 뜰 때도 기도로 세상 뜨도록 우리를 도와주시고 이 생활을 자자손손이 전해줄 수 있는 만전을 기하는 교회 봉사를 이루어 가게 하여 주옵소서. 이 모든 말씀을 예수 그리스도 이름으로 비옵나이다. 아멘.

7. 첫 기도회

¹² 제자들이 감람원이라 하는 산으로부터 예루살렘에 돌아오니 이 산은 예루살렘에서 가까워 안식일에 가기 알맞은 길이라 ¹³ 들어가 그들이 유하는 다락방으로 올라가니 베드로, 요한, 야고보, 안드레와 빌립, 도마와 바돌로매, 마태와 및 알패오의 아들 야고보, 셀롯인 시몬, 야고보의 아들 유다가 다 거기 있어 ¹⁴ 여자들과 예수의 어머니 마리아와 예수의 아우들과 더불어 마음을 같이하여 오로지 기도에 힘쓰더라.(행 1:12-14)

그리스도 승천 후의 첫 기도회는 모든 기도회의 모본이 된다고 생각합니다. 14절 하반절에 보면, 마음을 같이 하여 오로지 기도에 힘쓰더라는 말씀이 있습니다. 마음을 같이 한다는 말씀이 있고, 오로지 기도에 힘쓴다는 말씀이 있습니다. 바로 이 두 가지가 기도회의 중요한 요소입니다. 마음을 같이 하여 하는 합심기도와 기도에 전적으로 힘쓰는 전심기도가 매우 중요합니다.

부활이 합심 기도의 근거

먼저 "합심기도"에 대해서 생각을 해봅시다. 합심한다는 것은 사람들에게 있어서 참으로 어려운 것입니다. 동상이몽이라는 말이 있습니다. 같은 침상에 누워 있으면서도 각기 생각을 달리 한다는 것입니다. 마음을 합한다는 것은 이렇게 어렵습니다. 그런데 기독교 역사상 첫 기도회에서 마음을 같이 했다는 것은 우리에게 여러 가지 배울 것들을 보여줍니다. 15절 말씀에 120명이 모인 것으로 드러났는데, 120명이나 모여서 기도했지만 마음이 한 사람의 마음과 같았습니다. 그 마음이 다 같았습니다. 당시에도 마음이 같았을 뿐만 아니라 장래의 목표에 대해서는 사고방식까지도 같았습니다. 어떻게 이렇게 합심할 수 있었을까요?

본문을 자세히 살펴보면, 예수님이 다시 살아나신 것을 사람들이 완전히 믿었다는 것을 알 수 있습니다. 예수님이 다시 살아나셔서 40일 동안 머무르시면서 이 사람 저 사람에게 증거로 보여주신 것에 대해서 이들은 다 믿었습니다. 믿음이라고 하면 성령의 감동으로 믿는 것이 제일 튼튼한 믿음이겠지요. 성령이 우리를 끝까지 건사해 주시고 약할 때에는 또한 믿음을 강화시켜 주시고 늘 동행하시면서 우리의 믿음을 보호해 주시는 것이야말로 영원히 가는 믿음이요, 끊어지지 않는 믿음입니다. 그러므로 주님께서 말씀하시기를, 너는 보는 고로 믿느냐 보지 못하고 믿는 자들이 복이 있다고 말씀한 이유가 거기 있습니다.

그렇지만 눈으로 직접 보고 믿는 여기에도 특별히 주목할 부분이 있습니다. 비록 의심하던 사람들이라도 눈으로 직접 보게 되면 의심을 멈추게 됩니다. 당시 첫 기도회에 참여한 사람들은 주님이 40일 동안 머무르시면서 다시 사신 그 몸을 보여주는 자리에 참석했던 사람들이 틀림없습니다. 이들은 부활하신 예수님을 의심하래야 의심할 수가 없습니다. 여기 120명은 기독교 신앙의 완성이라 할 수 있는 부활을 믿는 단계에 있었고, 수련을 받은 사람들입니다. 또 주님이 하늘로 올라가시는 것을 친히 눈으로 본 사람들입니다. 사도행전 1장 9-11절까지가 바로 그 말씀입니다. "이 말씀을 마치시고 그들이 보는데 올려져 가시니 구름이 그를 가리어 보이지 않게 하더라 올라가실 때에 제자들이 자세히 하늘을 쳐다보고 있는데 흰 옷 입은 두 사람이 그들 곁에 서서 이르되 갈릴리 사람들아 어찌하여 서서 하늘을 쳐다보느냐 너희 가운데서 하늘로 올려지신 이 예수는 하늘로 가심을 본 그대로 오시리라 하였느니라."

기쁨으로 합심

하늘로 올라가시는 것을 이 사람들은 다 보았습니다. 올라가신 것처럼 오신다는 것을, 재림하신다는 것을 다 알았습니다. 부활, 승천, 재림 이 세 가지를 분명히 알았고 또 확실히 믿었습니다. 그렇기 때문에 좋으신 예수님이 구름에 가려 보이지 않게 된 시점에서도 섭섭함이 없었습니다. 이들은 주님이 승천하신 것과 구름에 가려진 것을 보고 난 후, 즉 승천이 끝난 후에야 그곳을 떠나서 예루살렘 성으로 들어갔습니다. 우리가 생각하기에는 당연히 걱정근심하면서 오지 않았을까 그렇게 생각될 것입니다. 그 놀라운 분, 그 영광의 주님을 이제는 볼 수 없구나 진짜 이별이구나 하는 생각으로 몹시 서운하지 않았을까 생각됩니다. 심장과 같이 중요한 그 무엇이 떨어져 나간 것처럼 속이 아주 허전하고 섭섭하고 서글픈 마음들이 아니었겠나 생각됩니다. 그러나 예상외로 그들의 생각은 반대였습니다.

누가복음 24장 52절을 보면, 예수님이 하늘로 올라가신 다음에 그들이 큰 기쁨을 가지고 예루살렘으로 돌아가 늘 성전에서 하나님을 찬송했다고 되어 있습니다. 참으로 이상한 일입니다. 선생님, 사랑이 충만하신 선생님, 영광과 권능과 진리가 충만하신 선생님과 작별했는데 어째서 그렇게 기쁨이 큽니까? 그 이유는 그들이 예수님의 부활, 승천, 재림을 흔들림 없이, 분명하게 그리고 생생하게 믿었기 때문입니다. 그렇게 믿으니까 그들에게는 천국이요 부활이요 무궁 안식 세계, 곧 주님이 재림하셔서 세울 그 세계가 자기들과 생생하게 관련된 것을 늘 느끼게 된 것입니다. 그러므로 그들은 기쁨이 충만했습니다.

이렇게 기쁜 사람들, 인생 문제를 다 해결 받은 이 기쁜 사람들이 마음이 같지 않을 수가 없습니다. 왜 마음이 다릅니까? 왜 사람들이 동상이몽을 합니까? 어째서 기도한다고 해도 한 사람은 이런 생각을 하고 또 한 사람은 저런 생각을 할까요? 그 이유는 분명하지 않습니까? 아직도 분명하게 인생 문제를 해결하지 못하였기 때문입니다. 자기의 문제를 자기만이 알고는, 자기 욕심을 채우려고 자기 방법대로 하는 특성을 가지고 있기 때문입니다.

믿음, 소망, 사랑으로 합심

믿음, 소망, 사랑에 사로잡히지 않으면 사람들이 하나가 될 수 없습니다. 믿음은 무엇을 믿는다는 것입니까? 예수 그리스도를 구주님으로 믿는 것입니다. 죽었다가 다시 사신 분을 믿어서 나도 그렇게 다시 산다는 것을 명확히 믿는 믿음입니다. 또 바라본다는 것은 무엇을 바라보는 것입니까? 주님이 다시 오실 것을 바라보는 것입니다. 사랑은 무엇을 사랑하는 것입니까? 우리가 세상에서 산다는 것은 잠깐 경유해 가는 것뿐입니다. 그렇다고 이 세상을 무시할 수는 없습니다. 이 세상을 경유하면서도 우리는 역시 하나님 제일주의로 살아야 합니다. 비록 세상에 속해 있을지라도,

우리는 주님을 사랑하는 일관된 마음으로 살아야 합니다.

믿음, 소망, 사랑, 여기에 사로잡힌 사람이 아니라면 세상 욕심과 세상에 뜻을 두는 것으로부터 자유로워질 수 없습니다. 세상에 대한 이런 것들이 없어지지 않는 한 다른 사람과 합하는 것은 어느 정도 연합하는 것이지 전적인 연합은 아닌 것입니다. 전적으로 합하는 연합이란 주님의 부활을 확실히 믿고, 주님의 승천을 확실히 믿고, 주님의 재림을 확실히 믿는 마음인 것입니다. 거기에는 동상이몽이 없습니다. 이 세상에 살면서도 믿음과 소망과 사랑이 그 마음을 주장하고 있는 것입니다. 주님을 사랑하는 마음으로 모두 다 뜨거워져 있고 소망은 오직 주님께만 있다고 생각하기 때문에 정녕 진정한 연합이 이루어지는 것입니다. 주님이 하늘로 올라가실 때 구름에 가려서 더 이상 보이지 않지만 그런 예수님을 보는 것과 같이 사랑하고, 보는 것과 같이 그에 대해 뜨겁고, 보는 것과 마찬가지로 그분을 생각할 때 기쁨이 오는 것이지요.

베드로전서 1장 8-9절을 보십시다. "예수를 너희가 보지 못하였으나 사랑하는도다 이제도 보지 못하나 믿고 말할 수 없는 영광스러운 즐거움으로 기뻐하니 믿음의 결국 곧 영혼의 구원을 받음이라." 믿음, 소망, 사랑을 가지고 있기 때문에 주님이 우리 눈에 보이지 않아도 주를 사랑하는 것입니다. 주님이 우리 눈에 보이지 않지만 기뻐하는 것입니다. 이는 마치 120명이 하늘로 올리우신 예수님과 이별을 하고서도 큰 기쁨을 가지고 예루살렘으로 돌아온 것과 같습니다.

큰 기쁨이 있는데 합심이 안 되겠습니까? 기쁨이 없는 곳에 불평이 있고, 원망이 있고, 갈라짐이 있고, 미워하는 것이 있지요. 큰 기쁨으로 돌아온 이들에게 무슨 불평이 있고, 무슨 원망이 있겠습니까? 이들은 합심이 되었습니다. 그리고는 이제 몇 날이 안 되어 성령님을 보내시겠다고 하신 우리 주님의 놀라운 약속에 대한 성취를 기다리는 기도회를 갖는 것입니다.

기도회에서 합심이란 얼마나 귀합니까? 마태복음 18장 19절에 "진실로 다시 너희에게 이르노니 너희 중의 두 사람이 땅에서 합심하여 무엇이든지 구하면 하늘에 계신 내 아버지께서 그들을 위하여 이루게 하시리라" 했습니다. 우리 주님께서는 성도들이 참 믿음과 소망과 사랑을 중심으로 거기에 사로잡혀서 하나 되어 합심하는 것을 귀하게 여깁니다.

전력하는 기도

둘째는 "오로지 기도에 힘쓰더라"고 했습니다. 이것은 기도에 전력하는 것입니다. 전력 기도란 기도에 전적으로 힘쓴다는 것입니다. 힘을 쓴다는 것이 귀합니다. 힘을 쓰되 그 힘을 얼마만큼만 쓰고 얼마만큼은 놔두는 것이 아닙니다. 전력하는 것입니다. 태권도 하는 사람들이 주먹으로 벽돌을 격파하지요. 그 격파는 힘을 써서 되는 것입니다. 사람들이 힘을 쓰긴 하지만 온전히 다 못쓰기 때문에 격파를 제대로 못합니다. 벽돌을 격파하는 사람들은 힘을 다하는 것이 무엇인지를 아는 사람들입니다. 그 사람들은 정신을 총집중하여 자기에게 있는 힘이란 힘은 다 동원합니다. 또한 그 힘과 관련된 외부의 조건들을 이용해 한 번에 쏟아 붓기 때문에 벽돌도 깨뜨리고 황소의 등도 부러뜨리는 것입니다. 그 조건 중 한 가지는 내려치는 속력입니다. 속력이 느리면 맞는 지점에서 힘이 약해집니다. 반대로 속력이 빠를수록 맞는 지점에서 힘도 강해집니다. 그래서 전력을 다하는 것입니다.

그러나 기도에 전력한다는 것은 벽돌 격파에서 전력하는 것과는 다른 경우입니다. 기도라는 것은, 내 힘과 내 의와 나의 장기와 나에게 있는 모든 것을 쏟아 붓는 것이 아니라 내던져 버리는 것입니다. 다시 말하면, 나 자신을 포기하는 것입니다. 기도라는 것이 나의 어떤 것으로 하나님을 모셔 올 수 있는 것이 아닙니다. 내 것이라는 내 것을 포기해야 합니다. 그것이 무엇이든지 스스로 다른 사람보다 뛰어나다고 생각하는 것들을 쏟아 붓는 것이 아닙니다. 기도란 도리어 그런 것과 싸우는 것이요, 그런 것들과 싸우는 데 총력을 다 하는 것입니다. 기도에 힘쓴다는 것은 결국 나 자신과 싸우는 것입니다. 하나님 앞에 나아가서 나 자신을 내어 놓고 생각하면서, 나는 이런 놈입니다, 이런 못된 놈입니다 하면서 소위 내게 자랑스럽다 하는 것은 다 내던져 버리려고 온 힘을 쓰는 것입니다. 기도하는 데 있어서 기도하는 음성조차도 신경을 쓰는 사람들이 있습니다. 혹 죽어가는 목소리는 아닌지, 혹 기도하기 싫어하는 목소리는 아닌지, 혹 교만한 목소리는 아닌지 말입니다. 또한 기도하는 마음 자세에 있어서도 이래서 되겠는가, 이것 가지고 되겠는가 하고 신경을 씁니다. 이런 것들도 모두 깨뜨려 버리는 것입니다. 하나님 앞에 이런 것들을 내놓는 것이 아닙니다.

자기를 쳐서 복종시키는 데에는 힘이 많이 듭니다. 우리의 어떤 힘이나 지식이나 의가 하나님을 움직이는 것이 절대 아닙니다. 하나님은 우리가 우리 자신을 쳐 복종시키는 것을 보기 원하십니다. 우리의 힘이든 지식이든 의든 전적으로 포기해야 합니다. 내게 힘이 있다고 그 힘을 가지고 하나님 앞에 들이댈 때 그것은 도리어 반작용으로 나타납니다. 오히려 역효과가 납니다. 하나님께서는 상한 심령 broken heart 을 기뻐하십니다. 상한 심령을 제물로 받으십니다.

그러면 상한 심령이란 무엇입니까? 그것은 자신의 마음을 가만히 살펴보고 이것은 참 잘못된 것이라고 여기는 것입니다. 그러기 때문에 그 잘못된 것들을 깨뜨려야 합니다. 히스기야 왕이 병들었을 때에 벽을 향하여 기도했다는 사실은 모든 것을 제쳐놓고 하나님만 바라겠다는 뜻입니다. 의가 하나님에게만 있고, 좋은 것도 하나님에게만 있고, 은혜도 하나님에게만 있는 줄 알기 때문에 다른 데에 신경 쓸 필요가 없다는 말입니다. 주님만이 내 문제를 해결할 수 있습니다 하고는 벽을 향하여 딱 돌아앉는 것입니다. 그 기도의 결과로 죽을병에 걸렸다가 나았고 15년을 더 살게 하시는 하나님의 은혜를 입었습니다. 하나님은 돌들로도 아브라함의 자손을 만들 수 있습니다.

히스기야와 블룸하트

히스기야는 이렇게 전력기도의 은혜를 받은 분입니다. 앗수르 군대가 침략했을 때에 앗수르 왕이 여호와 하나님을 욕하고 저주하는 편지를 써서 히스기야 왕에게 전했습니다. 히스기야 왕은 그 편지를 가지고 성전으로 들어가 하나님 앞에 펴 놓았다고 합니다. 하나님 앞에 펴 놓고 기도를 합니다. 이런 말씀을 읽을 때에 깨닫는 게 있지 않습니까? 아, 참 어린아이의 신앙 같구나. 하나님이 그 편지를 다 보신다고 믿는구나. 성경은 히스기야가 그 편지를 하나님 앞에 펴 놓았다고 말합니다. 펴 놓고 기도했습니다. 자기의 그 아픈 마음을 하나님께 말씀드렸습니다. 즉, 하나님을 욕하는 것을 볼 때에 내가 못 견딜 지경입니다 하는 기도입니다. 이렇게 기도하는 것이 기도에 힘을 다하는 것입니다. 전적으로 하나님께 매달리는 것입니다. 하나님 이것 좀 봐 주십시오. 이렇게 기도한 결과 앗수르 군대 18만 5천 명이 하루아침에 다 천사의 공격으로 멸망당했다고 했습니다. 기도하는 사람들은 많지만 참되게 기도하는 사람들은 얼마나 적습니까? 역대하 16장 9절에 말하기를, 여호와의 눈은 온 땅을 두루 감찰하사 전심으로 자기에게 향하는 자들을 위하여 능력을 베푸신다고 했습니다. 온 땅을 두루 살피면서 전심으로 기도하는 사람을 찾는 것입니다. 여호와께 전심으로 향하는 자를 찾아서 그에게 능력을 베푸십니다.

여러분, 우리가 얼마나 은혜를 받았습니까? 우리는 예수님의 이름으로 주님께 기도할 수 있는 특권을 가지고 있습니다. 우리는 주님만을 믿으며 주님에게만 참된 문제 해결이 있다는 것을 믿고 기도하는 사람이 되어야 합니다.

19세기에 블룸하트 Johann C. Blumhardt, 1805-1880 라는 독일의 신자가 있었습니다. 블룸하트는 독일 교계가 인정하는 사람입니다. 그는 기도의 사람이었습니다. 한번은 그가 어느 귀신들린 여인을 위해서 기도를 했습니다. 그런데 안타깝게도 기도하면 할수록 상황이 점점 더 악화되었습니다. 결국 그 여인이 마술사가 되고 말았습니다. 아예 마귀가 마음대로 그 여인을 쓸려고 했습니다. 그런데도 블룸하트는 자기의 기도 방향을 바꾸지 않은 채 계속 기도했습니다. 계속적으로 기도를 하니 결국 귀신이 나가게 되었습니다. 그 여인은 제 정신을 차리고 다시 온전한 사람이 되었습니다. 이런 과정을 통해 그녀는 블룸하트의 자녀들을 맡아 길러주었습니다. 기도에 전념한다는 것이 그런 것입니다. 안 돼도 또 기도하는 것입니다. 주님께 영광 돌리는 일이라 할 것 같으면 틀림없이 이루어질 테니까 죽을 때까지 쉬지 않고 끝까지 기도하는 것입니다.

맺는 말

예수님은 다시 사셔서 40일 동안 땅에 머무르시면서 자기의 부활에 대해 증거하시고 믿게 해주셨습니다. 주님이 승천하실 때에 여기 120명이 하늘로 올라가심을 보았을 뿐만 아니라 이제 올라가심을 본 대로 오시리라 하는 약속까지 받아가지고 기쁨이 충만해서 예루살렘으로 돌아옵니다. 예수님을 보지 못하나 사랑하는 마음입니다. 주님 승천 후 첫 기도회의 놀라운 기도가 바로 전심기도, 전무하는 기도였습니다. 우리가 이것을 성경에 기록된 대로 눈으로 보고도 소홀히 하거나 내팽개쳐서야 되겠습니까? 우리는 이 기도의 복을 받아야 하겠습니다. 합심기도와 전력기도, 이것이 우리에게 요구되는 기도입니다. 우리에게 필요한 것이 어떤 것이든지 그것이 하나님 뜻에 합당한 일이라면 합심기도와 전력기도가 문제 해결의 열쇠가 되기를 바라는 마음으로 오늘 이 말씀을 드렸습니다.

기도

하나님 우리 아버지여 감사하옵나이다. 죄대로 갚으면 망할 것밖에 없지만 불쌍히 여겨서 오늘까지 살려두시고 기회를 주셨나이다. 세상에 얽매어서 세상밖에 모르는 이러한 위험에 빠지지 아니하게 하시고 주님이 승천하시는 것을 보고 주님은 보이지 않지만 마음이 크게 기뻐서 예루살렘으로 돌아와 늘 성전에서 찬양한 그들의 신앙 노선을 우리도 따르게 하여 주옵소서. 사랑하는 주님이시여 우리는 여호와 하나님을 믿는 사람들이옵니다. 이 땅에서 어떠한 다른 방법으로 문제 해결을 도모하는 자들이 아닙니다. 그런데도 불구하고 만사해결의 열쇠가 되는 이 기도에 대해서 등한하고 기도를 힘쓴다고 하면서도 사실은 힘쓰지 못하며 여러 가지 부족한 것으로 아직도 남아 있으면서 주님에게 만족을 드리지 못하고 계속 주님에게 걱정거리가 되는 우리가 아닌지요. 하나님 아버지, 우리를 불쌍히 여겨서 다른 것은 다 없어도 주님을 참되이 찾는 이 기도생활이 우리에게 제대로 되는 이러한 복을 주시옵소서. 예수 그리스도 이름으로 비옵나이다. 아멘

기도,
죽기내기로
기도하라

죽기내기로
기도하라

P R A Y E R

"하나님께서는 우리를 돕기 위하여 늘 깨어 계신다. 그럼에도 불구하고 신자들이 기도하지 않아서 영적으로 메말라지는 것은 샘물이 콸콸 솟아 나는 우물가에서 목말라 죽는 것과 같다."

8.
항상 기도하라

¹ 예수께서 그들에게 항상 기도하고 낙심하지 말아야 할 것을 비유로 말씀하여 ² 이르시되 어떤 도시에 하나님을 두려워하지 않고 사람을 무시하는 한 재판장이 있는데 ³ 그 도시에 한 과부가 있어 자주 그에게 가서 내 원수에 대한 나의 원한을 풀어 주소서 하되 ⁴ 그가 얼마 동안 듣지 아니하다가 후에 속으로 생각하되 내가 하나님을 두려워하지 않고 사람을 무시하나 ⁵ 이 과부가 나를 번거롭게 하니 내가 그 원한을 풀어 주리라 그렇지 않으면 늘 와서 나를 괴롭게 하리라 하였느니라 ⁶ 주께서 또 이르시되 불의한 재판장이 말한 것을 들으라 ⁷ 하물며 하나님께서 그 밤낮 부르짖는 택하신 자들의 원한을 풀어 주지 아니하시겠느냐 그들에게 오래 참으시겠느냐 ⁸ 내가 너희에게 이르노니 속히 그 원한을 풀어 주시리라 그러나 인자가 올 때에 세상에서 믿음을 보겠느냐 하시니라.(눅 18:1-8)

어떤 도시에 한 과부가 있었습니다. 그 과부는 자기의 원한을 신원해 달라고 한 불의한 재판관을 자주 찾아갔습니다. 시끄럽고 번거롭다고 생각한 재판관은 마지못해 과부의 원한을 풀어주었다고 했습니다. 이는 하나님께서 믿는 사람들이 끊임없이 하는 기도를 들어주신다는 것입니다. 이 과부의 행동으로 보아 그가 계속적으로 재판관을 찾아가서 괴롭힌 것을 알 수 있습니다. 재판관이 생각해 보니 못 견디겠단 말입니다. 원한을 풀어주지 않으면 언제까지라도 찾아올 것이니 차라리 풀어주는 것이 낫다고 생각하고 풀어 주었다는 이야기입니다.

응답받는 기도의 성격

본문에서 알 수 있듯이 이 과부는 낙심치 않고 계속해서 재판관을 찾아갔습니다. 우리는 과부의 거듭된 행동을 통하여 계속되는 기도의 성격을 엿볼 수 있습니다.

또 한 가지 두드러진 것은 이 과부가 자기의 원한을 풀어 달라고 찾아갔다는 것입니다. 그러므로 주님께서는 우리 믿는 사람들의 기도를 원한 문제라고 말씀하신 셈입니다. 누가복음 18장 6-7절을 보면 "주께서 또 이르시되 불의한 재판장이 말한 것을 들으라 하물며 하나님께서 그 밤낮 부르짖는 택하신 자들의 원한을 풀어주지 아니하시겠느냐"라고 하였습니다. 이 말씀에서 보는 대로 신자들의 기도라는 것은 원한 문제란 말입니다. 우리 기도가 원한의 기도라는 것입니다. 그러나 이 말은 결코 우리의 기도가 어떤 사람에게 원한이 있어서 한다는 것은 아닙니다. 어떤 사람을 상대로 복수를 하려는 뜻에서 한다는 것도 아닙니다. 다만 성도가 이 세상에서 그 무엇인가 가슴에 맺힌 것을 가지고 기도한다는 뜻입니다.

우리는 성도가 어떻게 기도해야 하는가를 주기도에서 알 수 있습니다. 그 첫머리에 "하늘에 계신 우리 아버지여 이름이 거룩히 여김을 받으시오며"라고 하였습니다. 여기 "이름이 거룩히 여김을 받으시오며"라고 하였는데 이것이 성도의 원한입니다. 즉 성도의 원한은 하나님의 이름과 관계된 원한입니다. 성도는 하나님의 이름이 이 세상에서 천대와 멸시를 받고 있음을 보고 가슴 아프게 여깁니다. 그러므로 성도는 하나님의 이름을 위하여 기도합니다. 성도는 결코 자신의 영달을 위하기보다는 하나님의 이름을 위하여 기도합니다. "주여 언제까지입니까? 언제까지나 이 땅이 이와 같이 캄캄하며, 언제까지나 이 세상 사람들이 하나님의 이름을 몰라보고 천대 멸시하겠습니까?" 하는 기도를 합니다.

하나님의 말씀과 그의 이름과 그의 성결이 세상 사람들로부터 심한 박대를 받으며, 주님이 하시는 일이 땅 위에 있는 인간들로 말미암아 멸시와 천대를 당하는 것을 보고 성도는 애절한 기도를 하게 됩니다. 성도에게 괴로움이 있다면 바로 이것입니다. 성도의 괴로움은 개인의 원한 문제가 결코 아닙니다. 성도의 괴로움은 하나님의 이름에 관계된 것입니다.

본문을 다시 읽어보면 하나님께서 성도의 원한을 풀어주신다는 점에서 8절 끝에 "인자가 올 때에 세상에서 믿음을 보겠느냐"라고 하셨습니다. 이 원한은 세상 끝 날에 하나님의 심판에 의하여 풀어질 원한을 말함이 아니고, 섭리적 심판에 의하여 풀어질 원한을 말합니다. 이것은 어떤 개인의 원한 문제가 아닙니다. 하나님께서 그의 영광을 위하여 세계를 귀정시키시며, 혹 역사상에라도 그의 이름을 빛내시며, 그의 소유를 찾으시며, 그의 권리를 찾으시는 일에 대해서 말씀하신 것입니다.

또한 여기서 살펴 볼 수 있는 것은 동요하지 않고 계속해서 기도했다는 것입니다. 이 과부는 불의한 재판관을 찾아가고 또 찾아가고 계속해서 찾아갔습니다. 자기의 소원을 이룰 때까지 조금의 흔들림도 없이 계속 찾아갔습니다. 이 소원을 이루지 않고서는 아무 일도 할 수 없다고 생각하여 한결같이 찾아간 것입니다. 우리 기도가 이와 같아야 합니다. 10년씩이나 기도했는데 아무 효과도 없다고 낙담해서는 안 될 것입니다. 10년 기도해서 안 되면 20년 기도할 것이며, 20년 기도해서 안 되면 30년 기도할 것이며, 응답받지 못하고 죽으면 자신이 죽은 후에라도 하나님께서 반드시 이루어 주시리라는 확신을 가지고 기도해야 합니다.

하나님께서는 성도의 기도를 가장 좋아하십니다. 하나님께서 좋아하시는 모든 것 중에도 가장 좋아하시는 것은 성도의 기도입니다. 참으로 진실한 마음과 믿음으로 하는 기도보다 우리 아버지가 더 좋아하는 것은 없습니다. 아버지께서 좋아하시는 그 기도가 헛된 데로 돌아갈 리가 있겠습니까? 말씀에 순종하여 하는 기도를 주님께서 외면하실 리가 있겠습니까? 우리는 이루어질 것이라는 확신을 가지고 끝까지 기도해야 됩니다. 7절을 보면 "하나님께서 그 밤낮 부르짖는 택하신 자들의 원한을 풀어주지 아니하시겠느냐"라고 하였습니다. 불의한 재판관이 과부의 원한도 풀어 주었는데 하물며 하나님께서 밤낮 부르짖는 성도의 기도를 안 들어 주시겠습니까? 과부가 불의한 재판관을 지속적으로 자주 찾아간 것처럼 성도는 중단 없이 밤낮 부르짖어야 합니다.

계속 기도해야 하는 여러 가지 이유

여기 "택하신 자"라는 것은 굉장한 내용을 담고 있습니다. 즉, 택함을 받았기 때문에 그 기도를 중단할 수 없다는 것입니다. 선택받은 성도의 기도는 끊어질 수가 없습니다. 하나님께서 나를 택하신 것은 반드시 나를 통하여 영광을 받으시려고 하심이니 내 모든 움직임과 행동이 헛되지 않을 것이기 때문입니다. 결단코 나는 내 욕심대로 무엇을 해보려는 사람이 아니라 하나님의 영광을 위하여 사는 사람입니다. 그러므로 하나님께서는 언젠가 그 일을 이루어 주실 것을 보장해 주시며, 택한 자로 하여금 실패하지 않도록 해 주십니다. 결코 나는 먼지와 같이 나부끼는 자가 아니며, 주인도 없고 돌보아주는 이도 없는 외로운 자가 아닙니다. 나는 영원 전에 택하여 주신 하나님의 경륜을 따라 약속대로 나아가는 사람인데, 주님의 영광을 위하여 간절히 사모하는 이 기도가 헛될 리가 있겠습니까? 하나님의 선택은 천지보다 견고합니다. 우리의 영원한 소망을 이루는 데 있어서 하나님의 선택은 확실한 성취를 보장합니다. 선택함을 받은 나의 기도는 응답되지 않을 리가 없습니다.

여기 "밤낮"이란 말은 기도를 계속해야 함을 보여주는 말입니다. 우리가 명심할 바는 기도는 항상 해야 한다는 것입니다. 기도를 항상 하라는 것은 은혜를 받은 가운데 더 받으라는 말씀입니다. 기도는 가끔 해도 되는 것인데 기도하기 싫어하는 게으른 자들 때문에 강조하기 위하여 하신 말씀이라고 생각한다면 큰 오산입니다. 예수님께서 우리에게 항상 기도하라고 하신 말씀에는 다 이유가 있습니다. 그것은 우리가 항상 기도하는 가운데 기도가 참되어 가기 때문입니다. 그러므로 우리는 주님의 말씀 가운데 '항상'이란 말을 우리 마음에 새겨야 합니다. 인도에서 선교한 하이드 John N. Hyde, 1865-1912 는 유명한 기도의 인물이었는데 항상 기도하였기 때문에 "기도하는 중에 있는 하이드"라고 불렸습니다. 그는 어떻게 그렇게 늘 기도할 수 있었습니까? 그 이유는 하나님의 말씀을 그대로 받았기 때문입니다. 우리는 어떻습니까? 우리는 주님의 말씀을 그대로 받지 않고 약간씩 에누리, 즉 가감함으로 덕을 보려고 하는 아주 못된 근성을 가지고 있습니다. 참으로 이래서는 안 됩니다. 우리도 하이드와 같이 항상 기도하는 중에 있어야 하겠습니다.

그러면 어떤 분들은 의심하기를 무슨 할 말이 그리 많아서 쉬지 않고 기도할까 할 것입니다. 그러나 하이드의 기도 체험을 읽어보면 그는 특별히 감사가 많았다는 것을 알 수 있습니다. 간구하는 일도 많았겠지만 감사가 많았다는 것입니다. 그에 따르면 우리 신자들이 환난을 당했을 때에는 먼저 감사하고 보라는 것입니다. 어려운 일과 곤란한 일을 당했을 때에 먼저 감사하라는 것입니다. 먼저 감사하고 보면 환난이 왜 찾아왔는지 그 뜻을 알게 된다고 하였습니다. 환난의 이유를 깨닫게 되면 더욱 깊은 감사, 기쁨 가득한 감사를 하게 된다는 것입니다. 그렇다면 우리 신자들에게도 괴롭고 힘든 일은 아주 흔한 일인데 우리는 이것들을 어떻게 처리해야 합니까? 당연히 감사해야 됩니다. 참으로 많은 감사를 해야 됩니다.

우리는 어찌된 일인지 하나님의 은혜에 대하여 눈감아 버리는 아주 못된 근성이 있습니다. 비록 인간끼리의 관계에서도 받은 것을 감사할 줄 알아야 다시 주고 싶은 법인데, 인간과 하나님과의 관계에서 하나님께 감사하지를 않습니다. 이미 받은 것을 인정하지 않는 듯이 받은 것에 대해서 아무 반응도 없습니다. 그렇다면 어느 누군들 더 줄 마음이 있겠습니까? 없을 것입니다. 하나님도 그렇습니다. 성경을 보면 감사하라는 말씀이 정말 많습니다. 우리가 하나님 앞에 감사할 때에 은혜를 더 많이 받습니다.

고린도후서 9장에서는 좋은 일에 대해서도 모두 감사해야겠지만 좋지 않은 듯한 일에 대해서도 모두 감사해야 할 것을 가르치고 있습니다. 데살로니가전서 5장 18절에서는 범사에 감사하라고 하였습니다. 우리가 감사할 때에 그 괴로움의 이유가 풀리고 환난이 찾아 온 연원을 알게 되는데, 이 얼마나 감사한 생각이 들겠습니까? 우리가 하나님 앞에 기도할 때, 자신을 살피고, 행한 바 모든 일들을 돌이켜 보며 감사할 때 은혜를 받습니다. 감사함으로 기도할 내용이 많아집니다. 간구에 대해서도 생각해 보면 우리가 간구할 조건이 얼마나 많습니까? 곤란하고 어려운 일들이 얼마나 많습니까? 이런 모든 일들을 가지고 우리는 간구해야만 합니다.

계속적으로 기도하는 것에 있어서 생각할 것이 있는데 그것은 기다리는 생활입니다. 하나님은 시간을 잡아 가지고 일하시는 하나님이십니다. 하나님은 요술쟁이가 순식간에 무슨 일을 해버리는 것과 같이 일하시지 않습니다. 하나님은 우리에게 노력의 과정을 마련해 주시고 이 과정을 통과하도록 하십니다. 이 과정을 통하여 우리의 신앙 인격이 발전되도록 하십니다. 이 노력을 통하여 은혜를 받도록 하신 것입니다. 권능을 행하시지만 결단코 우리 인간들을 게으름뱅이로 만드는 그런 권능이 아닙니다. 하나님은 충성스럽게 노력하는 자에게 권능을 베푸십니다. 그러므로 우리가 특별 섭리로 주시는 하나님의 권능을 바라본다고 하면서 노력하지 않는다면 안 될 것입니다. 순식간에 무슨 일이 이루어질 것을 바라는 허탄한 심리를 가져서는 안 된다는 말입니다.

시간을 오래 잡아야 되는 것입니다. 주님께서 우리의 기도를 응답하심에 있어서 어떤 때에는 아주 오랜 세월을 들여서 응답하십니다. 이사야 55장 8-9절에 말하기를, "이는 내 생각이 너희의 생각과 다르며 내 길은 너희의 길과 다름이니라 여호와의 말씀이니라 이는 하늘이 땅보다 높음 같이 내 길은 너희의 길보다 높으며 내 생각은 너희의 생각보다 높음이니라"고 하였습니다. 하나님은 우리를 연단시키시기 위해서 시간을 오래 잡으시며, 그의 오묘하신 경륜대로 일을 이루어 가십니다. 주님이 하시는 일은 이와 같이 오묘하며, 주님이 하시는 일은 이와 같이 진실하며, 주님이 하시는 일은 이와 같이 완전합니다. 주님이 시간을 잡으시고 일하시는 동안에 우리의 신앙 인격이 연단을 받습니다. 우리는 기다리고 또 기다리는 여기에 흥미를 가져야 됩니다. 기다리다가 응답을 보지 못하고 죽는다 하더라도 오히려 소망을 가져야 합니다. 내가 죽은 다음에라도 주님이 반드시 이루어 주실 것을 굳게 믿고 나가야 합니다.

심판 날을 내다보고 기도함

8절을 보면 "내가 너희에게 이르노니 속히 그 원한을 풀어 주시리라"고 하였습니다. 속히 이루어 주신다고 하였습니다. 속히 이루어 주시지만 우리에게 요구하시는 것이 있으니 그것은 믿음입니다.

"그러나 인자가 올 때에 세상에서 믿음을 보겠느냐 하시니라." 이 말씀은 세상 사람들에게 믿음이 없다는 결론을 요구하시는 것이 아닙니다. 이 말씀은 우리에게 기대하시는 주님의 기대를 말합니다. 이 말씀을 읽을 때에 인자가 오실 때에만 사람들의 믿음을 요구하신다고 보아서는 안 됩니다. 인자가 오실 때에 세상 사람들에게 믿음이 있었던 사실을 볼 수 있겠는가 하는 말씀입니다. 인자가 오실 때에는 많은 성도들이 믿고 죽은 후인데, 즉 믿다가 그를 보지 못하고 죽은 사람들이 많은데, 장차 인자께서 오셔서 심판하실 때에 과연 믿는 사람들이 그때에 있겠느냐 하는 것입니다. 어느 시대 사람들이 얼마나 믿었다 하는 것을 발견하게 되겠느냐 하시는 탄식의 말씀입니다. 정녕코 이 말씀은 인자가 오실 때에 그 시대의 사람들에게 믿음이 없다는 것을 말함이 아닙니다.

주님이 이와 같이 말씀하신 것은 "너희들은 믿어라" 하심입니다. 장차 심판 때에 "너희는 믿었다 하는 말을 들어야 되겠는데 과연 믿었다 하는 말을 들을 수 있는 이 사실을 생각하고 행하라"는 것입니다. 과거에도 참된 믿음을 가지고 주님을 따른 모든 성도들은 심판을 내다보고 행하였습니다. 그들은 심판을 내다보고 믿음을 가졌으며 의를 행하였습니다.

사도 바울은 고린도전서 4장 4-5절에서 다음과 같이 말하였습니다. "내가 자책할 아무 것도 깨닫지 못하나 이로 말미암아 의롭다 함을 얻지 못하노라 다만 나를 심판하실 이는 주시니라 그러므로 때가 이르기 전 곧 주께서 오시기까지 아무것도 판단하지 말라 그가 어둠에 감추인 것들을 드러내고 마음의 뜻을 나타내시리니 그때에 각 사람에게 하나님으로부터 칭찬이 있으리라." 나는 이 말씀을 극히 맛있게 읽습니다. "내가 자책할 아무 것도 깨닫지 못하나 이로 말미암아 의롭다 함을 얻지 못하노라"란 말씀을 맛있게 읽습니다. 바울은 자신에게서 어떤 흠도 찾을 수 없었고 어떤 잘못도 생각해 낼 수 없었지만, 그렇다고 하여 그는 의롭다고 단언하지 않는다고 하며 오직 하나님께서 그날에 주실 칭찬만을 기다린다고 하였습니다.

심슨의 신앙고백

심슨 A. B. Simpson, 1843-1919 은 C&MA The Christian & Missionary Alliance 라는 선교회의 설립자입니다. 그는 청년 시절 20년 넘게 병치레를 하였고 거의 죽을 지경에까지도 갔었습니다. 그때 성경 말씀을 생각하다가 마음속에 크게 깨달은 바가 있었습니다. "성경이 어디 말뿐이겠는가? 성경이 어디 이론뿐이겠는가? 성경 말씀은 진실하여 실제로 이루어지는 것인데 헛될 리가 있겠는가?"라고 생각했습니다. 어느 하루 그는 솔밭에 들어가서 하나님 앞에 신앙고백을 하였습니다. "내가 심판 날에 당신님을 만날 줄 알면서 이 신앙고백을 합니다"라고 부르짖었습니다. 죽음의 문턱에 다다랐으니 얼마나 심각했겠습니까? 심판 날을 내다보면서 그 마음속에 결정한 것이었습니다. 그는 계속하여 "나는 그리스도께서 내 육신의 생명도 주시는 구주로 믿습니다"라고 고백하였습니다. 그리스도께서는 우리 영혼의 생명을 공급해주시는 주님일 뿐 아니라 우리 육신의 생명도 주장하시며 공급해주시는 분이심을 믿습니다 하는 신앙고백인 것입니다. 그가 이와 같이 하나님 앞에서 심판 날을 내다보며 간절하고 진실하게 신앙을 고백할 때 그에게 역사가 임했습니다. 신앙고백을 하고 돌아올 때에 그를 오랫동안 괴롭혔던 질병이 물러갔던 것입니다. 이와 같이 하나님의 긍휼의 역사를 체험한 그는 기독교 연맹이라는 선교회를 조직하여 그 위대한 일을 시작하였습니다. 오늘날 이 선교회는 전 세계적으로 사업을 펼치고 있습니다.

우리는 하나님의 진리를 취급할 때에 성의 없이 할 수가 없습니다. 심판 날이 임할 것을 내다보면서 그 날에 대하여 생각해야 합니다. 주님께서 그 날에 나를 구원하시며 나를 완전하게 만드실 것이니, 나는 그 날을 표준삼아 모든 것을 생각하고 행동하고 살아야 합니다. "인자가 올 때에 세상에서 믿음을 보겠느냐"는 말씀은 세상에 믿음이 없다는 단언이 아닙니다. "너희에게 항상 기도하는 것을 요구하였고, 항상 기도해야 될 것을 부탁하였는데 너희들은 이것을 믿으라" 하는 말씀입니다. 심판 날을 내다보고 그 날에 합당하도록 신앙을 가져야 하는 것입니다. 너무도 잘 아는 사실이어서 그런지 이런 말씀 앞에서 우리는 아무런 자극도 없고 반응도 없습니다. 이렇게까지 우리의 심령은 병들어 있는 것입니다.

　이제부터는 우리가 이 말씀을 생각하면서 항상 기도하는 생활을 합시다. 기도하지 않으면 아무런 방법도 없습니다. 기도해야만 은혜를 받습니다. 앞으로 계속하여 은혜를 받으려고 하면 항상 기도하는 운동을 일으켜야 되겠고 개개인의 기도생활을 새삼 정립해야만 되겠습니다.

　설교자를 위하여 기도해야 합니다. 설교할 때 종종 체험하는 것이지만, 나를 위해서, 나의 설교를 위해서 누군가가 기도해 준다고 할 때 나의 심령이 든든해지는 것을 느낍니다. 설교자를 위하여 기도해 줄 때에 본래 없던 생각도 떠오르는 것입니다. 기도해 줄 때에 어떤 평안한 분위기가 마음에 가득 차게 되고, 기도해 줄 때에 과연 용기가 나고, 기도해 줄 때에 일이 되는 것을 너무나도 많이 체험하는 바입니다.

　사랑하는 교우들이여, "항상 기도하라"는 주님의 명령에 순종합시다. 주님의 말씀을 에누리하지 마십시오. 그 말씀을 액면 그대로 받아서 우리가 하나님 앞에 나아가 밤낮 부르짖읍시다. 참으로 우리에게 기적이 일어날 것입니다.

9.
깨어 기도에 힘쓰라

¹ 상전들아 의와 공평을 종들에게 베풀지니 너희에게도 하늘에 상전이 계심을 알지어다 ² 기도를 계속하고 기도에 감사함으로 깨어 있으라 ³ 또한 우리를 위하여 기도하되 하나님이 전도할 문을 우리에게 열어 주사 그리스도의 비밀을 말하게 하시기를 구하라 내가 이 일 때문에 매임을 당하였노라 ⁴ 그리하면 내가 마땅히 할 말로써 이 비밀을 나타내리라.(골 4:1-4)

하나님이 들으시는 기도

기도는 힘써서 해야 합니다. 그래야만 하나님이 기뻐하시는 수준의 기도를 할 수 있는 훈련을 제대로 받게 된다고 생각합니다. 기도할 때에 어떤 수사학을 동원한다거나 말을 매끄럽게 잘하는 것이 중요하지는 않습니다. 믿은 지 얼마 되지 않은 신자가 기도할 때에는 말의 앞뒤가 맞지 않을 수도 있고 듣는 맛이 그렇게 은혜롭지 않을 수도 있습니다.

그렇지만 그런 기도가 쓸데없다든지 그런 기도가 하나님이 들어주시지 않는다든지 할 수 없는 것입니다. 오히려 하나님께서는 그런 기도를 더 잘 들어주실 수도 있습니다. 어린아이들이 말하기 시작할 때에 그 말이 문법에 맞지 않을 수도 있고, 그 의사 표현이 분명치 않을 수도 있습니다. 그렇지만 아이의 부모는 아이의 말을 매우 귀하게 생각하여 주의 깊게 듣습니다.

하나님은 우리의 기도에 있어서 진실을 제일로 알아주십니다. 진실한 기도, 그것은 하나님이 진정 기뻐하시는 기도라고 생각합니다. 우리 믿는 사람들이 진실하다면 우리의 신앙생활은 제대로 되어가고 우리는 당연히 은혜 받는 그릇이 되어 있을 것입니다. 그러나 진실하지 못하기 때문에 비뚤어지고, 하나님은 이러한 우리를 기뻐하지 않으십니다. 그러므로 하나님과 우리 사이에 서로 초점이 맞지 않는 안타까운 일들이 많이 있고, 우리의 신앙생활 가운데서 많은 부분을 허송세월하고 있다고 생각합니다.

신앙생활에 있어서 우리는 왜 그렇게 허영심이 많습니까? 큰 무엇이 되어보겠다는 생각이 앞서기 때문에 진작부터 이렇게 하나님의 마음에 들지 않는 사람이 되는 것 아닙니까? 작은 일에 충성하였으니 네가 큰 것을 받으라는 말씀이 성경에 있습니다. 성경은 또한, 진리에 합당하게 소원을 가지고 큰일을 할 사람이로되 자신을 크게 드러내 보이겠다는 마음이나 행위 원칙을 갖고 있는 사람은 하나님이 그를 기뻐하지 않으실 뿐만 아니라 아무 일도 못 하게 하신다고 일관되게 말합니다. 이런 사람의 경우 가장 먼저 지켜야 할 생활 원칙은 작은 일에 충성하는 것 아니겠습니까?

그날그날 맡은 바 책임을 잘 감당하며 자신의 자리에서 빛을 발하는 사람이 되는 것이 우리의 소원입니다. 이런 사람이 참으로 하나님 마음에 드는 사람인 것입니다. 이런 일에 있어서 가장 중요한 것이 기도라고 생각합니다. 하지만 우리는 허영심과 진실치 못함 때문에 매일매일 기도를 참되게 하지 못합니다. 기도하는 가운데도 외식이 많기 때문에 하나님께 상달될 만한 어떤 것이 없는 기도를 하며 허송세월하지 않나 생각하게 됩니다. 오히려 초신자보다 못해지기까지 합니다.

힘써 기도해야 합니다. 기도에 항상 힘쓰라고 했습니다. 몇 날 동안만 힘쓰는 것이 아니라 항상 힘쓰라고 했습니다. 이 말을 받을 때 마음에 참 기쁨이 있어야 합니다. 기도에 힘쓰는 데 있어서 어떻게 항상 힘쓸 수 있는가, 참 무거운 짐이구나 하고 생각할 것이 아닙니다. 우리가 아직 그 상황까지 들어가지 못했지만 거기 들어가서 살아야 참으로 사는 것이구나 하는 생각을 가지고 마음에 기쁨을 가져야 합니다. 기도한다는 것이 쉽지 않은 일이기 때문에 기도에 더욱 힘써야 한다고 생각합니다. 우리는 기도하기 어렵다는 것을 상식적으로, 체험적으로 잘 알고 있습니다. 이것은 불분명한 어떤 관념적인 말이 아닙니다.

향락과 쾌락

첫째는, 향락이나 쾌락에 빠지고자 하는 마음이 늘 우리를 주장하기 때문에 기도하지 못합니다. 디모데후서 3장 4절의 "쾌락을 사랑하기를 하나님 사랑하는 것보다 더하며"라는 말씀은 그 당시 무서운 이단자들의 생활 모습을 마음에 두고 한 말인데, 꼭 그 사람들에게만 해당되는 죄악을 말한 것은 아닙니다. 모든 사람들에게 해당되는 것인데 특별히 그들이 두드러지게 그러한 죄를 범하고 있다는 것입니다.

디모데전서 5장 6절에 보면 "향락을 좋아하는 자는 살았으나 죽었느니라"고 했습니다. 향락을 좋아하게 되면 그 영혼은 사실상 죽었다는 말입니다. 육체는 살아서 움직거리고 왔다 갔다 하지만 인격의 골자가 되는 영혼은 죽었다는 말입니다. 쾌락이라는 것이 얼마나 무서운 것입니까?

우리에게 제일 귀한 일이라고 할 수 있는, 하나님께 나아가게 하는 기도를 막는 것입니다. 인간의 한평생이 길지 못하고 그 중에 청년의 시기 또한 길지 못합니다. 이 청년의 시기에 쾌락이나 생각하고 평안이나 생각하며 헛되이 따라다니다가, 나이 들어 무엇을 하려 해도 할 수 없는 실패한 인생으로 살아서야 되겠습니까?

이 귀중한 청년의 시기에 쾌락주의와 편리주의에 이끌려 모든 일을 그저 기본적인 수준으로 적당히 해나간다는 것입니다. 참된 일에 깊이 들어가 보지도 못하고 그저 겉날림으로 이럭저럭 세월만 다 보낸다는 말입니다. 설령 교역자가 된다 할지라도 교역자로서 그냥 편하게 살아 보겠다고 생각합니다. 영적인 즐거움보다 가정의 즐거움을 더 좋아하여 가정에 집중하고 가정에 더 많이 신경을 쓰는 것입니다. 최우선적으로 생각해야 할 주님의 일을 이차적으로 생각합니다. 걸핏하면 그런 생각에 빠져서 나오지 못합니다. 주님의 일을 한다고 이름만 내걸고는 참되게 하지 못합니다. 이 좋은 때를 그저 이럭저럭하며 옅은 물에서 장난하는 식으로 생활해서는 안 된다는 것을 여러분들이 잘 아실 것입니다.

우리는 칼빈주의 3대 학자 중 한 사람인 워필드 B. B. Warfield, 1851-1921 에 대해서 잘 압니다. 그가 결혼식을 마치고 나서 마차를 타고 갈 때 친구들이 장난을 치기로 하였습니다. 친구들은 길목에 숨어 있다가 큰 소리를 지르며 뛰쳐나와 워필드 부부를 놀래주기로 하였습니다. 친구들이 장난을 쳤을 때 워필드 부부가 탄 마차의 말이 놀라 마차가 전복되었고, 그때 그의 부인은 큰 부상을 입어 평생 반신불수가 되었습니다. 하지만 그는 교수생활 내내 반신불수 아내를 손수레에 태워 가지고 다니며 한평생을 살았습니다. 누가 그의 마음속 깊이를 알겠습니까? 그가 편리를 모르는 사람이며 그가 쾌락을 모르는 사람이었겠습니까? 아닙니다. 그는 모르는 사람이 아닙니다. 그렇지만 그는 주님을 사랑했습니다. 그러므로 건강한 몸으로 단란한 가정을 이루어 누리는 것 이상의 즐거움을 가지고 있었던 것입니다. 살아계신 주님을 마음속 깊이 모셨고, 영혼을 늘 의식하면서 살았습니다. 인생의 요점이 어디에 있는지를 분명히 알고 살았습니다. 그는 누구보다 기쁘게 한평생을 살아 바친 사람입니다. 이 위대한 신학자를 우리가 배워야 할 줄로 압니다.

쾌락은 육신이 좋아하는 편리한 것들입니다. 이것이 우리를 온통 에워싸고 있을 뿐만 아니라 우리의 마음속에서까지 전쟁을 일으키고 있습니다. 우리는 이러한 사실들을 너무도 잘 알고 있습니다. 이 쾌락이 인생에 있어서 제일가는 것입니까? 이러한 쾌락과 안일이 인생의 전부입니까? 이것이 과연 우리가 무엇이든지 다 버리고서라도 찾아 나서야 할 목표입니까? 아니지요, 결단코 아닙니다. 다행히 주님께서 우리를 사랑하셔서 우리로 하여금 주님의 일을 하겠다는 다짐 안에서 성경을 알고자 하는 마음을 주셨습니다. 신앙생활을 의식적, 체험적으로 해보고 싶은 뜨거운 마음을 주셨습니다. 이렇게 뜨거운 마음이 여러분에게 있어서 우리가 모이는 줄로 압니다. 우리는 기도를 방해하는 쾌락주의와 안일주의를 완전히 외면하고 기도해야 합니다. 어떻게 스포츠를 보면서 기도할 수 있습니까? 어떻게 유흥을 즐기는 사람들이 그 마음을 고치기도 전에 하나님을 모실 수 있겠습니까? 나는 여러분이 이러한 쾌락주의와 편리주의를 딛고 일어서는 신앙자가 되며 교역자가 되어야 한다고 믿습니다.

역경을 당할 때

둘째는, 역경을 당할 때에 기도하기 어렵습니다. 기도란 힘써 하지 아니하면 도저히 되지 않는 것이라고 생각합니다. 어려운 일을 당하면 기도가 저절로 나온다고 말하는 사람도 있습니다. 그런 때에도 대개 주님에게 매달리기보다는 자신에게 매달립니다. 주로 자신의 지혜와 수단으로 역경을 면해보려고 하고, 그 역경에서 쉬운 길을 택하려고 합니다. 그런 역경을 당할 때에 기도하는 사람이 있기는 하겠지만 그런 기도가 참된 기도로 인정받을 수 있는가는 또 다른 문제입니다.

우리는 인간으로서 다른 사람의 기도를 판단하지 못합니다. 그 판단은 원래 하나님이 하시는 것입니다. 그러나 기도하지 않던 사람이 어려움을 당해 '주여' 하고 기도할 때 그 기도가 어려움을 피하기 위한 일시적 수단으로서의 기도가 아닌가 하고 생각된다면 그것은 욕심의 기도라고 볼 수 있습니다.

거짓된 종교에서는 많은 사람들이 종교를 하나의 소지품으로 가지고 다닙니다. 그 종교라는 것 하나 있어야 하겠다, 하나 있어서 어려울 때 좀 의지해야 하겠다는 생각으로 종교를 가집니다. 그렇지만 성경이 말하는 참된 종교는 그러한 것이 아닙니다. 참된 종교는 사람들의 소지품 노릇을 하는 것이 아닙니다. 주머니에 넣고 다니다가 위급할 때 한 번씩 써먹는, 그런 식의 종교는 아니란 말입니다.

여호와 하나님은 천지를 지으신 참 하나님이시고 우리를 구원해 주신 유일한 구주님이시기 때문에 우리가 그분에게 사로잡혀야지, 우리가 그분을 이용하려 하고 써먹으려 하면 안 된다는 것입니다. 하나님은 인간의 필요에 이용되는 그러한 하나님이 아닙니다.

역경이란 것이 언제나 기도할 마음을 주는 것은 아닙니다. 우리가 역경을 극복하고자 할 때 자신의 어떠한 힘이나 방법을 동원하여 해결하려 하기 쉽습니다. 그러므로 우리 신자들이 힘써 하지 아니하면 기도하지 못합니다.

그러면 어떻게 힘써야 합니까? 평소에 항상 기도하면서 살아야 하는 것입니다. 평소에 항상 기도하면서 참된 기도자로서 살다가, 역경을 당할 때 더 매달려서 기도하는 것이 성경 말씀에 맞는 신앙의 태도라고 생각합니다. 평소에 늘 힘써야 된다고 했는데 힘쓴다는 것은 규칙적으로 한다는 것입니다.

숭실대학교의 어떤 교수님은 매일 성경을 한 장씩 보았습니다. 그렇게 보다가 바빠서 못 볼 때에는 그 다음 날 별로 몇 장 더 보았습니다. 이분이야 말로 규칙적인 생활을 한다는 생각이 들었습니다. 사람이란 규칙을 통해서 그 인격이 훈련 받고 제재 받으면서 살아가야 합니다. 법 없이 살고 규칙 없이 사는 사람들은 두말할 필요도 없이 타락합니다.

사상적 반동

셋째는, 사람이 사상적 반동으로 기도를 하지 않는 것입니다. 사람은 참 이상하다고 생각합니다. 틀림없이 좋은 일인데 거기에 반동하여 비뚤어지는 수가 있습니다. 기도를 많이 하는 사람들을 보고는 자기도 기도를 많이 하겠다는 생각을 해야 하는데 그렇지 않고 삐뚤어진다는 말입니다. "뭐 꼭 그래야만 하나? 다른 방법으로 하지"라는 식으로 삐딱하게 생각합니다. 사람의 마음을 다스리기가 이렇게 어렵습니다.

칸트는 "이성적 종교"라는 글에서 자기의 기도관을 발표한 적이 있습니다. 그는 사상적으로 반동한 사람이었습니다. 독일 경건주의에 대해서 반동하고 기도하는 것을 우습게 생각하는 사람이었습니다. 심지어 "어떤 사람이 어떤 목적으로 기도할 수는 있으나 모든 사람이 할 책임은 없다. 기도는 소원을 말로 표현하는데 하나님은 그러한 통지를 요구하지 않는다"라고 했습니다. 그는 기도 세계를 모르는 사람이었습니다. 말로 형용할 수 없는 좋은 일들에 대해서 전혀 모르는 사람이었습니다. 그의 철학은 초절주의 transcendentalism 로 하나님을 모르는 사람인데 그가 기도를 했을 리가 있겠습니까?

이처럼 기도를 어렵게 만드는 인간의 성품을 붙들어 기도하는 데로 인도하기 위해서는 참으로 말할 수 없는 노력을 해야 합니다. 예수님이 기도하실 때에 얼마나 힘을 들였는지 우리는 기억해야 합니다. 마지막 기도를 하실 때에 이마에서 피땀이 흘렀다고 하니 이 얼마나 자기를 짜내는 기도입니까? 주님을 본받고자 하는 이와 같은 노력을 기도의 고난이라고 할 수 있습니다. 이렇게 고난으로 완성되는 기도를 통해서 우리가 기도의 훈련을 받는 동시에 기도의 열매를 거두게 된다고 믿습니다.

기도에 힘쓰라고 했습니다. 그렇게 하기 위해, 첫째, 쾌락주의를 죽여야 합니다. 둘째, 역경을 당해 흔들릴 때 사람의 힘을 의지하지 말아야 합니다. 셋째, 기도해야 한다는 성경 말씀에 대해 반동적인 태도를 없애야 합니다.

기도

주님이여 감사하옵나이다. 우리의 성품을 스스로 진맥해 보건대 사실상 썩었고, 이렇게 잘못한 때에 또 이것을 고치려고 하면 저렇게 잘못 가고 이 모양 저 모양으로 우리의 힘으론 도저히 관할할 수가 없는 우리의 성품인데 주님께서 전적으로 우리를 붙잡아 주시옵소서 어떠한 경로를 통해서라도 주님이 원하시는 인격만이 되도록 하여 주옵소서. 우리가 되지 않고 나가서 남을 되라고 할 때에, 그것은 모순이고 또 되지도 않을 것은 분명한데, 주님이여 된 것을 가지고 남을 도와줄 수 있는 우리들이 되도록 은혜 주옵소서. 사랑하는 아버지여, 오늘날 이 땅 위에 주의 이름을 부르는 자들이 많지만은 참으로 힘쓰는 기도를 하고 있는지 주님이 아시나이다. 하나님께서 역사하사 우리 교계에 주님이 기뻐하시는 기도의 사람들이 많이 일어나서 문제 많은 오늘 이 시대에 과연 역사적으로 잊어버릴 수 없는 그 진실을 이 땅에 보여주는 이러한 일들이 많아지도록 하나님이 은혜주시기를 바랍니다. 우리 민족 가운데 속해 있는 우리들도 별것은 없지만은 없기 때문에 우리는 기도하여야 될 줄로 아는데 주님이여 우리에게 기도의 영을 부어 주옵소서. 예수 그리스도의 이름으로 비옵나이다. 아멘

10.
강청하는 기도를 드리라

⁵ 또 이르시되 너희 중에 누가 벗이 있는데 밤중에 그에게 가서 말하기를 벗이여 떡 세 덩이를 내게 꾸어 달라 ⁶ 내 벗이 여행 중에 내게 왔으나 내가 먹일 것이 없노라 하면 ⁷ 그가 안에서 대답하여 이르되 나를 괴롭게 하지 말라 문이 이미 닫혔고 아이들이 나와 함께 침실에 누웠으니 일어나 네게 줄 수가 없노라 하겠느냐 ⁸ 내가 너희에게 말하노니 비록 벗 됨으로 인하여서는 일어나서 주지 아니할지라도 그 간청함을 인하여 일어나 그 요구대로 주리라 ⁹ 내가 또 너희에게 이르노니 구하라 그러면 너희에게 주실 것이요 찾으라 그러면 찾아낼 것이요 문을 두드리라 그러면 너희에게 열릴 것이니 ¹⁰ 구하는 이마다 받을 것이요 찾는 이는 찾아낼 것이요 두드리는 이에게는 열릴 것이니라.(눅 11:5-10)

오늘 말씀드리고자 하는 것은 강청하는 기도라는 제목입니다. 본문 8절을 보겠습니다. "내가 너희에게 말하노니 비록 벗 됨을 인하여서는 일어나서 주지 아니할지라도 그 간청함을 인하여 일어나 그 요구대로 주리라."

하나님은 강청하는 기도를 기뻐하심

'강청'('간청' -개역개정판)이란 무례하게 청원하는 것을 의미합니다. 부끄러움을 무릅쓰고 청원하는 것을 말합니다. 이것은 비유입니다. 친구 관계에서는 무엇을 주고받고 하는 것이 많습니다. 그것이 인간 세계입니다. 그러나 하나님과의 관계에서는 친구 세계에서 주고받고 하는 것과는 다른 법이 있습니다. 그것은 강청입니다. 무례하게 청구하는 것입니다. 인간 세계에서는 무례하게 청구하는 것이 잘 통하지 않을 뿐만 아니라 욕을 먹기까지 합니다. 그러나 하나님은 이 점에 있어서 인간과 다른 면이 있습니다. 본문에서 무엇을 강청이라 하느냐 하면 밤중에 찾아가서 달라고 한 것을 강청이라고 합니다.

7절에 보면 아이들이 나와 함께 침소에 누웠다고 합니다. 그러니까 여기에서 밤중은 초저녁이 아니고 깊은 밤입니다. 다 누워 자는 때입니다. 그런 때에 찾아가서 문을 두드리고 큰 소리를 내면서 '여보시오, 여보시오' 자꾸 그럽니다. 이것이 강청입니다. 무례한 것입니다. 그런데 하나님께서는 그렇게 청구하는 것을 더 좋아하신다는 것입니다. 그 이유는 하나님은 주무시지 않기 때문입니다. 시편 124편 4절을 보면 하나님은 졸지도 아니하시고 주무시지도 아니하신다고 했습니다. 그것이 인간과 다른 점입니다. 하나님의 생명은 사람의 생명과는 달리 피곤이 없는 생명입니다. 그 생명은 우리로서는 측량 못할 원리 원칙으로 무한 충만합니다. 생명력이 제한되어 있는 인간은 피곤을 느끼고 죽기도 하지만 하나님은 그렇지 않습니다.

하나님은 졸지도 아니하시고 주무시지도 아니하시는데 그것은 자기 방어를 위한 것이 아닙니다. 무엇이 하나님을 방해하려고 할 것이며 무엇이 하나님과 한번 싸워 보려고 할 것입니까? 세 살 난 아기가 어른에게 맞서는 격이라고 표현하는 것으로도 너무 부족하겠지요. 어떻게 그런 비교가 성립되겠습니까? 어린아이가 장정을 향해 싸우고자 대들겠습니까? 그런 것은 생각조차 안합니다. 성경을 살펴보면 하나님을 해하겠다고 달려드는 전쟁은 전연 없었습니다. 그러하기 때문에 인간계에서는 생각조차 할 수 없는 것을 가지고 비유로 말씀했습니다.

하나님은 우리를 돕기 위하여 늘 대비하고 계시며, 졸지도 않고 주무시지도 않으십니다. 늘 도와주려고 하십니다. 물론 하나님께서 우리를 도와

주실 때에는 진리대로 도우시며 법대로 도우십니다. 그래야 참 유익이 있으니까 그렇게 하십니다. 하나님께서는 우리를 돕기 위하여 늘 깨어 계십니다. 주무시는 일이 없으시며 그 생명이 무한 충만합니다. 그럼에도 불구하고 신자들이 기도하지 않아서 영적으로 메말라지는 것은 그야말로 샘물이 콸콸 나오는 옆에서 목말라 죽는 것과 같습니다. 이상하게 어두워진 인생임을 알 수 있습니다. 하나님께서는 사람이 볼 때 무례하다 여길 만큼 고집스럽게 기도하는 것을 기뻐하십니다. 우리에게는 육이라는 것이 있어서 하나님을 대적하는 심리가 계속 작용하고 있고 하나님은 이것을 보십니다. 그런 까닭에 무례하다 할 만큼 고집스럽게 기도하는 것을 하나님은 기뻐하십니다.

기도를 막는 육신의 생각

우리의 육이 하나님을 대적한다는 것은 기도를 못하게 하는 심리를 특별히 말하는 것입니다. 남들이 기도하지 말라고 해서 우리가 기도하지 않는 것이 아니라 내 자신 속에 기도를 막는 못된 것이 있어서 기도를 못하게 되는 것입니다. 육에 속한 성질이 무엇입니까?

로마서 8장 7절을 보겠습니다. "육신의 생각은 하나님과 원수가 되나니 이는 하나님의 법에 굴복하지 아니할 뿐 아니라 할 수도 없음이라." 우리 속에는 하나님의 법과 도무지 통하지 아니하는 못된 것이 있다는 말씀입니다. 기도하기 싫어하는 못된 성질이 숨어 있다는 말입니다. 우리는 어느 틈에 핑계하며 기도하지 않으려 합니다. 밤중이 되면 기도하지 않으려고 다음과 같은 핑계를 댑니다. '지금은 안 돼. 지금은 할 수 없는 때야.

기도한다고 어떻게 그런 것이 이루어져. 기도한다고 38선이 무너져? 그런 기도를 하려니 도무지 어이없는 일 같아서 하려고 하다가도 그 생각이 어디 갔는지 모르겠어. 난 못해. 할 수 없어.' 이런 핑계를 대는 것이 육에 속한 사람입니다. 인간 세계에서 볼 때에 38선을 무너지게 해달라고 기도하는 것은 어리석은 짓일 것입니다. 기도로 무너질 수 있다고 하면 '저 사람 광신자'라고 할 것입니다. '그렇게 할 수 없어, 할 수 없어' 하는 것은 육의 생각입니다. 육이라는 것은 몸속에만 있는 것이 아니라 영혼 속에도 있습니다. 영혼 속에 하나님을 대적하는 요소, 즉 기도하기 싫어하는 요소가 있는데 우리는 그것을 너무도 많이 체험했습니다.

예수께서 제자들에게 기도하라고 부탁한 뒤에 가서 보니 기도하지 않고 졸며 자고 있었습니다. 예수께서는 마음은 원이로되 육신이 약하다고 말씀하셨습니다. 말씀 가운데 육신이란 것은 이 몸뚱이를 말하는 것이 아니고 몸이나 영혼에 작용하고 있는 부패한 성질을 가리킵니다. 부패한 성질입니다. 주께서 그것을 칭찬하는 투로 말씀하셨습니까? 아니면 사정을 봐 주는 투로 말씀하셨습니까? 너 그것 할 수 없구나, 너 몸이 약하구나, 그런 것이 아닙니다. 그것은 온유하게 말씀하시면서도 꾸짖는 말씀입니다. 하나님을 대적하는 그 마음 때문에 그렇게 되는구나 하시는 말씀입니다.

약하다는 것은 바로 여기 로마서 8장 1절부터 기록되어 있습니다. 8장 초두에는 "율법이 육신으로 말미암아 연약하여 할 수 없는 그것을 하나님은 하시나니"라고 이렇게 말씀해 내려가다 육에 대해서 되풀이 하여 말씀했습니다. 육신이 약하여 할 수 없다는 것은 약하다는 것을 동정해서 말하는 것이 아닙니다. 약하다는 것은 못돼 먹었다는 말입니다. 하나님과 통하게 하지 못하는 못된 요소가 있다는 말입니다. "육신의 생각은 하나님과 원수가 되나니 이는 하나님의 법에 굴복하지 않을 뿐 아니라 할 수도 없다." 할 수도 없다는 말이 로마서 8장 초두에도 나오지 않습니까? 그렇게 말해 놓고 다시 설명하기를 하나님과 원수 된 것을 말합니다.

육신을 복종시키고 강청하는 기도

로마서 8장은 구원론인데 2절부터 보면 "이는 그리스도 예수 안에 있는 생명의 성령의 법이 죄와 사망의 법에서 너를 해방하였음이라" 했고, "율법이 육신으로 말미암아 연약하여"라 했습니다. 이 말씀은 육신의 연약성 때문에 도무지 스스로는 율법을 온전히 행할 수 없다는 뜻입니다.

이 육신의 패역성을 연약이라고 표현했는데 그것은 율법을 지킬 수가 없기 때문에 연약이라고 표현한 것입니다. 그래서 성령님이 오셔서 이 육신을 정복합니다. "율법이 육신으로 말미암아 연약하여 할 수 없는 그것을 하나님은 하시나니 곧 죄로 말미암아 자기 아들을 죄 있는 육신의 모양으로 보내어 육신에 죄를 정하사 육신을 따르지 않고 그 영을 따라 행하는 우리에게 율법의 요구가 이루어지게 하려 하심이니라" 했고, "육신을 따르는 자는 육신의 일을 영을 따르는 자는 영의 일을 생각하나니 육신의 생각은 사망이요 영의 생각은 생명과 평안이니라 육신의 생각은 하나님과 원수가 되나니 이는 하나님의 법에 굴복하지 아니할 뿐 아니라 할 수도 없음이라" 했습니다.

그렇다면 강청하는 기도에는 어떤 좋은 요소가 있습니까? 바로 이 못된 육신, 기도하기 싫어하는 이것을 전투적으로 누르며 죽이며 치는 노력입니다. 사실인즉, 하나님을 향하여 떼를 쓰는 것으로 모습은 드러났지만 자기속에 있는 그 못된 것, 기도하기 싫어하는 그것을 자기도 모르게 지금 꺾느라고 그러는 것입니다. 하나님이 그것을 좋아하십니다. 그 못된 것이 기도하지 못하게 할지라도 꿋꿋하게 기도하러 나오는 것을 하나님이 기뻐하신다 말입니다. 하나님이 인간을 지으셨으므로 인간은 늘 하나님과 화목하며 하나님과 통하며 하나님을 즐거워해야 합니다. 그러나 인간이 범죄하고 부패하였으므로 도리어 우리 안에는 하나님을 싫어하는 그 못된 것이 계속 작용하고 있습니다. 하나님께서는 사랑하는 신자에게 이 못된 것과의 전투적인 노력이 필요하다고 보시고는 사람 보기에 무례하다 싶을 정도의 고집스러운 기도를 매우 기뻐하십니다.

죽은 물고기는 흐르는 물을 따라 떠내려가지만 산 물고기는 그 물을 거슬러 오르기도 합니다. 하나님께서 거듭나게 하여 새 생명을 알게 된 신자들은 '할 수 없다' 하는 그러한 환경 속에서도 '할 수 없긴 왜 할 수 없어' 하고 거슬러 올라가면서 하나님을 찾아가야 하는 것입니다.

명세를 붙여 하는 기도

둘째로, 떡 세 덩이라는 수량까지 정해서 달라고 하는 것은 무례한 일입니다. 모두 자고 있는 깊은 밤중에 시끄럽게 안면방해 하는 것도 반갑지 않은 일인데 이번에는 숫자까지 붙여서 뭘 달라고 합니다. "미안합니다만 친구가 찾아와서 그러는데 떡이 좀 남았으면 주실 수 있겠습니까" 라고 해야 합당한 것 아닙니까? 합당하기보다 그래야 조금 나은 것 아닙니까? 그런데 숫자를 딱 정해 가지고 온 것입니다. 그 집에 떡 세 덩이가 있는지 어찌 압니까? 그러니 이것은 인간 세계에 있어서는 참 무례한 일이라 말입니다.

그러나 하나님은 그것을 무례하다고 생각하지 않습니다. 하나님 자신에게 찾아와서 숫자로 명세를 붙여 가지고 달라는 것을 그렇게 좋아하십니다. 왜 그런가 하면 그 신앙이 더 놀랍다 그 말입니다. 하나님의 살아계심을 그렇게 구체적으로 믿기 때문입니다. 대충 믿는 것이 아닙니다. 하나님이 살아 계시다고 하면서도 그렇지 않은 것같이 엉뚱한 짓들을 하는 사람들이 너무 많은데, 여기 이 사람은 하나님을 구체적으로 도와주시는 살아 계신 하나님으로 믿고 있습니다. 그러므로 강청하되 명세를 붙였습니다. 사람마다 명세를 붙인 기도를 하기는 어렵습니다. 그런 기도를 할 수 있으면 좋은데 하기가 어렵습니다. 어떻게 명세를 붙이는 것이 옳은지 깨닫기도 어렵고요, 또한 신앙이 약한 사람은 하나님이 구체적인 내용대로 생각해서 주시겠나 의심하기도 쉽습니다.

영국 성서 공회에 토마스 찰스라는 지배인이 있었는데 그분이 죽을병에 걸렸습니다. 그때에 많은 사람들이 와서 기도하고 했는데 어느 이름 모를 노인이 와서 기도하기를 "찰스 선생님이 앞으로 15년 더 살면서 이 귀한 일을 계속할 수 있도록 해 주시옵소서" 했습니다. 그 기도가 응답되어서 토마스 찰스는 병이 나았고 15년 동안 그 일을 더 보다가 세상 떴다고 하는 이야기를 읽은 적이 있습니다.

열왕기하 20장 21절 이하를 보면 히스기야 왕이 벽을 향하여 앉아 울면서 기도한 결과 15년을 더 살게 된 사건을 보게 됩니다. 이러한 기도를 하나님이 기뻐하십니다. 그런 기도가 이루어질 때에 기도하는 사람은 물론이거니와 다른 많은 사람들의 신앙도 강화됩니다. 그렇게 자세하게 기도했더니 그렇게 자세하게 그대로 응답됐다 하면서 많은 사람들의 믿음이 커지며 강화되는 것입니다. 그 때문에 하나님께서는 자세한 기도를 들으시기 원하십니다.

남을 위해 강청하는 기도

셋째로 왜 강청하는 기도라고 하는가 하면 친구의 친구, 즉 나로서는 알지도 못하는 사람의 문제를 가지고 청구하기 때문입니다. 자기의 사정이라면 모르겠는데 다른 사람의 문제를 가지고 모두 자고 있는 깊은 밤중에 청구하기 때문입니다. '친구여, 오늘 내 가족이 한 끼를 굶었는데 생활비가 떨어졌소' 하면 그 친구가 더욱 쉽게 사정을 봐줄 수도 있는 문제입니다. 하지만 친구의 친구, 즉 자기는 알지도 못하는 남의 문제를 가지고 와서 저렇게 떠들고 잠 못 자게 만든다면 인간 세계에서는 무례하다고 할 수밖에 없는 것입니다. 하지만 하나님께서는 이런 것을 좋아하십니다. 하나님께서는 내가 내 문제를 가지고 하나님 앞에 나가 기도하는 것을 무시하지는 않습니다. 하지만 자기는 설령 굶을지라도 다른 사람을 위해서 기도하는 것을 그분이 그렇게 좋아하신다는 말씀입니다. "너희가 얻지 못함은 정욕 즉 욕심으로 쓰려고 잘못 구함이라." 여기에서 정욕으로 번역된 말은 욕심 혹은 사욕으로 번역하는 것이 더 좋습니다.

성경에는 자신을 위하여 기도하는 것도 기록되어 있지만 다른 사람들을 위하여 기도하는 것이 더 많이 기록되어 있습니다. 남들을 위하여 기도하는 것이 더 잘 응답될 수 있는 이유는 거기에 사욕이 없기 때문입니다. 너희가 얻지 못함은 사욕으로 쓰려고 잘못 구함이라고 했는데 나 자신에게 집중해서 기도할 때는 자기도 모르게 사욕에 끌려서 기도하는 일이 많아집니다. 우리는 이렇게 생겨 먹은 것입니다. 그러므로 우리가 남을 위하는 기도에 나서고 남을 위하는 기도에 고집스럽게 나갈 때에 자신의 사욕을 견제하면서 주님을 찾는 믿음의 자격을 형성하는 데 매우 유익합니다. 사람이라는 것이 무엇을 하고, 또 하고, 또 하는 데 따라서 좋은 마음이 배양되는 것입니다. 우리는 태생적으로 사욕적인 인간들입니다. 자기도 모르게 자기중심으로 말하고 자기중심으로 행동합니다. 이런 점을 견제하고 다스려 좋은 방향으로 이끌고 가려면 좋은 습성을 길러야 합니다. 나를 위하여 남을 위해 기도하는 규례를 힘써 지켜야 합니다.

　우리가 기도할 때 그 자세가 이상하게 될 때가 있습니다. 강청하는 기도를 할 때 특별히 그렇게 되기 쉽습니다. 기도하다가 모양이 이상해지는 것은 절제가 없는 것이고, 절제가 없는 것은 타성입니다. 단정하게 기도해야 합니다. 기도하다가 턱하니 눕는다거나 구른다거나 또 이상스럽게 말하거나 하는 것은 강청하는 기도가 아닙니다. 하나님께 기도하는 것은 대화입니다. 마음이 간절할수록 자기의 마음과 행동을 잘 다스려야 합니다. 잘 다스리면서 정신을 차리고는 사정을 알려 드려야 하는 것입니다. 아무리 급하고 속이 타도, 잘 다스리면서 정신 차리고 말하는 것이 필요한 것입니다. 기도하는 그 자리에서 당장 무슨 불이 내려온다든지 음성이 들린다든지 그런 것이 아닙니다. 그 시간에 즉시 무엇이 이루어지는 것도 아닙니다.

제 작은 경험으로는, 그날 이상하다 할 만큼 마음이 평안하고 또 몇 날 후에 은혜로운 마음이나 은혜로운 일이 있습니다. 기도할 때에는 내 마음이나 내 몸에나 아무런 이상스러운 것이 없었는데, 계속해서 규칙적으로 기도하고 또 기도하고 몇 달간 그렇게 기도했더니 일이 되더란 말입니다. 사람의 힘으로는 안 되는 것이 된다 말입니다. 문제가 해결이 됩니다. 기도하는 시간에 뭔가 일어날 것 같은 어떤 분위기나 움직임이 없다 할지라도 문제 삼을 것 없습니다. 기도는 하는데 아무것도 나타나지 않거나 기도는 하는데 마음이 뜨거워지지 않아도 끈덕지게 기도합니다. 강청하는 기도를 합니다. 계속 기도합니다. 오늘 기도했더라도 내일 또 합니다. 그 문제를 가지고 계속합니다. 믿음으로 기도해야 합니다. 아무 것도 없는 것 같아도 하나님이 들으십니다. 그것을 우리가 알아야 합니다. 하나님은 하나님의 방법대로 일을 처리하시니까 우리는 기도할 뿐입니다.

우리는 친구를 위해서 기도하는 데 많은 시간을 써야 합니다. 교회에 관해서는 특별히 교역자들을 위해서 기도해야 합니다. 전도사님들을 위해서 특별히 기도해야 합니다. 우리 전도사님들은 신학교 졸업한 지 얼마 되지 않았는데 앞으로의 전쟁이 참으로 길고 깁니다. 그들은 유익한 일을 많이 할 사람들입니다. 그들을 위해서 규칙적으로 기도해야 합니다. 또한 목사님을 위해서 기도해야 합니다. 목사는 아픈 사정이 있어도 말 못하는 입장에 있습니다. 아픈 사정을 말하면 그 위신이 좀 안 됐습니다. 어른은 아파도 울지를 않습니다. 그 사정을 교우들이 알아야 누가 알겠습니까? 받들어 주고 밀어 줘도 일하기 어려운데 기도도 안하고 일이 잘되기를 원한다면 그 일이 잘되기가 어렵지 않겠습니까? 기도에 전무하는 교회가 되어야 합니다. 전적으로 기도만 하는 교회가 되어야 합니다. 사람이 하나님의 일을 알 수가 없습니다. 주님께서 주시는 힘으로 해야 됩니다.

　새벽기도회는 우리나라 기독교 고유의 문화인데 이것이 얼마나 귀합니까? 우리는 이것을 잘 지켜나가야 합니다. 교우들이 모인 것은 기도하기 위해서 모인 것입니다. 집에서는 살림살이 하느라고 눈코 뜰 새 없이 바쁩니다. 그래서 집을 벗어나 교회에 와서는 남들이 기도하는 분위기에 도움 받아 자기도 기도할 힘을 얻으려고 찾아온 사람들입니다. 그들에게 기도할 시간은 주지 않고 설교만 한다는 것은 안 될 말입니다. 설교란 것이 그렇게 흔한 것이 아닙니다. 우리 교우들은 그러한 설교를 생각하지도 말 것이고, 교역자들은 설교를 그렇게 많이 하려고 해서도 안 됩니다. 주일날 설교를 감당해 나가는 것도 매우 벅찬 일인데, 하물며 새벽마다 설교를 해내는 일은 불가능한 일이고 그렇게 해서도 안 됩니다. 성도들에게 기도할 기회를 줘야 합니다.

　한국 교회의 새벽기도가 이렇게 좋은 것인데 새벽기도로 모여서도 설교를 길게 해 버리니 교우들이 기도할 짬이 없습니다. 주중에 산에 갈 틈이 없어 여기 와서 기도하려는 것인데, 그렇게 할 수 있도록 돕는 것이 새벽기도 본래의 취지입니다. 특별히 젊은 교역자님들, 설교할 때 한 5분 동안 성경 말씀 한 곳 보고, 그 말씀을 기억할 정도로만 조금 말씀하고 기도해야 합니다. 간청하는 기도를 해야 하는데 언제 하겠습니까?

기도

하나님 아버지여 감사하옵나이다. 연약하고 볼 것 없는 죄인이 부름 받아 이 강단에 와서 주님의 말씀을 전하도록 하신 은혜에 대해서 감사하며 감사합니다. 부족하고 연약하여 만족하게 봉사하지 못했지만 용서하시고 주님께서 친히 역사하셔서 이 교회가 변화를 받게 하여 주옵소서.
사랑하시는 주님이여, 지금 노경 老境에 애를 쓰며 한국 교회 전반이 바로 되며 자손만대에 우리 백성이 주님 앞에서 바로 살도록 되는 것을 보기 위해서 우리 장 목사님을 세우셔서 신학교를 봉사하게 하며, 이 교회를 위해서 기운을 다 뽑는 이러한 처지에서 봉사하고 있는데 하나님께서 그 종을 장중에 붙잡으시고 역사하사 앞으로도 건강하여 장수하여 이 진실한 종이 포부에 가진 그 뜻을 주님 위해서 이루어 바치도록 붙들어 주시기를 바랍니다. 주님이시여, 이제 우리 장로님들을 장중에 붙잡으시옵소서. 주의 일을 위해서 이렇게 충성하며 애를 쓰고 있는데 주여 이 종들을 주님의 오른손에 붙잡으시고 사용하사 이 교회를 위해 봉사해 나갈 때에 사사건건 덕을 세우며, 빛을 드러내며, 더욱이 장성하며 복음의 증거를 만방에 펼 수 있도록 힘 있는 교회를 받들게 도와주옵소서. 모든 집사님들 또한 권사님들에 대하여 주께서는 한 사람 한 사람 그 사정 다 아시는데 가정적으로나 직장의 일로나 모든 일에 주님이 함께 하시며 인도하시며 가르쳐 주시며 형통케 하여 주옵소서. 사랑하시는 주님이시여, 또한 우리 전도사님들을 하나님께서 키워 주시며 이 전도사님들을 통하여 영광 받으시옵소서. 젊은 가운데 세상을 향하여 그 정력을 소비하는 일이 없게 하시고 전적으로 주님을 위해서 거룩하게 바쳐서 과연 디모데와 같이 디도와 같이 주님의 일을 한 사람이 천을 당하고 만을 당하고 남을 수 있는 능력으로 젊어서부터 받들기에 부족함이 없는 종들 되게 하여 주옵소서. 사랑하는 주님이여, 우리 모든 교우들 한 사람

한 사람 장중에 붙잡으시고 보호하시며 축복하사 가정적으로나 사업적으로나 주님께서 돌아보아 주셔서 과연 거기서 하나님의 영광을 보며 우리 주님 살아 계심을 보는 일에 계속되어 나가도록 도와주옵소서. 주여, 이 교회에 소속된 모든 어린 무리를 주님의 장중에 붙잡아 주시옵소서. 이들이 조만간 자라나서 과연 주님의 일꾼으로서 기둥도 되고 모든 각양 재목이 될 터인데 하나님께서 이들이 다 영적으로나 또 어떠한 다른 방면으로라도 주님을 위해서 일하며 주님을 높이며 영화롭게 하는 귀한 심령들 되도록 은혜 주시기를 간절히 비옵고 원합니다.

하나님 아버지, 이 시간에도 위하여 기도하옵는 것은 우리나라를 긍휼히 여겨주옵소서. 민족적으로 새로워지며 공의와 법도대로 살아서 국제 사회에 빛이 되게 하시며 지금 남북문제로 난제를 안고 있는데 언제 무슨 일이 일어날지 알 수 없는 이 위기에 하나님께서 간섭하여 주셔서 공산당 사상이 다 없어지게 하시고 무신론 사상이 다 땅에 떨어지게 하시고 민족이 주님을 믿고 살도록 은혜 주시기를 바라오며 이런 사상적 변천이 일어나므로 남북의 대립이 없어지게 하시고 이 38 장벽이 무너지며 남북에 교통이 생겨서 주님이여 조만간 통일이 되도록 하여 주옵소서. 사람의 힘으로는 할 수 없어도 하나님의 능력 앞에서는 어려운 일이 없는 줄로 생각하오니 무엇보다도 이 한국 교계 전반을 통하여 성도들이 기도하여 이 장벽이 무너지는 것을 볼 수 있도록 하여 주시기를 바랍니다. 주 예수님의 이름으로 비옵나이다. 아멘

11.
강한 영적 요구를 가지라

⁷ 구하라 그리하면 너희에게 주실 것이요 찾으라 그리하면 찾아낼 것이요 문을 두드리라 그리하면 너희에게 열릴 것이니 ⁸ 구하는 이마다 받을 것이요 찾는 이는 찾아낼 것이요 두드리는 이에게는 열릴 것이니라 ⁹ 너희 중에 누가 아들이 떡을 달라 하는데 돌을 주며 ¹⁰ 생선을 달라 하는데 뱀을 줄 사람이 있겠느냐 ¹¹ 너희가 악한 자라도 좋은 것으로 자식에게 줄 줄 알거든 하물며 하늘에 계신 너희 아버지께서 구하는 자에게 좋은 것으로 주시지 않겠느냐 ¹² 그러므로 무엇이든지 남에게 대접을 받고자 하는 대로 너희도 남을 대접하라 이것이 율법이요 선지자니라.(마 7:7-12)

우리가 기도를 바로 해야만 신앙이 잘 자라나고, 기도를 잘 해야만 우리의 신앙 인격이 영글어져서 참으로 하나님 앞과 사람 앞에서 향기로운 존재가 됩니다. 기도는 최선을 다해서 해야 한다고 생각합니다.

영적 요구

첫째는, 우리는 오직 하나님으로부터만 문제 해결을 얻기 위하여 끝까지 기도해야 할 것입니다. 7절은 "구하라 그리하면 너희에게 주실 것이요 찾으라 그리하면 찾아낼 것이요 문을 두드리라 그리하면 너희에게 열릴 것이니"라고 말합니다. 기도하는 데 있어서 이렇게도 하고 저렇게도 해서 꼭 성취하기를 바라는 것입니다. 응답받기를 원하는 것입니다. 이 말씀을 보면 응답을 받기까지 하는 기도라고 생각됩니다.

7절에서 "구하라" 하였는데 이는 우리에게 마음의 소원을 불러일으키는 말씀입니다. '구하라'는 말씀에서처럼 사람에게는 요구가 있어야 됩니다. 세상에는 요구 없이 그냥 사는 사람들이 있습니다. 왜 사는지, 또 살아서는 무엇을 하는지, 오늘은 이렇게 지내지만 내일은 어떻게 될 것인지 곰곰이 생각해 보지도 않고 그저 아무 요구 없이 지나갑니다. 사람은 구하는 것이 있어야 합니다. 그저 배부른 사람이 돼서는 안 됩니다.

나는 아무 것도 필요하지 않다고 생각해서는 안 됩니다. 우리는 요구를 갖되 영적 요구를 가져야 합니다. 세상 요구보다 세상을 초월한 요구 말입니다. 이 세상은 다 가고 마는 것이기 때문에 우리가 이 세상의 어떤 것을 마음껏 갖는다 해도 만족이 없는 것입니다. 이 세상과 붙어살면 반드시 이 세상과 떨어지는 때가 오는 법인데 그때는 참 낭패입니다. 이 세상의 것으로 살아갈 줄만 알았는데 이 세상에서 떨어지게 되는 시간이 온다는 말입니다. 그러면 그때는 어찌 될 것입니까?

우리는 벌써부터 이 세상에서 올바른 요구를 가져야 되는데 그것은 영적 요구입니다. 즉 영원히 있어야 하고 영원토록 가치가 있는 것을 요구해야 합니다. 이 세상에서 살고 있으니 돈도 요구되고, 직장도 요구되고, 아무래도 의식주가 다 요구됩니다. 물론 그러한 것들도 있어야 합니다. 그렇지만 내가 지금 하는 말은 그러한 것들보다 더 중요한 것이 있다는 말입니다. 아무리 그래도 우리는 의식주로부터 떠날 때가 있습니다. 그러므로 그것이 제일은 아닙니다. 그보다 더 좋은 것이 있고 더 필요한 것이 있다는 말입니다. 그것은 영원히 없어지지 않는 보배입니다. 그것은 하나님이요, 또 하나님이 주시는 생명입니다.

구하는 자가 지혜로운 자

'구하라 주실 것이요'라는 말씀에서 무엇을 구하라는 것인지 생각조차 하지 않는 사람들이 있습니다. 그들은 요구가 없는 사람들입니다. 복음을 전해도 들은 척 만 척합니다. 복음을 전해도 아무런 느낌도 아무런 반응도 없습니다. 하지만 우리 믿는 자들은 이 영적 요구가 강해야 합니다. 그 소원이 강해야 한다는 말입니다.

우리는 이 세상 것으로는 도저히 만족을 못하는 것이고, 이 세상 것으로는 인생의 목적을 이루지도 못하는 것입니다. 성경에는 어리석은 부자를 책망하는 말씀이 있습니다. 그는 곡식을 많이 쌓아 놓았는데도 창고를 크게 짓고는 또다시 곡식을 쌓아 놓았습니다. 그리고 나서 "내 영혼아 평안히 쉬고 먹고 마시고 즐기자"라고 했습니다. 하나님은 그 어리석은 부자를 책망하시기를 "어리석은 자여 네 영혼을 오늘밤에 도로 찾으리니 네 예비한 것이 뉘 것이 되겠느냐"고 하셨습니다. 우리가 다 그러한 말을 하면서 살아야 할 것입니다. 오늘밤 네 영혼을 도로 찾으리니 네 예비한 것이 뉘 것이 되겠느냐 하는 말을 혼자 있을 때에라도 스스로에게 해야겠습니다.

그런 말을 하면서 살아야 지혜로운 사람이라고 하는 것입니다. 그런 생각을 하지 못하는 부자를 어리석은 자라고 하셨고, 이 세상만 알고 오는 세상을 모르는 자를 어리석은 자라고 하였습니다. 언제나 오는 세상을 기억하고 사는 사람이 지혜로운 사람입니다. 우리는 구할 줄 알아야 합니다. 의식주가 문제없으니 이제는 더할 요구가 없다 하며 살아서는 안 됩니다.

강해야 하는 영적 요구

우리는 언제든지 요구가 강해야 하겠습니다. 즉, 영적 요구가 강해야 하겠습니다. 무슨 요구입니까? 하나님 말씀을 더 알아야 되겠다는 요구가 있어야 하겠습니다. 물론 하나님 말씀은 다른 사람들도 위하는 말씀입니다. 하지만 좀 더 직접적으로 나와 관계되어 있는 것은 나를 위한 말씀이라는 것입니다. 성경이 나를 위해 주어진 말씀이라 생각할 때에 성경 말씀을 모르고 사는 것만큼 맹목적인 것이 또 어디 있겠습니까? 참 맹목적입니다. 성경 말씀을 모르고 허송세월할 때에 참으로 헛되이 사는 것입니다. 그러니까 이 성경을 더 잘 알아야 되겠다, 아는 대로 더 잘 믿고 착실히 순종해야 되겠다 하면서 하나님 앞에 구하여 얻을 때까지 강한 기도를 합니다. 강한 기도의 소유자가 강한 사람입니다. 얻을 때까지 달라고 기도하는 강한 요구의 소유자가 강한 사람입니다. 그가 진짜 독립인이기도 합니다. 사람이나 세상을 의지하여 살고자 하지 않고 하나님만 의지하여 살고자 하는 데 누가 이 사람을 꺾을 수 있겠습니까? 하나님 외에는 좋은 것도 모르고 하나님이 주시는 것 외에는 참된 것이 없다고 확신하는 사람입니다. 자신의 요구를 얻기까지 불타는 기도를 하고 있다는 말입니다. 그는 하나님에게만 요구를 가지는 것입니다.

잃어버린 것을 찾아라

또한 우리는 계속 찾아야 합니다. "찾으라 그리하면 찾아낼 것이요." 이 말뜻이 무엇입니까? 찾으면 찾아낼 것이라는 말입니다. 찾는다는 말은 소리 높여 주님의 이름을 찾는다는 뜻이 아니라 잃어버린 것을 찾음을 의미합니다. 우리는 신앙생활에서 잘 잃어버립니다. 지금 시간에는 참으로 사는 영적 생명이 있지만 다음 시간에는 어떻게 될지 모른다는 것입니다. 사람의 마음이라는 것이 아침저녁으로 변하지 않습니까? 사람은 이렇게 위태롭습니다. 방금 전에 좋은 것을 가지고 있었지만 금방 잃어버리기 쉽다 그 말입니다. 하나님을 깨닫고 하나님을 믿는 마음이 생기면서 기뻐했는데 다음번에 가서는 그것이 흐려질 위험이 있다는 말입니다.

평안도 은혜이므로 좋은 것입니다. 하지만 그 좋은 은혜를 받을 때에 잃는 것도 있습니다. 사람이 평안하면 기도를 안 합니다. 평안하면 주님을 의지하지 않습니다. 평안할 것 같으면 가슴 속에 안타까운 마음이 없습니다. 하나님을 찾는 안타까운 마음이 없습니다. 은혜를 받고는 또 다른 은혜를 망각하고 맙니다. 우리가 병들어 어려워지든지 다른 일로 어려워지든지 어려움을 당하는 것도 역시 은혜가 될지도 모릅니다. 어려움을 당하지 않는다면 교만해서 못쓰게 될 터인데 어려움을 당하므로 좀 수그러지고 낮아지고 부드러워지기도 하는 것입니다.

그러므로 이것도 은혜일 수 있습니다. 하지만 그런 어려움을 당할 때에 우리는 낙심하기 쉽습니다. 주님을 믿는 그 믿음을 또 잃어버리기 쉽습니다. 간절하고 불타는 마음으로 주님을 따라 힘차게 걸어가는 걸음걸이가 약해지기 쉽다는 말입니다. 우리 인생이란 이렇게 은혜를 망각하며 좋은 것을 잘 잃어버립니다. 우리가 가만히 생각해 보면 "아, 내가 무엇을 잃었구나" 하는 생각이 들지도 모릅니다.

보이지 않는 하나님을 찾고 문을 두드리는 기도

더욱이 하나님은 우리 눈에 보이지 않으시기 때문에 오묘하게 역사하시며, 언제나 참된 생명력을 변치 않고 주실 수 있습니다. 사실 이 세상에 나타나 보이는 것이 힘의 근원이 아닙니다. 나타난 것은 보이는 것으로 된 것이 아니라고 히브리서 11장 3절은 말합니다. 모든 존재의 근본이라는 것은 우리 눈에 잘 안 보이는 것입니다. 더구나 하나님은 영이어서, 물질이 아니고 영이어서 우리 눈에 보이지 아니합니다. 보이지 않는 하나님이기 때문에 하나님을 업신여기는 죄를 많이 범합니다. 보이지 않는 하나님이기 때문에 하나님을 쉽게 잃어버린다는 말입니다. 그러므로 우리는 찾아야 합니다. 계속 찾아야 합니다. 나는 지금 어떻게 살고 있나, 내 중심에 하나님이 살아 계시는가, 하나님이 지금 나와 함께 하시는가, 이것을 늘 생각하면서 찾아야 합니다. 하나님을 잃지나 않았는지 생각하면서 찾아야 하겠다는 말입니다. 이것이 생명이기 때문에, 하나님이 우리에게 생명이시기 때문에 우리는 계속 찾아야 한다는 말입니다. 엘리야가 승천한 후에 엘리사는 엘리야가 떨어뜨린 겉옷을 손에 들고 요단강 물을 치면서 하는 말이 엘리야의 하나님 여호와께서 어디 계시나이까 했습니다. 엘리야와 함께 하시던 능력의 하나님을 찾았던 것입니다.

뿐만 아니라 문을 두드리는 기도도 해야 한다는 말씀입니다. 두드리는 것, 이것은 안타까워서 문을 두드려 소리 내는 것입니다. 이렇게 한번 치는 정도가 아니고 계속 치는 것입니다. 이 속에 불이 있어서 안타까움 가운데 주님을 찾는 것입니다. 이것은 해결책을 찾는 기도라고 할 수 있습니다. 길이 막혀 있고 난제들이 둘러싸여 있고 동서남북 어디를 보던지 해결책이 보이지 않는 때에, 그야말로 가슴이 답답하고 안타까울 때에 해결책을 달라는 기도입니다. 문을 열어 달라는 기도입니다. 구하라, 찾으라, 문을 두드리라 하는 이러한 말씀은 해결을 얻기까지 기도하는 그 모습을 보여주는 것입니다.

기도 응답에 대한 완전한 인식

둘째는, 기도 응답에 대한 완전한 인식입니다. 기도 응답에 대한 완전한 인식을 가지고 기도하라는 것입니다. 본문 7절과 8절을 보면 무려 여섯 번이나 기도 응답에 대한 인식을 촉구하고 있습니다. 7절에서는 주신다, 찾아낸다, 열린다 하셨고, 8절에서는 받는다, 찾아낸다, 열린다 하셨습니다. 이것을 알기 쉽게 표현하자면 구함은 주심과 같고, 찾음은 찾아냄과 같으며, 문을 두드림은 열림과 같다는 것입니다.

우리 주님께서 틀림없이 기도 응답을 약속하셨는데 기도를 기도답게 하지 않기 때문에 응답을 못 받는 것이지, 기도를 기도답게 할 것 같으면 벌써 받은 줄로 알라는 말씀과도 같습니다. 요한일서 5장을 보면, 우리에게 이 담대함이 있으니 하나님의 뜻대로 구한 것은 벌써 이룬 줄로 알 것이라 했습니다. 벌써 이룬 줄로 알고 담대해지는 것이라 그 말입니다. 구했느냐 그것은 벌써 주신 것이다, 찾았느냐 그러면 벌써 찾아낸 것이다, 문을 두드렸느냐 벌써 열린 것이다 하는 말과도 같습니다. 응답에 대한 확신, 응답에 대한 명백한 인식이 있어야 한다는 것을 말씀합니다. 얼마나 좋습니까? 기도하면서 이 기도는 틀림없이 이루어진다고 생각한다면 얼마나 기쁘겠습니까?

본문 9절부터 11절까지의 말씀이 기도 응답에 대한 명백한 인식, 확실한 인식이 누구에게 있느냐를 우리에게 알려 줍니다. "너희 중에 누가 아들이 떡을 달라 하는데 돌을 주며 생선을 달라 하면 뱀을 줄 사람이 있겠느냐 너희가 악한 자라도 좋은 것으로 자식에게 줄 줄 알거든 하물며 하늘에 계신 너희 아버지께서 구하는 자에게 좋은 것으로 주시지 않겠느냐."

누가 기도 응답에 대한 확신을 가집니까? 그 확신만 해도 참 큰 은혜인데 누가 이 확신을 가집니까? 그는 하나님의 사랑을 느끼는 자입니다. 세상의 부모도 그 자녀가 무엇을 달라고 할 때에 좋은 것을 준다고 했습니다. 두세 살 난 아이가 면도칼을 달라고 할 때에는 그것을 안 줍니다. 그것은 안 된다, 그 대신 더 좋은 것을 주마, 이렇게 더 좋은 것을 준다 그 말입니다. 부모가 사랑하니까 그렇게 합니다. 여기 예수님이 말씀하시는 것은 하늘에 계신 너희 아버지께서 어떻게 하시겠느냐 하는 것입니다.

우리가 하늘에 계신 아버지를 인식합니까? 하나님 할 때에 하나님이라는 그 세 글자가 머리에 떠오릅니까? 하나님이라는 그 음성이 우리의 고막을 울리는 그런 정도입니까? 그런 정도로는 안 됩니다. 하나님 할 때에는 하나님의 사랑이 느껴져야만 합니다. 어린아이들이 놀다가도 아버지 온다, 아버지 온다 할 것 같으면 아버지라는 세 글자가 그 아이들의 고막을 울리는 정도로 멎는 것이 아니라 가슴이 부풀어 오르며 기쁘다는 말입니다. 그들이 사랑을 느낍니다. 아버지의 사랑이 느껴집니다. 그래서 뛰어나간단 말입니다. 아버지 온다 하니까 뛰어나갑니다. 엄마 온다, 엄마 온다 할 때에도 역시 마찬가지입니다. 엄마라는 그 두 글자가 우리의 고막을 울리는 거기 멎는 정도가 아니라 가슴을 뛰게 합니다.

그러면 우리가 하나님 좋은 줄을 가슴에서 느껴야 되는데, 하나님의 그 사랑을 가슴에서 느껴야 되는데 왜 그런 느낌이 없습니까? 그런 느낌만 있다면 하나님 앞에 나가서 기도할 때에 꼭 이루어진다는 것이 믿어지는 것입니다. 우리를 사랑해서 자기 자신을 우리에게 주셨는데 무엇을 안 주겠느냐 말입니다. 면도칼과 같은 해로운 것이나 주지 않지 우리를 거룩하게 만들고 우리의 신앙 인격을 깨끗하게 만드는 데 필요한 모든 것들을 다 주십니다. 그는 하늘에 계시기 때문에 이러한 위대한 선물을 주실 수가 있는 것입니다.

에베소서 4장 10절에 보면, "내리셨던 그가 곧 모든 하늘 위에 오르신 자니 이는 만물을 충만하게 하려 하심이라"고 합니다. 예수님께서 내리셨다가, 즉 하늘에서 이 땅에 오셨다가 다시 살아나신 후에는 올라가셨습니다. 올라가신 목적이 무엇이냐 하면 하늘에 가셔야 우리에게 각종 선물을 주실 수 있기 때문입니다. 하늘에 계신 우리 아버지는 이렇게 좋은 아버지입니다.

그런데 땅에 있는 아버지, 어느 지방에만 사는 아버지라면 모든 사람이 그를 찾을 때 그들을 다 만나볼 수 있겠습니까? 그럴 수 없는 것입니다. 하늘에 계시는 주님이시기 때문에 오늘 나를 보시는 것입니다. 여러분 각자를 하나님이 내려다보시는 것입니다. 그렇게 좋은 위치에 계시기 때문에 나를 돌볼 수 있고, 내게 필요한 것은 다 줄 수 있는 분입니다. 동시에 그는 아버지입니다. 하늘에 계신 너희 아버지께서 구하는 자에게 좋은 것을 주시지 않겠느냐? 아버지께서 그렇게 좋은 위치에 계십니다.

불순종과 멀어짐

　이런 것을 생각할 때 우리 가슴이 흐뭇해야 되는데 왜 그렇지 못합니까? 그 이유는 하늘에 계신 아버지로부터 좀 멀어졌기 때문입니다. 아들딸들도 부모에게서 멀어지는 때가 있습니다. 왜 멀어집니까? 부모의 말을 순종치 않을 때에는 그 부모를 섬기지 못하므로 부모도 마음이 멀어지고 자식들도 마음이 멀어지는 것입니다. 점점 멀어지는 것입니다. 왜 부모 말에 순종하지 않느냐고 꾸짖어도 말을 듣지 않습니다. 더 멀어져서 부모와 함께 사는 것조차 원치 않습니다. 달아나겠다고 하기까지 합니다. 순종하느냐 순종하지 않느냐에 따라서 이렇게 마음이 붙어 있든지 떨어지든지 합니다. 부모의 말에 잘 순종하면 점점 더 순종할 마음이 생기고 재미를 느낍니다.

　하지만 한두 번 순종하지 않다보면 순종한다는 것이 끔찍해 집니다. 그래서 점점 멀어집니다. 부모와 자식의 마음이 도무지 합해지지 않습니다. 부모와 자식이 몇 십 년 동안 떠나서 살 경우에 어떻게 됩니까? 몇 십 년 후에 만났을 때에는 그 부모를 섬기기가 여간 어렵지 않습니다. 만나기는 했지만 정이 가지도 않고 마음이 통하지도 않습니다. 형식적으로는 내 아버지라고 억지로 갖다 붙일 수는 있지만 아버지를 볼 때에 가슴에 서부터 뜨거워지며 좋아하며 기뻐하는 것이 없다는 말입니다. 가까이 살아야 가슴이 뜨거워지는 것입니다.

　우리 믿는 사람들은 하나님의 말씀에 순종해야 합니다. 하나님의 말씀에 순종할 때에는 희생을 감수하면서까지 순종해야 합니다. 내 의견과 주장을 양보하고 부모님께 순종해야 합니다. 이렇게 순종할 때 피차간에 뜨거움이 생기고 가까워지고 마음이 서로 왔다 갔다 통하는 것입니다.

그렇게 되어야 비로소 아버지라고 부를 적에 가슴에서 나오는 말로 아버지 하는 것입니다. 아버지를 부르며 눈물이 날 때도 있는 것입니다.

우리가 예수님을 믿지만 하나님을 아버지라고 한다는 것이 무엇입니까? 아버지라 해야 된다고 하고 성경에도 쓰여 있으니까 그렇게 생각할 것입니다. 그렇다고 해서 그저 아버지라고 하면 되는 것은 아닙니다. 우리가 사랑으로 하나님을 아버지라 하게 되고, 하나님의 사랑을 느끼게 되며, 하나님이 그렇게 반갑게 되고 기쁘게 되는 방법은 아주 쉽습니다. 그것은 성경 말씀에 순종하는 것입니다. 성경 말씀이 하라는 대로 하는 것입니다. 그렇게 행하기가 좀 어렵고 싫지만 이것을 마귀의 생각이라 간주하고 쳐서 복종시켜서 하나님이 하라는 말씀에 순종해야 합니다. 하나님의 명령에 따라 다른 사람을 도와주어야 합니다. 하나님의 명령에 따라 다른 사람에게 사랑을 베풀며 양보하며 봉사해야 합니다. 비록 내가 어려움을 당하더라도 말입니다. 이러한 생활을 할 때에 우리 가슴에 불이 붙습니다. 하나님과 나와의 뜨거운 관계가 생기는 것입니다.

12절에서는, "그러므로 무엇이든지 남에게 대접을 받고자 하는 대로 너희도 남을 대접하라 이것이 율법이요 선지자니라" 하고 말합니다. 오늘 여러분과 같이 생각한 말씀은 기도 생활에 만전을 기하자는 것이었습니다. 우리는 기도를 잘해야 되겠습니다. 정말 착실히 해야 되겠습니다.

12.
모든 사람을 위하여 기도하라

¹ 그러므로 내가 첫째로 권하노니 모든 사람을 위하여 간구와 기도와 도고와 감사를 하되 ² 임금들과 높은 지위에 있는 모든 사람을 위하여 하라 이는 우리가 모든 경건과 단정함으로 고요하고 평안한 생활을 하려 함이라 ³ 이것이 우리 구주 하나님 앞에 선하고 받으실 만한 것이니 ⁴ 하나님은 모든 사람이 구원을 받으며 진리를 아는 데에 이르기를 원하시느니라 ⁵ 하나님은 한 분이시요 또 하나님과 사람 사이에 중보자도 한 분이시니 곧 사람이신 그리스도 예수라 ⁶ 그가 모든 사람을 위하여 자기를 대속물로 주셨으니 기약이 이르러 주신 증거니라 ⁷ 이를 위하여 내가 전파하는 자와 사도로 세움을 입은 것은 참말이요 거짓말이 아니니 믿음과 진리 안에서 내가 이방인의 스승이 되었노라.(딤전 2:1-7)

우리가 기도할 때에 어느 범위 안에서 기도해야 하는가, 기도가 어떠한 일들을 상대해야 하는가? 이 본문대로 생각해 본다면 모든 사람을 위하여 기도하는 것이 기도의 범위입니다. 모든 사람이라고 했으니 오늘날 살고 있는 30~40억의 많은 인류 중에 그 누구 한 사람도 제외되지는 않습니다. 모든 사람이라 할 때 이렇게 범위가 넓고 엄청나게 그 숫자가 많다는 것을 우리가 압니다.

모든 사람을 위한 기도

여기 1절에 말하기를 "그러므로 내가 첫째로 권하노니 모든 사람을 위하여 간구와 기도와 도고와 감사를 하되"라고 말씀했으니까 모든 사람들을 위해서 기도하는 것입니다. 1절 끝에 "하되"라고 했지만 "하고"라고 뜻을 풀면 더 명백해지는 줄 압니다. 모든 사람을 위해서 기도하고 또 임금들과 높은 지위에 있는 모든 사람을 위하여 하라는 각 조목이 있습니다. 모든 사람을 위한 기도 제목이 있고 또 임금들과 높은 지위에 있는 모든 사람들을 위하여 하라는 두 조목으로 되어 있습니다.

로마서 3장 29절에 보면 "하나님은 다만 유대인의 하나님이시냐 또한 이방인의 하나님은 아니시냐 진실로 이방인의 하나님도 되시느니라"고 말씀했습니다. 또 본문 2장 5절에는 "하나님은 한 분이시요 또 하나님과 사람 사이에 중보자도 한 분이시니 곧 사람이신 그리스도 예수라" 이렇게 말씀한 다음에 6절에 "그가 모든 사람을 위하여"라고 말씀합니다. 여기서도 역시 모든 사람을 위하여라고 기록합니다. 다시 5절로 돌아가서, 하나님은 한 분이시요 또 하나님과 사람 사이에 라고 했는데 "사람 사이에"라는 말은 어느 나라 사람만이 아니라 사람이면 다 들어가는 것입니다. 우리의 기도가 목표한 것이 이렇게 무수한 사람들을 위한 것입니다.

모든 사람을 위한 기도의 목적인 경건과 평안

먼저 생각할 바는 이렇게 광범위하게 제목을 잡아서 기도하는 목적은 무엇입니까? 2절 하반절에 "이는 우리가 모든 경건과 단정함으로 고요하고 평안한 생활을 하려 함이라"고 했는데 평안히 살고자 하는 목적이 있습니다. 평안히 살기 위해서 모든 사람을 위하여 기도합니다. 그런데 평안히 산다는 것은 그저 평안히 사는 것이 아니라 경건과 단정한 중에서 평안히 사는 것을 말합니다. 시끄러운 일을 전혀 원치 않습니다. 우리 그리스도인이 원하는 이 평안이라는 것은 조건이 붙었습니다. 그것은 경건과 단정함으로 누리는 평안입니다. 경건과 단정이 없이는 평안하기를 원치 않아야 될 것입니다.

우리 인간성은 덮어 놓고 평안을 원하지만 그것은 잘못된 것입니다. 옳지 않은 짓을 해서라도 평안해 보겠다면 그것이 옳습니까? 그것은 옳지 않습니다. 사람이라면 그런 생각을 할 수 없습니다. 짐승이라면 그런 생각을 하겠지만 우리는 옳지 않은 평안을 원하지 않습니다. 그런 태도에서 사람의 가치가 생기는 것입니다. 특별히 우리 구속함을 입은 사람들의 마음이 그런 것을 드러냅니다.

"향락을 좋아하는 자는 살았으나 죽었느니라"고 성경은 말씀했습니다. 디모데전서 5장 6절에 말씀하신 바와 같이 향락을 좋아하는 것은 죽음이라는 말씀입니다. 그렇지만 우리가 덮어 놓고 향락을 좋아할 수가 있습니까? 죽는 일을 좋아할 수는 없습니다. 그러므로 우리는 경건과 단정한 중에 고요하고 평안한 생활을 원합니다.

디모데후서 3장 4절에는 쾌락 사랑하기를 하나님 사랑하는 것보다 더 한다고 했습니다. 쾌락을 사랑하는 것은 하나님을 대면하여 욕하는 죄와 같습니다. 쾌락을 택할까 하나님을 택할까 하고 저울질하면서 하나님을 버린다는 말입니다. 그러니 얼마나 하나님을 모욕하는 것입니까? 쾌락 사랑하기를 하나님 사랑하는 것보다 더 하는 이 죄는 영원히 멸망할 죄입니다. 경건함과 단정이란 것은 문제 삼지 않고 그저 평안해야 하겠다는 생각을 할 때 이것은 쾌락 사랑하기를 하나님 사랑하는 것보다 더하는 죄라는 말입니다. 그러니 우리가 어떻게 덮어 놓고 쾌락, 덮어 놓고 평안, 덮어 놓고 향락 이렇게 생각할 수 있겠습니까? 꿈에도 생각할 수가 없습니다. 눈물이 나는 아픔이 있다 하더라도 경건과 단정을 버린 평안이라는 것은 원치 않는다는 생각이 우리 중심에 있습니다. 참으로 그렇게 사는 것이 참다운 삶이고, 구원이고, 하나님이 기뻐하시며, 하나님이 함께 하시는 삶이라고 저는 믿습니다.

모든 사람을 위해서 기도할 때에 이루어지는 것이 경건이며 단정입니다. 한두 사람을 위해서 기도하는 정도의 기도 실력이 아니라 모든 사람을 위해서 하는 기도에 기도의 실력이 있습니다. 그러한 사람에게는 벌써 그것이 경건이라 그 말입니다. 경건이라는 것은 하나님을 두려워하는 생활 자세인데 모든 사람을 위해 기도한다면 이 경건이 벌써 이루어진 것입니다. 따라서 하나님이 기뻐하실 때에 평안한 환경도 주실 수 있다는 말씀입니다.

분단된 이북 땅을 생각할 때에 오늘날 우리의 마음은 심상치 않습니다. 저런 사회에서 경건과 단정을 유지하면서 평안을 누릴 수 있겠습니까? 그것은 전혀 불가능합니다. 하나님을 욕하고 하나님의 이름을 짓밟으며 온갖 경건에 대해서는 못된 짓을 하는 그런 사회에서 어떻게 경건과 단정으로 평안을 누리겠습니까? 경건과 단정은 그림자도 없는 그런 땅이 되었습니다.

6.25 때 최희선 목사와 함께 포로들에게 복음 전했어요. 하나님 말씀을 전한 후에 박수하라고 하니까 그 포로들이 전부 박수하는데 어떤 사람들은 발을 가지고서 박수를 쳤습니다. 목이 터지도록 복음을 전해서 그 가운데 믿겠다는 사람도 상당히 많았는데 어떤 자들은 앉아서 발을 쳐들더니 발로서 박장한단 말입니다. 그런 비참한 자리에서도 마음이 그렇게도 완악하고 하나님을 모독하더란 말입니다. 그러한 행동 모습과 그러한 사상이 이북에 도사리고 있고 내 민족의 일부를 저렇게 차지하고 있는데

우리가 어떻게 이북에 있는 동족들을 위해서 기도하지 않겠습니까? 우리가 기도다운 기도를 했는지 반성할 필요가 있습니다. 참으로 우리 양심도 인정할 기도를 했다고 할 수 있겠습니까?

지금 해방 후 40년이 지났는데 기도를 어느 정도 했으며 참으로 표가 나도록 무슨 기도를 했는지 오늘 남한에 있는 그리스도인들이 반성할 문제입니다. 우리가 만일 기도를 참되게 하지 못하고 이럭저럭 세월을 다 보내고, 기도를 했다 하더라도 형식에 지나지 않는 정도였다면 우리 자신이 생각해 볼 때도 가슴 아픈 일이 아니겠습니까? 왜 이렇게 된 것일까요? 하나님을 약하신 하나님으로 아는 것일까요? 공산당에 대해서는 명함도 못 내미는 그런 하나님입니까? 내 민족을 분단시키고 말할 수 없이 뼈아픈 악행을 하고 있는 그 세계에 대해서 우리가 어찌하여 무관심할 수 있겠습니까?

사랑은 불의를 보고 그대로 두지 않는 마음을 가집니다. 우리 예수 믿는 사람들은 불의를 가만 두고는 못 사는 사람들입니다. 사랑은 불의를 기뻐하지 아니하며 진리와 함께 기뻐합니다. 불의한 것이 내 민족을 깔고 비비고 민족이 없어지도록 악하고 잔인한 행동을 계속하고 있는데도 불구하고 우리는 눈물도 없고, 우리 가슴에는 피도 끓지 않고, 믿는 사람으로서 기도한다고 해도 입술에 붙은 것뿐입니다. 그것도 하기 싫은 것을 해야 하니 이래서야 어찌 살았다고 할 수 있겠습니까? 우리를 사람이라고 하겠습니까? 모든 사람을 위해서 기도할 수 있는 근면과 울면서 기도하는 경성함이 있어야 되고 진실함이 있어야 되겠으며 참됨이 있어야 하지 않겠습니까? 그렇게 살 때에 내가 참되게 사는 것이고 그야말로 사는 맛을 알면서 사는 것이고 주님의 사랑을 받게 되는 삶인데 우리가 어찌하여 졸며 자겠습니까?

히브리서 12장 4절을 보면 피 흘리기까지 죄를 대적하라는 말씀이 있는데 그야말로 피 흘리기까지 기도할 수 있는 기도를 우리가 생각해 볼 수 없겠습니까? 과연 피나는 기도를 해야 합니다. 하나님 앞에 참된 기도를 함으로써 하나님이 역사한다는 것을 우리는 믿습니다.

여리고 성이 무너질 때 손도 안 대고 하나님께서 무너뜨리셨습니다. 나라가 강하다고 반드시 서는 것은 아니고 역사에 나타난 대로 모든 강국들이 망한 시기는 바로 강한 그때입니다. 강한 그때에 교만했으니까 하나님께서 쳐서 거꾸러뜨리는 것입니다. 강한 것을 두려워할 것이 아니라 기도가 무섭다는 것을 알아야 됩니다.

남한에 있는 우리 성도들이 졸며 자는 것이 그렇게 편합니까? 우리는 그렇게 세월을 보낼 수가 없습니다. 내 민족을 위해서 참으로 기도다운 기도를 해야만 하겠습니다. 그것이 우리 생활의 추이며 보람된 일이지 그밖에 무엇이 있겠습니까? 우리가 만일 이북의 비참한 현상을 그대로 놔두고 기도를 안 한다면 우리는 정신이 나간 사람들이라고 할 수밖에 없습니다. 후대에 역사가들이 글 한 줄을 기록할 때에 그때 남한에 있는 소위 신자들은 이북의 동포들을 건지기 위해서 기도도 안 했다는 역사의 한 페이지를 남겨서야 되겠습니까? 이것은 천추에 한스런 것이고 영원히 남을 오점입니다. 그러므로 모든 사람을 위해서 기도해야 되겠습니다. 이름 모를 사람들을 위해서도 자세한 기도를 할 수 있는 진짜 기도가 있어야 되겠습니다.

프레잉 화이트 Praying White 라는 분은 세계의 모든 인류를 위해서 기도했다고 하는 역사가 있습니다. 그래서 그의 이름이 Praying White, '기도하는 화이트'라고 했는데 그는 과연 디모데전서 2장대로 실행한 사람입니다. 모든 사람을 위해서 기도한다는 것이 그렇게 큰 복인데 사람마다 여기에 관심이 없는 것 같습니다. 모든 사람을 위해서 기도하기가 힘듭니다. 다른 사람을 위해서 기도하기가 아주 힘듭니다. 그렇지만 사실 쉬운 것입니다. 왜냐하면 기도하는 것이니까 힘을 들여서 해야 하는 것도 아니기 때문입니다. 남들을 위해서 기도할 때는 무슨 짐을 집니까? 혹은 가시밭에 들어갑니까? 그런 것이 아니지요. 그저 앉아서 기도하는 것이니까 시간을 내면 되는 것입니다. 그렇게 쉬운 일인데도 안 합니다. 성경은 이렇게 귀한 말씀을 기록하여서 얼마나 기도가 귀하다는 것을 강조해 나왔습니까?

모든 사람을 위한 기도는 하나님의 뜻

다음으로 기도는 모든 사람을 위한 기도의 성격을 갖습니다. 모든 사람을 위하여 하는 기도의 성격이 하나님의 뜻이라고 했습니다. 본문 3절에 "이것이 우리 구주 하나님 앞에 선하고 받으실 만한 것이니"라고 말씀하는데, 여기에 "구주"란 말이 있고 "선하고"란 말이 있습니다. 모든 사람을 위하여 기도하는 것은 하나님이 구주이심을 아는 기도입니다. 우리는 혹시 잘못 생각하기를 나 한 사람만을 위한 구주인 줄로 생각하는 것 같습니다. 말해 보라고 하면 천하 만민을 위한 구주라고 말할 것입니다.

하지만 실제 행동을 보면 자기만 위한 구주인 듯이 잘못 생각하는 것 같습니다. 왜냐하면 다른 사람들을 위한 기도가 그렇게 게으르고 다른 사람들을 위한 하나님의 역사를 알지 못하는 마음 자세가 행동에 나타나기 때문입니다. 하나님은 당신을 알아드리는 것을 기뻐합니다. 우리가 모든 사람을 위해서 기도할 때 이름을 부르지 못해도 이렇게 기도할 수 있습니다. '어느 나라를 하나님 긍휼히 여기시옵소서. 거기 신자가 있습니까? 있다면 얼마나 있는지요. 하나님, 그 민족이 다 주님께로 돌아오게 해 주십시오. 그들의 이름을 내가 하나하나 모르니 참 답답합니다. 이름 불러 구하지 못해도 하나님께서 내 중심을 보시고 그 이름을 알면 하나하나 다 이름 부를 마음 자세인데, 내 마음을 보시고 하나님이 친히 그 이름을 불러내어서 구원하시옵소서.' 이렇게 기도할 때 하나님이 얼마나 기뻐하시겠습니까?

하나님께서 독생자를 보내신 목적이 어느 나라 사람이든지 어느 민족이든지 그곳에 사는 하나님의 백성을 다 구원하려고 목적하셨는데 기도하는 나 자신은 너무 빈약하게 기도합니다. 다른 민족에 대한 애착심이 너무 없고 다른 민족이 구원받아야 되겠다는 정성의 움직임이 전혀 없이 마비된 심령과 같이 되었을 때 주님께서 얼마나 답답하시겠습니까? 여러분께서 아무개와 함께 다니면서 일도 같이 하고 쉬기도 같이 하고 말도 같이 하는데 도무지 말 상대가 안 되는 경우에 마음이 어떻습니까? 그 사람이 나를 도무지 이해를 못하고 내가 아는 방면의 일을 전연 모른다면 얼마나 답답합니까?

제가 자식들을 길러 봤지만 어떤 자녀는 도무지 무의무정해요. 뜻도 없고 정도 없습니다. 하지만 이 아이가 얼마 살아가다가 성경에 재미를 붙이니까 그때부터는 이상스럽게 가까워집니다. 저는 성경만 아는 영감인데 성경을 모르는 아이가 나를 알아먹을 재간이 있겠습니까? 재미없는 영감으로만 생각했겠지요. 하지만 하나님의 은혜로 성경에 재미를 붙인 다음에는 좀 달라졌습니다. 그와 같이 내 중심을 전혀 모르는 친구와 얘기할 재미가 있겠습니까? 같이 일할 재미가 있겠습니까? 재미가 없는 것입니다. 그러나 우리가 하나님 앞에 나아가 기도할 때에 하나님이 생각한 하나님의 포부를 알아드릴 때에 하나님이 얼마나 기쁘게 생각하시겠습니까? 이렇게 모든 사람을 위해 기도하는 이 기도의 성격이 놀랍습니다.

모든 사람을 위한 기도는 선한 기도

더욱이 이 기도는 선한 기도입니다. 본문 3절에 "이것이 우리 구주 하나님 앞에 선하고 받으실 만한 것이니"라는 데서 선한 기도라고 했습니다. 야고보서 4장 2절과 3절을 보면 "얻지 못함은 구하지 아니하기 때문이요 구하여도 받지 못함은 정욕으로 쓰려고 잘못 구하기 때문이라" 하였는데 거기 정욕이란 말은 사욕이란 말입니다. 사욕, 즉 자기만 아는 욕심이란 말입니다. 자기만 좋게 하려고 기도하는 것을 말합니다. 그런 기도는 낮게 평가되는 것입니다. 그렇지만 모든 사람을 위해서 기도하는 이것은 선한 기도입니다. 개인주의의 기도가 아니고 착한 기도입니다. 남들을 무수히 생각하면서 남들을 위해서 기도하는 기도입니다.

우리가 이런 말을 들을 때에 '그것이 가능할까, 남들을 위해서 기도를 할 수 있을까? 실감이 나지 않는다'고 생각할 것입니다. 그렇게 생각하는 것도 일리가 있습니다. '나 자신을 위해서 기도하는 데도 형식적으로 기도하는 때가 많은데 한 번 만나보지도 않은 사람들을 위해서 기도한다는 것이 실감이 나고 가능할까' 하는 생각이 들 수 있습니다. 하지만 우리가 기도에 대해서 올바로 이해하게 되면 그런 것은 문제되지 않습니다. 기도할 때에 우리의 가슴이 벅차고 말할 때에 실감이 나야 기도가 되는 것은 아닙니다. 물론 그러한 마음이 일어나 기도하는 것은 좋은 자격입니다. 하지만 그것만이 전부가 아닙니다.

모든 사람을 위해서 기도하는 것이 진리이고 하나님의 뜻이므로 천지는 변할지언정 이 사실만은 변치 않는 진리라는 것을 믿는 것이 제일 중요합니다. 믿음으로 모든 사람을 위해서 기도해야 합니다. 당장 마음이 뜨거워지는 것이 없고 실감이 나지 않고 기도를 만족하게 생각하는 그런 일이 별반 일어나지 않는다 해도 그런 것은 문제가 되지 않습니다. 이것은 진리이기 때문에 믿음으로 기도하는 것입니다. 이렇게 해 나가다 보면 실감도 나게 되고 차차 일이 되어 가는 것입니다. 모든 사람을 위하여 기도할 때 오랫동안 실감이 나지 않아도 괜찮습니다.

믿음으로 기도할 때 하나님께서 어느 시점에 가서는 역사하시고 우선 나 자신에게 기도의 열매를 거두도록 해 주시는 것입니다. 우리가 기도해서 당장 시간으로 뭘 받으려고 하면 실망이 될 것입니다. 그러나 하나님께선 그렇게 일하지 않습니다. 어느 때는 기도하는 즉시 은혜 받는 일도 있지만 대부분의 경우에 그렇지 않습니다. 하나님이 하시는 일은 사람의 마음과 다릅니다. 믿음으로 기도를 하면 기도를 해나가는 가운데 반드시 하나님이 열매를 주십니다. 반드시 주십니다. 제 경험으로도 어느 때는 기도하는 가운데 마음이 뜨거워지는 일도 없고 냉랭해도 옳게 기도했으면 그날에 혹은 그 이튿날에 이상한 역사가 있어요. 무엇보다도 내 마음이 기쁘고 평안합니다. 평안할 이유가 없는데도 마음이 평안합니다. 평생 살아오는 가운데 그런 일들이 있었습니다. 우리는 진리를 그대로 믿고 그대로 순종할 뿐입니다. 그러므로 모든 사람을 위한 선한 기도를 해야 됩니다. 언제든지 기도할 때에 직접 혹은 간접으로 나만 생각하는 것은 무엇인가 결함이 있는 것입니다.

너희가 얻지 못함은 구하지 아니하기 때문이요 구하여도 받지 못함은 정욕으로 즉 사욕으로 쓰려고 잘못 구하기 때문이라고 여기 못을 박았습니다. 저는 근간에 열한 살 난 어린아이의 신앙을 알게 돼서 마음에 은혜를 받았습니다. 상도동에 어떤 양장점을 운영하시는 분의 열한 살 난 뇌암에 걸린 어린 딸이 있었습니다. 어떻게 하든지 기도로 고치려고 기도원에도 데려가기도 했는데 낫기도 했습니다. 하지만 그 후에 또다시 재발을 했는데 그런 형편에서도 그 아이가 아픈 중에도 진통제를 안 쓰겠다고 했습니다. '주님께서 진통제를 쓰셨나, 주님께서 십자가에 못 박히실 때 진통제를 쓰지 않았는데 내가 진통제를 쓸 수 있느냐' 이런 말을 했다고 합니다. '내가 죽을지 살지 모르는데 하나님의 뜻대로 되는 것 아닌가! 엄마 아버지 걱정 말라고, 도무지 염려하지 말라'고 했다는 것입니다. 이것이 선한 기도입니다. 기도를 해서 일시적으로 좀 낫기도 했지만 다시 도졌으니 낙심할 것 같지만 도리어 믿음이 더 좋아지면서 자기 아픈 것을 생각지 않고 주님을 생각함으로써 이 어린 것이 그런 은혜를 받았던 것입니다. 생각할수록 참 놀랄 정도로 굉장한 신앙입니다.

이런 것을 볼 때에 우리는 선한 기도란 그런 것이라고 생각을 하게 됩니다. 우리가 사욕으로 무엇을 기도한다고 반드시 성취되는 것은 아닙니다. 사욕으로 기도해서 어쩌다가 소득이 있다 해도 그것이 그렇게 좋은 것은 아닙니다. 선한 기도를 해야 되지 않겠습니까? 모든 사람을 위하여 기도하는 성격이 이러한 것입니다.

맺는 말

오늘 여러분과 제가 함께 생각한 것은 모든 사람을 위하여 기도하는 것이 기도의 목표라고 말씀드렸습니다.

첫째로 생각한 바는 모든 사람을 위하여 기도하라는 것입니다. 그리하여 경건함과 단정함으로 고요하고 평안한 생활을 하게 되는 열매를 거둔다는 것입니다. 경건과 단정을 소유하고서 평안한 것을 바라볼 수가 있으며 또 하나님이 필요하게 여김으로써 주실 수 있으니 모든 사람을 위하여 기도하라고 했습니다.

둘째는 모든 사람을 위하여 기도하는 기도가 참으로 하나님이 기뻐하시는 바라고 생각했습니다. 구주님 중심이 모든 사람을 위하는 중심이라는 것을 알아드려야 되겠다는 것뿐만 아니라 구주님을 위한 기도요 선한 기도라는 것을 생각할 때에 이것이 우리 주님, 우리 하나님께서 받으실 만한 기도라는 것이요 이것이 또한 기도의 성격이라고 말씀드렸습니다.

기도

하나님 우리 아버지 감사하옵나이다. 우리가 이 세상에서 허영심으로 살진대 그렇게 되기 전에 우리의 생명을 거두어 가시기를 원합니다. 망할 길을 가서 무슨 소용이 있겠습니까? 결국은 망할 것밖에 없는데 망할 길을 가지 않도록 하나님이 우리를 붙들어 주시기를 간절히 비옵나이다. 우리는 사실 마음이 늘 무거운 처지이면서도 종종 건망증으로 무거움이 없이 지내고 기도도 하지 않고 책임을 하지 않는 죄인들이 아닙니까? 주여 우리를 용서하여 주시기를 바랍니다. 주여 우리는 우리 책임을 다 해야 되겠습니다. 우리는 지금의 우리 입장에서 마땅히 해야 할 기도를 해야 하겠습니다. 주님이여 우리는 그저 졸며 자다가 망하기를 원치 않사옵고 기어코 하나님이 모처럼 세워 놓으신 입장에서 우리가 해야 만할 기도를 하는 자들이 되도록 하여 주시기를 바라옵니다. 주여! 38선이 견고한 장벽이라고 하지만 우리 성도들이 진실한 마음으로 책임 있게 기도를 할 때에 그것은 아무것도 아닌 줄로 압니다. 주님이여 7백만 명이 된다고 하는 이 성도들이 기도하는 데 한마음 한뜻 되도록 은혜 주시옵소서. 하나님 앞에 기도할 때에 과연 그 마음에 진실이 있게 해 주시고 이 기도를 안 하고는 못 배기는 중심이 있게 하시고 주님께서 응답하기까지 기도를 쉬지 않는 이러한 노력을 주시기 바라옵나이다. 원컨대 주여 불쌍히 여겨 주시고 우리 모두가 기도에 진실한 자들이 되게 하시고 기도의 책임을 하는 자들이 되게 하여 주시옵소서. 주님이시여, 에디오피아 민족이 먹을 것이 없어서 기아 상태에서 수많은 사람이 죽습니다. 저들이 바로 우리요 우리가 바로 저들인데 우리가 올바른 생각을 가지고 다른 백성의 사정을 내 백성의 사정으로 알고 저들을 위하여 울 수 있는 사람들이 되게 하시기를 간절히 비옵나이다. 예수 그리스도의 이름으로 비옵나이다. 아멘

13.
예수님께서 기도를 평하시다

⁹ 또 자기를 의롭다고 믿고 다른 사람을 멸시하는 자들에게 이 비유로 말씀하시되 ¹⁰ 두 사람이 기도하러 성전에 올라가니 하나는 바리새인이요 하나는 세리라 ¹¹ 바리새인은 서서 따로 기도하여 이르되 하나님이여 나는 다른 사람들 곧 토색, 불의, 간음을 하는 자들과 같지 아니하고 이 세리와도 같지 아니함을 감사하나이다 ¹² 나는 이레에 두 번씩 금식하고 또 소득의 십일조를 드리나이다 하고 ¹³ 세리는 멀리 서서 감히 눈을 들어 하늘을 쳐다보지도 못하고 다만 가슴을 치며 이르되 하나님이여 불쌍히 여기소서 나는 죄인이로소이다 하였느니라 ¹⁴ 내가 너희에게 이르노니 이에 저 바리새인이 아니고 이 사람이 의롭다 하심을 받고 그의 집으로 내려갔느니라 무릇 자기를 높이는 자는 낮아지고 자기를 낮추는 자는 높아지리라 하시니라.(눅 18:9-14)

여기 있는 말씀을 여러분은 잘 아실 것입니다. 이 말씀은 기도에 대한 예수의 평가라고 생각할 만한 것입니다. 우리 기도자들은 무엇보다도 여기서 주님이 말씀한 바와 같이 자기를 의롭다고 생각하는 마음이 금물임을 보아야 합니다. 내가 의롭다 하는 생각은 모든 경건을 다 못쓰게 만드는 악입니다.

자기를 부정하는 기도자

본문 9절의 말씀은 자기를 의롭다고 믿고 다른 사람을 멸시하는 자들에 대하여 지적하고 있습니다. 우리가 스스로 생각하기를 나는 그런 생각하지 않는다고 할지 모릅니다. 예수 믿는 사람치고서 자기가 스스로 의롭다고 생각할 순 없을 것입니다.

그렇지만 우리는 종종 우리 자신을 바로 평가하지 못합니다. 안 그러는 것 같은데 사실은 그런 것이 있습니다. '정말 나는 스스로 의롭다는 생각을 가지지 않을 것이다. 실제로도 나는 그렇지 않다.' 하지만 그러나 그러한 생각이나 각오는 좀 검토해봐야 합니다. 그것을 검토하는 데는 남들에게서 비난을 받아봐야 합니다. 욕도 먹어봐야 합니다. 남들이 비난할 때 거기 대해서 참 그럴 만하다. 나도 나를 인정 안하는데 나도 나를 의롭다고 생각 안하는데 그렇지 좌우간 그 비난이 꼭 와서 맞건 안 맞건 간에 직접 혹은 간접으로 관계있다. 이렇게 생각을 하면서 나는 사실 칭찬받을 사람이 아니라 저런 욕을 먹어야 될 사람이다. 그렇게 생각하면서 마음이 평안하다면 그 사람이 꽤 자기를 올바로 평가를 한 것입니다.

나는 내 자신을 옳다고 안 한다. 나는 나를 죄인으로 안다. 이렇게 평가한 것이 맞다고 할 수 있습니다. 자기 스스로는 나는 죄인입니다. 기도할 때도 역시 나는 죄인입니다. 망할 죄인이올시다라고 확인하면서도 어쩌다가 남에게서 비평을 받게 되면 화를 내게 됩니다. 비평을 받게 되면 얼토당토 않는 소리를 한다면서 왜 내가 그런 욕을 먹어야 하느냐면서 격분하게 되는데 그때 벌써 속이 다 드러나게 됩니다. 본인 스스로 생각하기를 나는 스스로 옳다고 하는 사람이 아니다. 나는 죄인인데 뭐 바울 선생이 말하기를 나는 죄인 중에 괴수라고 그랬는데 나는 그 이상의 죄인이다. 이렇게 스스로 말한 것이 실은 자기 자신을 잘못 이해한 말이 되고 마는 것입니다. 그래도 남한테 욕을 먹을 때 혹 비난을 받을 때 마음이 좋지 않다 하더라도 자제해서 그 비난 받기는 참 어려운데 내가 별 사람 아니다, 참으로 별 사람이 아니라고 하면서 진정을 하면 그것은 꽤 소망이 있습니다. 그 정도는 돼야 합니다.

그런데 사람이 자기 스스로에 대하여 옳다고 생각하면서 '내가 마땅히 대접을 받아야 되고 나는 마땅히 추앙을 받아야 된다. 칭찬을 받으면 받았지 언제든지 비난을 받을 사람은 아니다.' 이렇게 생각할 때에 이것은 크게 잘못된 일입니다. 자기 자신을 올바르게 보지 못하는 사람입니다. 정말 나는 죽을 죄인이며 하나님 앞에서 용납 받지 못할 죄인이라고 진실하게 생각해야 합니다. 어쩌다가 남들에게 비난을 받고 하대를 받는 경우에도 뭐 기쁜 일은 아니지만 그래도 자제하고 자기를 자신이 비평하고 참 내가 저런 비난을 받아서 마땅한 자라고 생각하면서 차츰차츰 인정하고 도리어 평안을 가질 때 그것이 되어가는 사람이란 말입니다.

하지만 바리새인들은 그렇지 않은 사람들입니다. 그들은 스스로 옳다고 한 사람들입니다. 하나님 앞에서 자기 자신들을 비판하려고 생각하지 않고 오히려 자기 자신들을 스스로 좋게 평가하고 나선 것입니다. 이에 대하여 예수님께서는 그것이 엄청난 잘못이라고 여기서 말씀하십니다. 전혀 하나님을 공경하지도 않고 때로는 토색까지 하면서 백성에게서 세금을 과도히 받아서 잔인하게 내리누르는 그러한 세리가 이제 당장 회개하는 그것보다도 못하다고 평가를 하십니다. 바리새인이 말하기를 나는 다른 사람들, 곧 토색하고 불의하며 간음하는 자들과 같지 아니하다고 합니다.

진실한 순종

이 사람은 윤리를 우상시하는 사람입니다. 윤리 도덕을 실행할 때에 하나님의 입술을 느끼지 못하고 다시 말하면 하나님의 음성을 느끼지 못하고 그저 윤리를 신화神化 해서, 즉 하나님으로 만들어 가지고서 자기가 윤리를 지키면 그 이상은 없다 이렇게 생각하고 거기서 멈추는 생활입니다.

　사무엘이 사울에게 하나님의 음성을 순종하는 그 순종이 제사보다 낫다고 했습니다. 제사도 하나님이 드리라고 한 제도입니다. 그래서 그것을 무시할 수는 없습니다. 그런데 그 제도와 명령을 순종하는 그 심리가 어떠한가? 하나님의 음성을 느끼는 그러한 영혼의 긴장으로 제사를 드려야지, 다시 말하면 하나님께서 지금 말씀하시는 것과 꼭 같은 말씀을 주셨다는 긴장을 가지고 제사를 드릴 때 비로소 제대로 드린 것이 됩니다. 하지만 사울은 자기 마음대로 다 해 놓고 제사를 드렸습니다. 그러므로 그것은 하나님의 입술을 느끼는, 하나님의 음성을 느끼는 그런 긴장이 없이 제사를 하나의 제도로 여기고서, 자기가 만들어 놓은 어떠한 제도인 것처럼 형식만 치름으로써 스스로 통과를 받으려 한 것입니다.

　욥도 말하기를, 입술의 명령에 순종하기를 음식보다 그 입의 말씀을 귀히 여겼도다라고 했습니다(욥 23:12). 우리가 성경을 읽을 때에 하나님의 입을 생각할 수 있습니다. 하나님의 입을 느낄 수 있습니다. 다시 말하면 이것이 생생하게 지금 그가 말씀하는 말씀이라는 것입니다. 이러한 긴장을 가지고 말씀을 지켜야지 그렇지 아니하고 하나님은 뭐 까맣게 잊어버린 식이 되고 그 제사만을 찍어서 내 마음대로 할 수 있다고 생각하면 뭐가 되겠습니까? 그것은 내가 그저 이것을 지키면 나는 통과된다 하는 사고방식으로서 사실 제사를 우상화하는 것입니다.

　토색하지 아니하고 불의를 행하지 아니하고 간음을 하지 않는다는 이러한 윤리를 바리새인들이 다룰 때 어떻게 취급했습니까? 하나님의 입술을 느끼면서 하나님의 목소리를 느끼면서 취급한 것입니까? 토색하지 말고 불의를 행하지 말고 간음을 하지 말아야 될 이것은 하나님의 말씀인데 이것을 읽을 때에 또는 실행할 때에 주님께서 지금 입술로 말씀하신다 하는 생각으로 이것을 지켜야 되지 않겠습니까?

그런데 이 바리새인들은 그렇게 안 했습니다. 영적으로 계신 하나님은 제외하다시피 하고 그저 요것만 어떻게 하면 경건이 성립되는 줄로 아는 사고방식이었습니다. 주님의 모든 말씀은 우리로 하여금 하나님을 보게 하려는 것이고 하나님의 입술을 느끼도록 하나님의 목소리를 긴장성이 있게 느끼도록 하려고 이러한 명령들을 준 것이 아니겠습니까! 그런데도 불구하고 이것을 거두절미하고 윤리 그것만으로 내 경건이 성립되는 줄로 생각한다면 잘못된 것이요 윤리를 우상화하는 것입니다.

또 이레에 두 번 금식하고 소득의 십일조를 드렸다고 지금 말하고 있는데 금식도 하나님의 말씀으로 우리에게 온 것입니다. 그런데 우리가 금식할 때 이 금식을 명하고 가르치신 분의 사정을 잘 이해하고 그분과 내가 진실한 관계를 맺는 그러한 행동으로 금식을 한다면 오죽 좋겠습니까! 그것이 금식을 주신 그 말씀의 목적입니다. 이 말씀 가지고 나를 쳐다보아라, 이 말씀 가지고 나에게 대하여 태도를 정비해라, 이 말씀 가지고 네가 살아계신 하나님과 접촉해라 하신 말씀입니다. 하나님을 주체로 하라는 말씀이지 사람이 주체가 되어 가지고 하나님의 말씀을 석질화시켜서 하나의 굳은 제도로만 알아가지고 거기에 머문다면 어떻게 되겠습니까? 그러한 사고방식은 하나님 말씀의 목적을 모르는 생각이 아니겠습니까!

그러므로 우리가 말씀을 지킬 때 주님! 하면서 지켜야 되겠고 그분 앞에서 내가 내 생활을 재정비하고 나서는 그런 긴장이 있어야지 그것은 없이 뭐 금식합네 또 십일조를 바칩네 한다면 하나님 말씀의 목적을 모르는 것입니다. 이것은 금식을 우상화하는 것입니다. 우리의 사색과 우리의 마음과 뜻과 성품이 그분에게만 총집중되어야 되겠고 그분을 향해서만 움직여야 되겠는데 그분은 별도로 하고 십일조를 지킨다 할 때는 이것 역시 하나님 말씀을 석질화시키는 것입니다. 돌처럼 굳게 굳은 생명이 없는 한 법칙으로 판정하고 그런 법칙으로 취급하는 과오를 범하게 됩니다. 이것 역시 십일조를 우상화하는 것입니다. 모처럼 십일조를 드릴 때에 하나님의 음성을 느끼면서 하나님 그분을 좋아하면서 하나님 그분을 사랑하면서 드린다면 그것은 얼마나 귀합니까?

바리새인들은 윤리를 우상화하고 금식을 우상화하고 십일조를 우상화했습니다. 다시 말하면, 하나님과는 관계를 단절시켜 놓고 그것들 자체로 만족하려 하고 그것들 자체에서 문제 해결을 보려고 하는 사고방식을 가지고 있었습니다. 이렇게 된 것은 하나님의 말씀을 잘못 취급하는 것이라고 생각할 수밖에 없습니다. 그들은 이렇게만 우상을 만든 것이 아니라 사람도 우상화한 것입니다. 사람들이 나의 경건을 인정해 주는 것이 이 사람들의 금식의 목적이요 십일조 드리는 일의 목적이었습니다. 그들은 기도할 때도 사람들에게 잘 보이려고 했듯이 모든 종교적 규례를 지키는 심리가 사람들에게 잘 보이려고 했다는 것입니다.

참된 경건

또한 자기 자신을 최고 우상으로 만드는 이런 작업들입니다. 내가 영광 받겠다. 사람의 칭찬은 무엇으로 돌리는가? 내 영광입니다. 내가 좋다,

내가 제일이라 하는 것입니다. 이것은 종교업자들의 사상입니다. 이렇게 이렇게 해 가지고 결국은 자기가 어떠한 이득을 보려는 것입니다. 그러니 우상이 한두 가지만이 아닙니다. 윤리 우상, 금식 우상, 십일조 우상, 또 많은 사람들 곧 대중을 우상화하는 우상, 자기 스스로 자신을 우상화하는 것, 이렇게 다원적으로 우상을 만들어 내는 이러한 것이 가짜 경건이란 말입니다. 이것이 예수님에게는 전연 좋게 보이지 않는 이러한 상황들입니다.

그러나 세리에게는 하나의 우상도 없습니다. 하늘에 계셔서 살려주시며 판단하시는 하나님 한 분밖에 없었던 것입니다. 이 세리는 이렇게 하늘을 우러러 보지도 못했다고 하니 얼마나 위축된 심리입니까! 하나님 이외에 어떤 다른 것으로도 의지할 대상을 찾지 못합니다. 자기 자신은 아무것도 아니었습니다. 하나님을 그렇게 사모하면서도 자기 자신의 허약과 자기 자신의 누추와 자기 자신의 잘못을 생각할 때 감히 바라볼 수도 없는 그러한 모습이었습니다. 그러면서 자기 가슴을 쳤습니다. 이것이 자기를 부정하는 행동이 아닙니까?

그리고 하나님에 대하여 서원은 불붙듯 합니다. 불쌍히 여겨 주십시오 하는 서원입니다. 이것이야말로 걸인의 울부짖는 모습을 연상시킵니다. 아무것도 가진 것 없어서 살려달라고 도와 달라는 참으로 오직 하나님 한 분에게 매달리면서 애걸하는 이러한 태도입니다. 이것이 얼마나 귀합니까? 신앙생활에 있어서 시간을 오랫동안 잡은 사람들은 무엇을 좀 알기도 하고 또 체험도 있겠지요. 또 성경도 상당히 아는 것이 있을 것입니다. 하지만 잘못하다가는 우상주의가 돼버리고 말아요. 나 자신에게는 털끝만

치도 의지할 것 없다, 의지할 것 없을 뿐만 아니라 도리어 멸망할 수밖에 없는 이 위기에 지옥으로 지금 미끄러져 내려가는 그것을 느낄 만한 사람이 된다는 이것이 얼마나 귀합니까? 많이 배웠지만 그것 가지고 조금도 마음에 의지하지도 않고 하나님을 떠나서는 나의 삶의 방편이 된다고 생각도 안 하고 언제든지 하나님의 주체성 밑에서 우리의 모든 것을 다 버리고 그 분 한 분에게만 우리가 매달리고 그 분 한 분에게만 우리가 승복해야 합니다. 모든 참된 것과 좋은 것은 그 분에게만 있고 그 분을 떠난 모든 것들은 아무리 좋게 보여도 그것은 나를 지옥으로 밀어내리는 그러한 위험한 것들이라고 이렇게 보면서 그야말로 나 자신과 나의 소유라는 것은 진공으로 판정을 내리고 주님 한 분 늘 붙드는 이러한 이 신앙심리, 이것만이 마침내 참된 것을 가져다준다고 믿습니다.

맺는 말

나를 살리지 못할 모든 저 무거운 짐들만 짊어지고 나를 살리지 못할 참되지 않은 그런 경건, 즉 하나님과 직결시키지 못하고 그것 자체로서 뭣이 되어보려고 하는 이러한 심리는 참 우리가 언제든지 어디까지든지 단절시켜야 됩니다. 오직 주님 한 분에게 마음과 뜻과 성품을 다해 따라가는 여기에 의가 있고 여기에 참 삶이 있고 여기에 진리가 있다고 우리는 믿어야 될 줄로 압니다. 이러한 세리의 신앙생활이 언제든지 우리에게 있어야 된다고 믿습니다. 십 년 신앙생활을 한 사람도 세리의 신앙생활을 가져야 된다고 믿습니다. 앞으로도 계속 숨이 끊어지는 순간까지 우리는 세리의 그 부담 없는 신앙생활, 하나님을 제외하고 이런저런 모든 경건을 가진다고 하면서 무거운 짐만 가득 지고 있으면서 기쁨은 전연 없는 이런 생활 노선을 버려야 합니다. 하나님만이 내 삶의 주인이 되셔서 내가 찾는 것이 언제나 이 살아계신 한 분만 찾는 움직임이 되어야만 신앙생활이 바로 정비가 될 것이라고 생각합니다.

기도

하나님 아버지여, 저희들은 연약하기 짝이 없고 올바로 간다고 하면서도 실상은 또 올바르지 못하고 삐뚤어지고 과연 우리가 주님 제일주의로 입으로는 부르짖지만 사실에 있어서는 그렇지 못하고 도리어 남을 속이고 하나님을 속이는 이런 엄청난 과오를 범하는 우리가 아닙니까? 바리새 교인이라고 해서 종자가 따로 있는 것 아니라 걸핏 잘못하면 누구나 다 이 과오를 범하게 될 텐데 과연 우리가 갈 길을 바로 가며 신앙생활에 있어서 어디까지나 주님 한 분과 늘 담화하면서 과연 주 앞에서의 생활이 계속 되도록 은혜 주시옵소서. 예수님의 이름으로 비옵나이다. 아멘.

기도,
죽기내기로
기도하라

기도의
응답

PRAYER

"기도를 항상 하라는 것은 은혜를 받는 가운데 더 받으라는 말씀이다."
"기도의 유익이란 평생 기도하는 복을 받는 것이다."

14.
육신을 제어하라

[37] 돌아오사 제자들이 자는 것을 보시고 베드로에게 말씀하시되 시몬아 자느냐 네가 한 시간도 깨어 있을 수 없더냐 [38] 시험에 들지 않게 깨어 있어 기도하라 마음에는 원이로되 육신이 약하도다 하시고 [39] 다시 나아가 동일한 말씀으로 기도하시고 [40] 다시 오사 보신즉 그들이 자니 이는 그들의 눈이 심히 피곤함이라 그들이 예수께 무엇으로 대답할 줄을 알지 못하더라.(막 14:37-40)

방금 읽은 38절 말씀을 다시 보십시다. "시험에 들지 않게 깨어 있어 기도하라 마음에는 원이로되 육신이 약하도다 하시고." 이 말씀은 그리스도 예수께서 겟세마네 동산에서 기도하시면서 하신 것입니다. 주님께서 십자가에 못 박히실 일을 앞두고 깊은 기도를 하셨는데 그것은 겟세마네 동산에 들어가셔서 기도하신 일입니다. 히브리서 5장 5절부터 읽어보면 주님께서 겟세마네 동산에서 기도하시면서 많이 울었다고 하는 기록이 있습니다. 성경 한 부분의 말씀이 사건 전부를 모두 다 말씀하는 것은 아닙니다. 본문에는 없지만 히브리서 5장을 함께 생각해보면 우리는 주님께서 얼마나 애써 기도하셨는지 알 수 있습니다. 기도하러 들어가셨을 때에, 제자들을 한 곳에 머물게 하셨는데 베드로와 요한과 야고보 이 세 제자는 조금 더 데리고 나아가셨습니다. 그리고 주님은 돌 던질 만큼 앞으로 더 나아가 홀로 기도하셨습니다. 세 제자에게는 거기서 기도하라고 부탁하였는데 그들은 기도를 못했습니다. 기도하지 못했기 때문에, 시험에 들지 않게 깨어 있어 기도하라 마음에는 원이로되 육신이 약하다고 말씀하신 것입니다.

관철해야 할 마음의 원

오늘 말씀드리고자 하는 바는 기도가 막히지 않는 비결에 대한 것입니다. 왜 기도를 못하는가에 대해서 주님이 말씀해 주셨습니다. 마음은 원인데 그 원대로 하지 않기 때문에 기도를 못하고 또 육신이 약하여 기도를 못한다고 하셨습니다. 마음에 원하는 것이란 무엇입니까?

첫째는, 마음으로 원하는 것을 관철해야 된다는 것입니다. 마음이라는 것은 사실상 영이라는 말입니다. 영이라고 하면 하나님과 교제할 수 있는 우리 속사람입니다. 영은 기도를 원한다는 말입니다. 여러분들이 다 기도하기 원하시는 줄 압니다. 하지만 기도를 해내는 분도 있을 것이고, 또 원한다 원한다 하면서도 기도를 해내지 못하고 단지 원하는 것으로만 머물러 있는 이들도 있을 것입니다.

그런데 기도하기 원하는 그 마음이, 그 영혼이, 그 영이 우리 인간에게 있어서 참으로 귀한 부분입니다. 기도하기 원하는 그것이 여기 있습니다. 기도하기 원하는 것이 있다는 것입니다. 하지만 사람마다 다 있는 것은 아닙니다. 예수 믿는 사람들에게만 있습니다. 그러한 원함이 있기 때문에 예수를 믿은 것입니다. 예수를 믿으면서 기도하기 원한다는 것이 아주 귀한 것입니다. 그러므로 우리는 그것을 살려가야 합니다. 그 원함을 이뤄줘야 합니다. 조롱에 갇혀서 푸드덕 푸드덕 하는 새가 넓은 공중을 내다보며 안타까워합니다. 조롱 살에 머리가 끼인 채로 마구 움직이면서 야단입니다. 얼마나 안타깝습니까? 이 새를 놓아주면 얼마나 좋아하겠습니까? 새는 이제 살고 싶은 대로 살 것입니다. 그와 마찬가지로 우리 믿는 사람들이 '기도를 했으면 좋겠어, 기도를 했으면 좋겠어' 하는데 그 소원이 이루어질 때에 영혼이 사는 것이고, 영혼이 하나님을 찾아가는 것이고, 영혼이 하나님과 교통하는 것입니다. 그 영혼이 영원히 잘되는 것입니다.

'기도해야 되겠어, 기도하고 싶은데' 하면서도 이렇게 저렇게 얽히고 이런저런 사정에 끌려서 기도를 못하고 맙니다. 이래서야 되겠습니까? 우리 인간이 존재하는 데 있어서 그것이 제일이다, 그것이 사는 길이다, 다른 것 다 버려도 과연 그것이 좋다, 그것만 있으면 된다 하고 여기는 것이 있다면 단행해야 합니다. 과감히 단행해야 합니다.

여기 '마음'으로 번역된 것은 영을 말하는데 영은 귀한 것입니다. 몸이 부서진다 해도 영이 그대로 있으면 그것은 귀한 것 아닙니까? 영이 그대로 있고, 잘될 수 있는 길은 하나님과의 교제에 있습니다. 하나님과 교통하는 데 있습니다.

김인서 목사와 김상철 목사

제가 청년 시절에 가깝게 사귀었던 김인서 목사와 김상철 목사가 묘향산에 들어가기로 약속하고 기도할 마음으로 같이 묘향산 굴에 들어갔습니다. 당시 김인서 목사는 장로였고, 김상철 목사는 전도사였는데 김상철 목사는 나중에 신의주 제6교회에서 오랫동안 시무하였습니다. 그가 내 청년 시절에는 같은 청년이요 학생이었습니다. 둘 다 우리 한번 기도해 보자 하는 마음이 많아서 거기 들어간 것입니다. 들어간 첫째 날은 밤을 새면서 무사히 기도를 했는데 그 이튿날 김상철 전도사가 돌아가겠다고 하는 것입니다. 왜 돌아가려 하느냐 물으니 여기 와서 기도해야만 은혜를 받는 것은 아니지 않느냐, 집에 가서 기도해도 할 수 있다 하면서 자기는 가겠다고 하는 것입니다. 그리고는 결국 집으로 간 것입니다. 깊은 산 굴속에서 함께 있다가 한 사람이 가니 이 얼마나 섭섭했겠습니까? 그래서 십리 밖으로 사라질 때까지 서로 큰 소리로 이야기하며 잘 가라고 소리쳤다는 것입니다.

김인서 목사는 외지고 험한 굴속에서 일주일간 금식하고 기도하면서 은혜를 받았는데, 꽃을 보면서도 은혜를 받았다고 합니다. 벌이 찾아와서 꽃에 앉을 때에 하나님의 묘한 지혜를 거기서도 느꼈답니다. 조금만 바람이 불어도 떨어질 것 같은 연약한 꽃에 벌이 와서 앉더라는 것입니다. 그때 느낀 것이 무엇이었느냐 하면 하나님의 지혜가 참 오묘하였다는 것입니다. 벌처럼 가벼운 놈이 여기 와 앉기에 망정이지 무거운 놈이 찾아오면 참 큰일이겠구나. 하나님이 이렇게 귀하게 지으셨구나라고 느꼈다는 것입니다. 기도할 때 거기서 깨달은 것이 많아서 당시 신앙생활을 작품들로 내놓았는데 은혜가 참 많았습니다.

당시 김상철 전도사는 기도하고 싶어서 묘향산 깊은 굴로 갔지만 그 영의 소원을 관철해 내지 못했습니다. 시험이 들어온 것입니다. 다른 데서 기도한다고 은혜를 못 받나, 굳이 뭐 이렇게 힘들고 무서운 곳에 와서 기도할 것이 무엇인가 하는 시험이었습니다. 그러한 것을 이겨내고 관철시켜야 과연 하나님께서 신용하시고 큰 은혜를 부어주시는데 우리는 종종 그것을 잊고서 생각하지 못합니다. 우리의 영이 그렇게 기도하길 원하지만 그 소원을 이룰 수가 없습니다.

제어해야 할 육신

둘째는, 육신을 잘 제어해야 합니다. 본문에서는 "마음은 원이로되 육신이 약하도다"고 했습니다. 영의 소원은 관철해야 되고 육신의 소원은 꺾어야 됩니다. 육을 제어해야 됩니다. 육신이 약하다고 하였는데 약하다는 뜻이 무엇입니까? 로마서 8장을 보면 약하다는 뜻이 거기 분명히 나와 있습니다. 여기 약하다는 것은 악하다는 말로 바꾸어도 됩니다. 약하다는 것은 병들었다는 뜻도 있는데 그것이 무엇입니까? 하나님이 원하시는 일을 행하는 데 있어서 맥을 못 추고, 하나님이 기뻐하실 일을 도무지 하지 못하는 병신이란 말입니다. 그렇게 생각할 때 이것은 참 가증스러운 것이고, 참 더러운 것입니다. 아주 고약한 것입니다. 그런 것은 동정해서는 안 됩니다. 우리들은 약한 것에 대해 동정할 생각이 나지만, 성경이 말한 대로 약하다는 것을 동정해서는 안 됩니다. 약하다는 것이 무엇에 대하여 약하다는 것인지 성경에 의거해 그것을 알고 동정을 하든지 말든지 해야 합니다.

이 약하다는 것은 못 쓸 것이란 말입니다. 주께 대하여 아무런 느낌도 없고 힘써 노력도 하지 않는 그러한 연약입니다. 로마서 8장 7-8절에 보면 "육신의 생각은 하나님과 원수가 되나니 이는 하나님의 법에 굴복치 아니할 뿐 아니라 할 수도 없음이라 육신에 있는 자들은 하나님을 기쁘시게 할 수 없느니라"고 했습니다. 육신이란 것이 이렇게 옳지 않습니다. 하나님을 걱정시키는 쪽으로 나가고 하나님으로부터 떨어져 나갑니다.

육신이란 것이 그 정도로 좋지 못한 것인데 우리가 그런 것에 동조하면 어떻게 되겠습니까?

육신이 약하도다 하신 주님의 말씀은 육신이 약하므로 용서하겠다는 말씀이 아닙니다. 이것은 탄식하는 것입니다. 약한 육신을 제쳐 놓아야 기도를 할 수가 있습니다. 약한 육신은 하나님을 향하여 사는 데 있어서는 몹쓸 것이로구나, 약한 육신을 따라다니다가는 영혼이 망하겠구나, 이런 생각을 가져야 합니다. 약한 육신을 동정하면 안 됩니다. 여기서 육신이란 것은 살덩어리뿐 아니라 우리 속에 있는 기도하기 싫어하는 마음까지 겸해서 하는 말입니다. 그 마음은 이 육신을 가지고 시험을 합니다. 그러나 주님을 위해서 참되이 산 사람, 구원받은 사람들은 육신을 이기는 사람들입니다.

육신을 제쳐 놓은 신앙생활의 예

일제 말기, 신사참배 문제가 있을 때입니다. 김윤석 전도사라는 분은 무려 아홉 번인가 열 번인가 감옥에 들락날락했는데 그분이 안동 감옥에 있을 때에 한부선 선교사도 같이 수감되었습니다. 그분이 한부선 선교사를 보고 하는 말이 '나는 벌써 오래 전에 죽었어요'라고 했답니다. 나는 벌써 오래 전에 죽었다는 말이 무슨 뜻입니까? 로마서 8장 10절에 있는 대로 몸은 죄로 인하여 죽었고 영은 의로 인하여 산 것이라 한 말씀을 그가 기억하고 한 말입니다.

몸은 죄로 인하여 죽었습니다. 아담 때부터 범한 죄로 인하여 우리의 몸은 죽게 되어 있다는 말입니다. 어찌됐든 우리 몸은 죽을 것입니다.

우리 조상 아담과 하와가 범죄하지 않았더라면 자손 된 우리가 몸으로 죽지는 않을 것입니다. 그러나 이렇게 조상 때부터 범죄하였기 때문에 우리의 몸은 어쨌든 죽게 되어 있습니다.

영혼은 주의 보혈로 씻음 받고 성령으로 거듭나 사망으로부터 구원을 받지만, 몸은 아무래도 죽을 것이고 또 죽은 것으로 봐야 합니다. 그런 뜻으로 김윤석 전도사는 '나는 벌써 죽었습니다'라고 말한 것입니다. 그때 그의 마음 자세는 어떠했겠습니까? 내가 이 몸 때문에 신사참배 하겠는가? 내가 이 몸 때문에 항복하고 나가겠는가? 나는 이 몸이 이미 죽은 것으로 안다고 하며 김윤석 전도사는 육신은 제쳐 놓고 신앙생활을 한 것입니다.

육신을 제쳐 놓고 평생 기도하라

육신을 제쳐 놓고 신앙생활 하지 않으면 이 육신 생활 때문에 기도를 못합니다. 디모데후서 3장 4절에 있는 말씀처럼 이 육신은 걸핏하면 쾌락 사랑하기를 하나님 사랑하는 것보다 더합니다. 또한 디모데전서 5장 6절에서는 "향락을 좋아하는 자는 살았으나 죽었느니라"고 합니다. 육신을 제쳐 놔야 육신이 좋아하는 대로 따라가다가는 망하고 마는 것입니다. 영혼이 죽는 것입니다. 쾌락을 즐기면서 어떻게 기도합니까? 우리가 어려움이나 역경을 당할 때엔 기도해야겠다고 생각하는데 자신의 힘으로 어찌어찌 해결해 보려고 하는 경향이 종종 있습니다.

우리는 평소에 기도하면서 준비하고 있어야 합니다. 그렇게 하다가 어려운 일을 당하게 될 때 더욱더 기도해야 합니다. 그런데 평소에 기도를 하지 않던 사람이 어떤 어려운 일을 당했을 때 그 어려움으로 인하여 기도한다면 거룩하신 하나님을 써 먹으려는 의도가 드러나게 됩니다. 그런 기도는 대부분 허사가 되기 쉽습니다. 우리는 육신을 제쳐 놓고 평생 기도에 힘써야 합니다. 육신은 어쨌든 죽게 되어 있는데 내가 이 육신에 종살이해서야 되겠나 하는 굳은 결심 가운데, 기도에 기도를 하고 또 기도에 기도를 하며 쌓아 나아가야 합니다. 그런 가운데 어려운 일을 당했을 때 더욱 기도하는 것이야말로 하나님이 기뻐하시는 일입니다. 뿐만 아니라 기도도 참되게 될 줄로 생각합니다. 육신의 편리를 위주로 하다가는 기도를 못합니다. 육신이 조금이라도 괴로움을 당할세라 이렇게 저렇게 편리를 도모하며 육신 제일주의로 나아가다가는 기도하지도 못하고 하나님으로부터 멀어지는 것입니다.

결단성 있는 기도의 사람 브레이너드

브레이너드 D. Brainerd, 1718-1747 는 북아메리카 인디안 선교사로서 3년 동안 그들을 위해 선교하다가 27세의 이른 나이에 폐결핵으로 사망한 분입니다.

비록 짧은 기간이었지만 그는 주님이 사랑하는 사람으로 살았습니다. 기도에 힘쓸 때에는 도무지 자신의 편리를 생각하지 아니하였습니다. 기도하기 위해서는 불편한 일들도 있었고 미처 돌보지 못하는 일들도 있었지만 그는 기도에 힘썼습니다. 그는 기도에서 힘을 얻어 하나님 앞에서 잘되었고, 인디언들에게 복음을 전해 많은 열매를 맺었습니다.

언젠가 브레이너드가 말을 타고 갈 때였습니다. 갑자기 기도할 생각이 난 그는 바로 말에서 내려 길바닥에 꿇어앉아서 기도하기 시작했습니다.

보통 사람들은 편의적으로 생각하기를 '말까지 타고 거의 다 갔는데 방에 들어가 기도하든지 아니면 조용한 바위 위에서 하면 되지 굳이 길바닥에서 기도할 것 뭐 있나?' 하기 쉽습니다. 과연 길 가다가 말에서 내려 길바닥에 서 엎드려 기도하는 사람은 어떤 마음의 사람이겠습니까? 기도할 마음이 들면 길 가는 중에라도, 길바닥에서라도, 육신의 편리를 다 제쳐 놓고라도 꼭 기도하고야마는 결단성 있는 기도의 사람인 것입니다.

우리는 기도가 막히지 않는 비결을 기억해야 합니다. 이것은 저의 말이 아니라 예수님의 교훈입니다. 예수님께서 십자가에 못 박히기 전에 죽을힘을 다해 기도하실 그때, 제자들더러 너희는 여기 있어서 기도하라 깨어서 기도하라 부탁했지만 와서 보니 졸고 자고 있었다 그 말입니다. 그때에 주님은 기도를 못하는 이유가 어디 있는지 알려 주셨습니다. 그것은 다름 아니라 "마음에는 원이로되 육신이 약하도다"라는 말씀입니다. 이것은 기도 못하는 병을 진단하신 것입니다. 주님과 같이 밝히 볼 사람이 어디 있겠습니까? 기도하라고 했는데 왜 이 사람들이 졸며 잡니까? 영은 원하지만 육신이 약하기 때문입니다. 주님은 기도가 막히는 이유를 이와 같이 판단하셨습니다. 그리고는 기도가 막히지 않도록 하기 위해 만고에 변할 수 없는 말씀을 여기에 주신 것입니다. "시험에 들지 않게 깨어 있어 기도하라 마음에는 원이로되 육신이 약하도다."

기도

하나님 아버지 감사하옵나이다. 우리를 오늘도 여기 모아주시고 우리 영이 살고자 하는 그 생각으로 기도하기를 원한다는 것과 기도를 방해하는 육신의 연약이 어떻다는 것을 또한 생각해 보았나이다. 주님은 우리를 사랑하사 주님 자신이 그렇게 기도하신 것처럼 우리도 기도하게 하려고 이런 귀한 말씀을 주셨는데 우리가 과연 이 말씀으로 즐겁게 실행해서 기도가 막히지 않는 우리들이 되게 하시고 기도로써 만사를 해결해 가며 기도로써 내 영혼이 주를 찾아가며 기도로써 주님이 우리에게 맡긴바 모든 사명을 힘 있게 감당하고도 남게 하여 주옵소서. 우리를 이대로 놔두지 마시고, 이 말씀으로 경성케 하여 이 교회는 기도가 왕성하고, 기도가 뜨겁고, 기도가 힘이 있고, 기도가 응답되고, 모이는 이 자리의 분위기가 영적으로 뜨거워지는 이 새로운 은혜를 부어주시기를 간절히 비옵고 원합니다. 우리 모두가 기도의 사람들이 되게 하여 주옵소서. 예수 그리스도 이름으로 비옵나이다. 아멘

15.
아내를 귀히 여기라

⁷ 남편들아 이와 같이 지식을 따라 너희 아내와 동거하고 그를 더 연약한 그릇이요 또 생명의 은혜를 함께 이어받을 자로 알아 귀히 여기라 이는 너희 기도가 막히지 아니하게 하려 함이라.(벧전 3:7)

기도가 막히지 않는 가정, 혹은 기도가 열리는 가정에 대하여 말씀드리고자 합니다. 사람들이 가정을 이루기 전에는 기도도 열심히 하며 신앙생활을 곧잘 하지만 가정을 이룬 후에는 신앙생활을 흐지부지 하는 경향이 있는데 이것은 그들이 약하기 때문이라 생각합니다. 가정을 이루면 혼자 살 때보다 생활이 복잡해집니다. 뿐만 아니라 마음까지 단순치 않아서 신앙생활이 단일성 있게 힘차게 나아가지 못할 염려가 있습니다. 사람이 결혼해서 한 사람이었던 것이 두 사람이 되면, 신앙생활이 그만큼 강력해지고 그만큼 배나 경건해져야 하지 않겠습니까? 기도 역시도 배나 늘어나야 하지 않겠습니까? 우리는 무엇보다도 영적 유익이라는 것을 늘 바라보며 추구하며 소유해야만 합니다.

　사도 베드로는 베드로전서 3장 1-6절에서 아내 된 자가 해야 할 일을 말씀했고 7절에서 남편 된 자가 어떻게 해야 하는지를 말씀했습니다. 기도가 막힌다, 기도가 열린다 하는 말은 기도를 많이 해보기 전에는 참으로 잘 알 수 없는 말이라고 생각합니다. 기도라는 것이 그저 하면 되는 것 아닌가, 입을 열면 기도의 말이 그저 나오는 것 아닌가 하는 생각도 하게 되는 줄 압니다. 그렇지만 하나님과 나 사이의 열림에 있어서 참으로 기도의 말들이 아름답고 참되고 하나님께 상달되는 말씀인가는 매우 중요한 것입니다.

이 말씀을 보면 누구나 다 기도하는 가정이 되기를 원합니다. 가정의 문을 열고 들어가면 기도 분위기가 느껴집니다. 서로 살아가는 과정 가운데 기도할 마음이 생기고 그래서 기도를 합니다. 이렇게 확실한 신앙생활의 분위기를 이룬 가정이야말로 지상 천국이 아니겠습니까? 이것이야말로 교역자들에게는 더할 나위 없이 요구되는 것이라는 것을 우리 모두가 다 공감할 줄 압니다.

기도가 막히지 않는 방법으로서 여기 남편 된 사람이 지식을 따라 아내와 동거하라고 말씀하셨습니다. 그런 뒤에 그 지식이 무슨 지식인지 말씀해 주셨습니다. 아내를 더 연약한 그릇이라 해서 연약한 그릇으로 알라고 하셨고, 생명의 은혜를 유업으로 함께 받을 자로 알라고 하셨습니다. 이 두 가지가 기도를 자극시키고 기도를 하게 만드는 줄로 생각합니다.

아내를 연약한 자로 알고 기도하라

첫째로, 아내를 연약한 자로 알아야겠습니다. 무엇으로 연약합니까? 신체적으로도 연약하고 정신적으로도 연약한 그릇이라는 말입니다. 그릇이라 할 때 무엇이 연상됩니까? 하나님이 쓰는 그릇이라 하는 뜻이 연상됩니다. 사람마다 다 하나님 앞에서 살고 하나님 앞에서 가치를 발생시키고 하나님 앞에서 그 가치를 비로소 발휘하게 됩니다. 그리고 누구나 다 하나님 앞에서 사명을 가집니다. 남자나 여자나 할 것 없이 똑같이 하나님이 쓰시는 그릇입니다. 연약한 그릇이라 할 때에 우리는 연약이란 낱말을 바로 이해해야 됩니다. 연약이란 것은 장점으로서의 연약이 있고 단점으로서의 연약이 있습니다. 장점으로서의 연약은 하나님을 향하여 사는 생활에 매우 귀한 조건입니다.

고린도후서 12장 10절에 "그러므로 내가 그리스도를 위하여 약한 것들과 능욕과 궁핍과 박해와 곤고를 기뻐하노니 이는 내가 약한 그 때에 강함이라" 했듯이 하나님 앞에서 영적으로 강해지는 비결은 연약에 있습니다. "그리스도를 위하여 약한 것들"이라 말하고 그 밑에 설명이 나옵니다. "능욕과 궁핍과 박해와 곤고를 기뻐하노니"라 했습니다. 남을 대적하여 남을 못살게 구는 강한 자가 하나님의 사랑을 받는 것이 아닙니다. 억울하게 남에게 곤란을 당하기도 하고 희생을 당하기도 하는 자가 하나님의 사랑을 받는 것입니다. 본문 말씀대로는 능욕과 궁핍과 박해와 곤고를 당하는 것을 하나님이 기뻐하십니다.

사도 바울이 박해받을 때에 상대방을 대적하지 않았습니다. 욕을 당할 때에 욕을 먹었지 발악하지 않았습니다. 이런 것이 다 복음 안에서 주를 위하여 약하게 사는 것입니다. 나약할 '나' 懦자가 붙어 있는 나약이 아니라 주님께 잘 순종하고 주님의 영광만 나타나도록 기다리며 바라는 좋은 약점입니다.

우리가 주의 일을 할 때에 강한 자 노릇을 하는 것이 은혜를 많이 받는 것은 아닙니다. 욕먹고 힐문 당하며 희생당하기까지 하는 입장에서도 같이 욕하거나 같이 대적하는 행동을 취하지 않고 희생당하기만 하는 약한 자로 살 때에 주님께서 그의 편이 되어 주십니다. 주님께서 그를 건져 주시며 주님의 살아 계심을 보여 주십니다. 이것이야말로 모래를 주고 진주를 받는 것과 같은 과분한 대가입니다.

우리가 무엇을 해야 주님 살아계심을 봅니까? 어떤 행동을 해야 주님께서 은혜 주는 것을 받게 되며 체험하며 그분의 놀라우심과 위대하심을 알게 됩니까? 그 무엇으로 합니까? 천하를 주고도 얻을 수 없는 것인데 이는 우리 자신이 약하게 살아가는 데 있다 그 말입니다. 주님에게 영광이 되지 않는 일이라면 아는 것도 진실로 모르는 듯 처세하고, 당당히 받아낼 것도 그저 손해 보며 처신합니다. 그러면서 눈물겹게 주님 앞에 나아가 기도하면서 살아가는 것이 주님을 모시는 방법이고 주님을 모시는 처신입니다.

참으로 여자들에게 있는 약점, 연약성을 참으로 귀한 줄 알아야 합니다. 남편 된 자가 자기 아내를 볼 때에 약하고 자기만 못하게 보인다 말입니다. 아내에 대해서 이렇게 오해하거나 잘못 생각하면 기도가 열리지 않습니다. 누구라고 이름을 댈 수는 없지만 죽을 지경에 이르도록 박해받으면서도 끝까지 연약한 처세를 잃지 않은 어떤 성도를 압니다. 그분은 예수 믿는다고 남편에게 끔찍한 핍박을 받았는데 숱하게 매를 맞았을 뿐만 아니라 열일곱 번이나 인두로 허벅지를 지지는 일을 당했습니다. 단지 예수 믿는다고 이렇게 잔인하게 핍박당한 것입니다. 인두를 달궈서 허벅지에 갖다 대고 예수 믿겠느냐 물을 때, 그분은 고요한 음성으로 '네, 믿겠습니다'라고 대답했습니다. 그 끔찍한 박해 속에서도 끝내 내색하지 않았고 온유한 말로써 끝까지 주님 앞에 절개를 지켰던 것입니다. 이것이야말로 여기서 바울이 말한 연약입니다.

남성들은 걸핏하면 혈기를 부려 얼굴을 붉히거나 언성을 높입니다. 속으로 '너는 뭐냐, 너는 뭐냐' 하며 안하무인격으로 강한 생각을 가집니다. 자기를 강하게 생각해 천하에 무서울 것 없는 듯이 하고 자신이 무엇이든 다 해치울 것같이 생각합니다. 이렇게 미련한 처세를 하는 일이 얼마나 많은지 정말 모릅니다. 참으로 연약에는 장점이 있습니다. 남의 장점을 볼 줄 알아야 화목하게 되며 동시에 하나님과 가까워지는 법입니다. 나와 같지 않다고 기분 좋지 않게 생각하거나 몹쓸 것으로 생각한다면 그것은 하나님의 창조 질서를 무시하는 악한 생각이라는 말입니다. 연약성에는 물론 상대방의 동정과 상대방의 긍휼을 요하는 점도 있습니다.

아내를 동정하며 이끌어 주라

데살로니가전서 5장 14절을 읽어보면, 마음이 약한 자들을 안위하고 힘이 없는 자들을 붙들어 주라고 했습니다. 가정에서 남편에게는 아내에 대한 긍휼과 동정이 요구된다는 사실을 깨달아야 합니다. 그래서 아내의 약점을 붙들어 주며 동정하며 이끌어 주는 것이 하나님께서 내신 법이고 하나님께서 원하시는 일입니다. 이렇게 돕는 생활이 정말 얼마나 귀한 것인가를 알아야 합니다.

우리에게는 도움받기를 원하는 마음이 늘 계속적으로 일어나는데 그것은 바람직하지 못한 생각입니다. 남에게 도움 받음으로 어떤 유익을 볼 수도 있겠지만 남을 도와주는 것만큼 유익하지는 못합니다. 하나님께서는 사람을 지으실 때 그렇게 지으셨습니다. 사람을 봉사자로 지으셨습니다. 우리가 남을 도와줄 때 하나님께서는 특별히 기뻐하십니다. 하나님께서는 내가 도움 받는 것보다는 남을 도와주는 것을 오히려 기뻐하십니다. 그리고는 우리의 영과 육에, 준비했던 은혜 주시기를 원하시는 것입니다.

사도행전 20장 35절에, 주 예수의 말씀이 받는 것보다 주는 것이 복이 있다 말씀하셨습니다. 과연 예수님의 말씀이 어떤 말씀입니까? 천지는 폐할지언정 내 말은 폐하지 못한다 하신 우리 주님의 말씀이십니다. 우리가 주님을 믿는다면 주님의 말씀을 당연히 믿어야 합니다. 우리 눈에 그분이 보이지 않기 때문에 더욱 그 말씀을 믿어야 합니다. 정말 보고 믿는 것보다 보지 못하고 믿는 믿음의 차원이 높다 그 말입니다. 보지 못하고 믿는 것을 주님이 그렇게 기뻐하시는 줄 안다면 우리는 믿음 생활에 있어서 경성해야 되지 않겠습니까? 내가 오늘날까지 믿어왔지만 내 믿음의 수준은 어느 정도인가? 정말 주님이 기뻐하시는 바로 그 믿음인가? 우리 각자가 반성하고 알아차리고 생활의 결단이 있어야 될 줄로 압니다.

과연 돕는 생활이 하늘의 은혜를 가져오는 방법입니다. 우리 신학교의 단체 생활에 있어서도 서로 도와주려고 할 때 이미 은혜가 임했습니다. 서로 도와주려고 할 때 그것이 바로 하늘나라에 상달되는 분위기입니다. 학생들과 교수들 사이가 그렇고 학생들끼리의 사이가 그렇습니다. 다른 것은 없어도 서로 도우려는 마음이 불타는 단체가 복을 받지 않겠습니까?

가정에서 남편 된 자는 아내의 연약을 볼 때에 그 연약을 장점으로 보아야 합니다. 또한 남편의 동정과 돕는 것이 아내에게는 꼭 필요하다는 것을 인식해야 합니다. 그래서 어떻게든 아내를 도우려고 애쓸 때에 그

가정에 하늘 문이 열리게 됩니다. 이렇게 될 때에 기도의 분위기가 형성되고 기도할 마음이 일어납니다. 남편이 순전히 자기중심으로 이기주의로만 행동하는 가정, 집안에 들어오면 누워서 쿨쿨 잠이나 자거나 피곤하다 하면서 시간도 안 지키고 무질서하고 게으르게 생활하는 가정, 그런 가정에 기도의 분위기가 있을 리가 있겠습니까? 이러한 무질서는 기도를 파괴하는 것입니다. 질서정연하고 책임을 완수하며 하나님이 주신 사명대로 확실히 하나님 앞에서 생활할 때 기도할 마음이 생기는 것이고 기도의 분위기가 생기는 것입니다. 아내를 이와 같이 약한 줄로 알고 올바로 살아가는 가정이라야 기도의 문이 열리게 됩니다.

아내를 존귀하게 여기고 기도하라

둘째로, 아내를 생명의 은혜를 유업으로 함께 받을 자로 알아 귀히 여기라고 말씀합니다. 아내를 그렇게 여겨야 기도의 분위기가 이루어집니다. 아내의 존엄성을 깨달아야 합니다. 아내를 그저 하나의 식구로만 생각할 것이 아니란 말입니다. 아내란 남편이 어떻게 해 볼 도리 없는 존엄한 존재입니다. 어느 누구도 그 길을 침해할 수 없고 막을 수 없을 만큼 자격이 보장되어 있는 존재입니다. 하늘의 광채 나는 자격을 갖춘 사람이란 것을 알아야 합니다.

그것은 바로 생명의 은혜를 유업으로 받을 자격입니다. '생명' 할 때 마음이 뜨거워지는 것이고, '생명' 할 때 조심하고자 하는 마음이 일어나기도 하는 것입니다. 그 생명의 내용을 따져볼 때 어떠합니까? 영원한 생명인데, 영원이란 것은 사람이 어떻게 좌우하지 못하는 것입니다. 영원한 세계에 가서 될 일을 땅 위에 있는 누가 막을 수 있겠으며 방해할 수 있겠습니까? 땅 위의 그 무엇도 이것을 동요하게 할 수는 없습니다. 그만큼 아내의 존엄성을 깨달을 줄 알아야 합니다.

한 사람이 전도지를 나눠주면서 노방전도하고 있었습니다. 그때 어떤 사람이 그를 핍박하더니 전도지 한 뭉치를 뺏어서 찢어 버렸습니다. 그 사람은 찢은 전도지 한 조각을 자기도 모르게 주머니에 넣고 집으로 돌아갔습니다. 그날 밤 주머니에 손을 넣었다가 잡히는 종이 조각을 꺼내 보니 거기에 영원이라는 글자가 있었습니다. 그 사람은 영원이라는 글자를 보고 거꾸러졌다고 합니다. 영원이라는 것이 말로 할 뿐이지 어떻게 형용을 합니까? 영원토록 비극을 당한다면 그보다 불행한 일이 없는 것이고, 영원토록 생명을 얻는다면 그보다 복 된 것이 없는 것 아닙니까? 세상에 마비되지 않은 사람이라면 영원이라는 말은 그들의 잠자는 영혼을 깨울만한 단어입니다.

생명의 은혜라는 것은 영생의 은혜란 말인데 아내란 생명의 은혜를 유업으로 함께 받을 자라 말씀했습니다. 가정을 이루고자 하는 사람들이 아내를 찾을 때 피상적으로 잘못 판단하는 일이 얼마나 많습니까? 아내 될 여자의 얼굴이 어떤가 하는 생각이 먼저 든다면 그것은 잘못입니다. 육체적 아름다움도 있지만 그보다는 도덕적 아름다움, 또 그보다는 영적 아름다움을 생각해야 합니다. 사람을 영원계로 옮겨 놓을 수 있는 힘의 아름다움이 바로 영적 아름다움이 아닙니까? 신학교 공부를 하고나서 가정을 이루는 데 있어서도 성경 말씀대로 하지 않고 아무 계획성 없이 마구잡이로 할 때에 그것은 자기 자신을 크게 잘못되게 하는 것이고 영원히 잘못되게 하는 것일 수 있습니다.

부모가 자기 재산을 자식에게 거저 주는 것, 그것이 유업입니다. 아내란 생명의 유업을 받는 사람입니다. 그런 복을 받은 사람입니다. 그녀를 위해 예수님이 피를 흘리셨습니다. 그녀는 하나님의 딸이라는 생각을 해야 합니다. 그녀는 영원히 하늘에서도 살아 있을 자라는 것을 명심해야 합니다. 이렇게 생각하고 그 마음이 하늘에 가 있어야 과연 기도할 마음이 생기고 그 가정이 기도의 분위기를 이룰 수 있습니다. 여러분의 가정들이 이렇게 기도가 열려 있는 가정이 되기를 매우 간절하게 바라는 바입니다.

기도가 열리는 가정이란 집에 들어가고 나서도 기도하고 싶은 생각이 나고 집에서 나갈 때에도 기도하고 나가고 싶은 그야말로 기도의 분위기가 꽉 차 있는 가정을 말합니다. 다른 사람들이 찾아왔을 때에도 무어라 굳이 표현할 수 없지만 마음이 부드러워지고 하나님을 생각할 마음이 생기고 꿇어 앉아 기도할 마음이 생기는 가정을 말합니다. 이러한 가정이 되어야 개인으로서도 형통한 것입니다. 일을 맡아 역사하는 교회도 형통한 것입니다. 한국 교회든 세계 교회든 모두 신령한 복의 기관이 된다는 것을 명심하고, 기도하는 신학생이 되고자 죽기 살기로 힘쓰고 애써야 합니다. 그런 후 기도하는 전도사가 되고 기도하는 교역자가 되어야 하는 것입니다.

이와 같은 신분으로 기도가 열리는 가정을 이루면서 살고자 할 때에 이 땅에는 진창과 같이 어렵고 불편한 것들이 많습니다. 하지만 우리는 벌써부터 하늘나라 복을 누리는 사람이 된 것이니 하나님이 주신 성경 말씀을 한 자도 에누리하지 마시고 말씀대로 살도록 온 힘을 다하십시오.

여러분의 신학 3년이 한평생 아니 영원토록 잊어버릴 수 없는 참으로 복 받는 기회가 되기를 간절히 바랍니다.

기도

하나님 아버지 감사하옵나이다. 오늘도 기회를 주시고 우리 형제들과 함께 하나님의 말씀을 생각하면서 우리의 영혼이 고갈된 상태에서 은혜를 사모하며 말씀을 듣게 된 것을 감사하옵나이다. 원컨대 하나님께서 이 사랑하는 형제들을 장중에 붙잡으시고 복의 기관들이 되도록 하여 주시되 주의 일하면서도 기도하고, 가정에서도 계속 기도하는 이와 같은 기도의 사람들이 되도록 은혜를 주시옵소서. 예수 그리스도의 이름으로 비옵나이다. 아멘

16. 누구나 받는 기도 응답

⁵ 너희 중에 누구든지 지혜가 부족하거든 모든 사람에게 후히 주시고 꾸짖지 아니하시는 하나님께 구하라 그리하면 주시리라 ⁶ 오직 믿음으로 구하고 조금도 의심하지 말라 의심하는 자는 마치 바람에 밀려 요동하는 바다 물결 같으니 ⁷ 이런 사람은 무엇이든지 주께 얻기를 생각하지 말라 ⁸ 두 마음을 품어 모든 일에 정함이 없는 자로다.(약 1:5-8)

야고보서 1장 1절 이하를 보면 성경 다른 곳에서는 흔히 보지 못하는 말씀이 기록되어 있습니다. 그것은 시험을 당하거든 기쁘게 여기라는 말씀입니다. 2절부터 읽겠습니다. "내 형제들아 너희가 여러 가지 시험을 당하거든 온전히 기쁘게 여기라 이는 너희 믿음의 시련이 인내를 만들어 내는 줄 너희가 앎이라 인내를 온전히 이루라 이는 너희로 온전하고 구비하여 조금도 부족함이 없게 하려 함이라."

성경의 다른 곳을 보면 인내는 복 받는 단계에 들어가는 방편으로 말씀한 것 같습니다. 인내를 가지고 참아 나갈 때 그 끝이 참으로 보람되다는 말씀이 많이 있습니다. 그러나 여기서는 인내를 통해서 우리의 인격이 완성된다고 말씀하고 있습니다.

어떤 좋은 일의 방편이라고 하기보다는 우선 인내해 나갈 때에 나 자신이 좋아지고 야물어지고 참으로 온전해진다고 말씀하고 있습니다. 우리가 5절부터 본문으로 읽었습니다. 여기서 야고보가 생각한 기도의 내용이란 2절부터 우리가 본 대로 인내와 관련 있는 기도라고 생각됩니다.

누구나 응답받는 기도

기도는 누구든지 하면 된다는 것입니다. 기도를 하면 응답을 받는다는 것입니다. 여기 5절 초두에 "너희 중에 누구든지"라고 말씀했습니다. 누구든지 하면 된다고 성경은 말씀하지만 듣는 사람들은 '난 안 돼'라고 고집을 피우기도 합니다.

야고보는 특별히 기도에 대해서 말을 많이 했습니다. 야고보서 5장 17절 이하에 보면 "엘리야는 우리와 성정이 같은 사람이로되 그가 비가 오지 않기를 간절히 기도한즉 삼년 육 개월 동안 땅에 비가 오지 아니하고 다시 기도하니 하늘이 비를 주고 땅이 열매를 맺었느니라"는 말씀이 있습니다. 이처럼 엘리야도 우리와 성정이 같다고 하면서 우리도 기도하면 된다고 말씀합니다.

어떤 신학자는 엘리야더러 강철 선지자 Iron Prophet 라고 말했습니다. 바알을 섬기는 거짓 선지자 450명을 하늘에서 불을 내리게 하여 멸절시키는 놀라운 역사를 보고서 그렇게 말한 것 같기도 합니다. 또 불이 하늘에서 내려와 오십부장들을 멸절시킨 일도 생각한 것 같습니다.

하지만 엘리야는 우리와 같은 성정의 사람이라고 성경에 써 놓았습니다. 엘리야는 참으로 연약한 사람입니다. 그 많은 수효의 거짓 선지자들을 하늘로부터 불이 내려오게 하여 멸절시키고 승리한 놀라운 초자연적인 기적을 체험했지만 그 사건에 뒤이어 낙심한 것을 우리가 볼 수 있습니다. 그 사건이 있은 후 열왕기상 19장에 보면 엘리야가 낙심한 것을 볼 수 있습니다. 아합의 아내의 칼에 죽지 않으려고 하나님 앞에 조르기를 '내 생명을 취하소서' 할 정도였습니다. 천하를 진동하는 그런 하나님의 능력을 친히 체험하고도 즉시 이렇게 낙심한 사람이었습니다.

하나님께서 엘리야를 통해서 역사하신 비결은 무엇입니까? 엘리야가 약하였기 때문입니다. 약하다는 것은 장점이 있습니다. 그러나 그가 길을 바로 잡은 다음에는 아주 쓸모 있게 됩니다. 하나님이 일을 시키면 즉각 순종합니다. 자기가 없는 것처럼 순종하였습니다. 하나님께서 엘리야에게 명하시기를 어디로 가라 하면 "예" 하고 간 것입니다. 하라고 하는 대로 순종을 잘 하였습니다. 그가 어떤 영웅적인 기질이 있어서 그런 게 아닙니다. 이 세상에서 예수 믿기 어려운 기질은 영웅적 기질입니다. 사람이 좀 잘났고 재주가 있고 지식이 많으면 너무도 자신을 믿는 것이 앞서 나가기 때문에 주님을 무조건 믿고 순종하는 데는 약점이 됩니다.

엘리야는 우리와 같은 성정의 사람이라고 말했습니다. 이런 말씀을 읽으면서도 우리가 기도의 용기를 못 얻는다고 하면 그것은 생을 포기하는 것입니다. 자기의 삶을 포기하는 것입니다. 자포자기의 죄를 범하는 사람이 아니겠습니까?

지혜를 구하는 기도

다음으로 지혜를 구한 것을 볼 수 있습니다. 5절에 "너희 중에 누구든지 지혜가 부족하거든"이라고 말씀하였는데 이 말씀은 그 앞 절 말씀과 통합니다. 4절에 "인내를 온전히 이루라 이는 너희로 온전하고 구비하여 조금도 부족함이 없게 하려 함이라"고 하였습니다. 그리고 5절의 헬라어 원문

초두에 "그러나"라는 말이 있습니다. "그러나 너희 중에 누구든지 지혜가 부족하거든"이라고 하여 읽으면 5절이 4절의 말씀과 잘 통합니다. 4절 하반절에 "부족함"이란 말이 있고 5절에 "부족하거든"이라고 말한 것을 보면 5절은 4절을 받아서 나온 것이 분명합니다. 인내할 것 같으면 인격이 온전해진다는 것입니다. 부족한 것이 없을 것이라고 말씀했습니다.

그러나 "너희에게 지혜가 부족하거든"이라 해서 부족이라는 것과 연관하여 지혜라는 것이 무엇인지 알려줍니다. 그 지혜는 다른 것이 아니라 시험을 당할 때, 즉 곤란과 어려움을 당할 때에 잘 참아내는 지혜입니다. 잘 참아내면 힘이 생기는 것입니다. 지혜라는 것은 지식이 아닙니다. 지식이라는 것은 어떤 은혜를 또 새로 받기 전에는 관념으로 남아 있습니다. 그러나 지혜라고 하는 것은 하나님께서 할 일을 깨닫게 하는 동시에 할 마음이 생기게 하고 또 하게 됩니다. 어렵다고 하여 미리부터 누울 자리를 보아서는 안 되고 미리부터 낙심하면 안 됩니다.

하나님께는 방법이 있습니다. 그러기 때문에 우리는 어려운 일을 당할 때 기도하며 생각할 줄 알아야 합니다. 지혜를 얻어야 합니다. 이 지혜라는 것은 다른 것이 아니라 '아! 이것 어떨까? 이렇게 하는 것이 좋을까, 저렇게 하는 것이 좋을까?' 이런 생각을 하나님 말씀 앞에서 할 때 하나님께서 지혜를 주시는 것입니다. 아! 그렇게 해선 안 된다 저렇게 해야 된다는 것을 분명하게 심령에 알려 주는 동시에 용기를 줍니다. 그 일을 행하도록 용기를 주시고, 할 마음이 생겨 하게 됩니다. 이것이 하나님이 주시는 깨달음인 동시에 또 힘인 것입니다. 깨달음과 더불어 힘이 생기는 것이 지혜입니다.

지혜는 메마른 지식과는 다릅니다. 지혜가 생겼다고 하면 그것은 행하는 것이어서 열매를 맺습니다. 하나님께로부터 깨달음을 얻었고 동시에 힘까지 받는 것입니다. 하나님께서 성경 말씀을 내게 연결시키면서 길을 보여주시는 것입니다. 그러니까 전에는 하려고 하던 것도 중지하고 새 힘을 얻어 가지고 나가는 것입니다. 이것 지혜입니다.

사람이란 참는 것이 어렵습니다. 성질이 나게 되고 중단하게 되고 이런 모양 저런 모양으로 인간은 일을 그르치게 됩니다. 인간은 제 나름대로 하다가는 망합니다. 생각을 하고 주님 앞에 기도할 줄을 알아야 합니다. 야고보가 말한 이 지혜는 참아야 되겠구나 하는 그 지혜란 말입니다. 인격의 연단입니다. 이것이 무엇보다도 중요합니다. 천하를 얻었다고 하더라도 내 인격이 망가졌다면 아무 소용이 없습니다. 내 인격이 지금 어느 위치에 있는가 내 인격이 지금 어떻게 되어 있는가 하는 것을 살펴야 하겠습니다.

생각하며 묵상하며 정성껏 기도할 때에 하나님께서는 깨달음을 주십니다. 하나님께서는 깨달음을 주시는 동시에 그 깨달음은 힘과 합쳐져 나를 움직여 나가는 것입니다. 유쾌한 마음과 기쁜 마음으로 그 길을 택하고 가도록 해줍니다. 그런 때는 하나님이 함께 해 주십니다. 하나님이 함께 해 주신다는 것은 거짓말이 아니고 언제나 양심적으로 사는 사람에게는 살아 있는 현실입니다. 우리가 하나님과 함께 하지 아니하고서 어떻게 의를 이루며 선을 이루며 신앙생활을 유지해 나갈 수가 있겠습니까? 그러므로 생각하는 시간을 가져봅시다. 기도하는 시간을 가져봅시다. 이것이야말로 지혜를 갖는 방법입니다.

믿음으로 하는 기도

　야고보는 믿음으로 구해야 된다고 말씀합니다. 6절 이하를 보면 "오직 믿음으로 구하고 조금도 의심하지 말라 의심하는 자는 마치 바람에 밀려 요동하는 바다 물결 같으니 이런 사람은 무엇이든지 주께 얻기를 생각지 말라 두 마음을 품어 모든 일에 정함이 없는 자로다"라고 했습니다. 믿음으로 구하라고 할 때 우리는 일시적인 신앙을 생각하기 쉽습니다. 즉 기도하는 그 순간에 이 마음이 잘 정돈이 되면서 구하는 것을 꼭 받을 줄로 믿게 되는 그런 심리 현상으로 생각해서는 안 됩니다. 다른 때는 어찌 됐든 간에 기도하는 순간에는 구하면서 꼭 받는다는 심리를 가져야, 받을 수 있다는 뜻으로 생각한다면 진리의 한 부분만 알았지 진리 전체는 모르는 것입니다. 하나님은 사람을 그렇게 대하지 않습니다. 어느 때는 믿음이 없는 자에게도 주시는 일이 있습니다. 그러나 그런 예는 특별한 경우이고, 그런 것을 표준으로 삼다가는 잘못 될 수 있습니다.

　우리는 언제든지 주님께 무엇을 구할 때에 믿음으로 구해야 된다는 이 생각을 해야 되지만 기도하는 순간에 넘겨받는 것이 아닙니다. 믿음이라 할 때는 그리스도를 믿는 믿음을 말하는 것입니다. 야고보서 2장 초두에도 그리스도에 대한 신앙을 우리에게 알려주고 있습니다. 믿음으로 기도하려면 우리가 평소에 그리스도를 믿고 사는가 그것이 문제입니다. 참으로 우리가 그리스도 안에서 사는 사람이 되어서 사사건건 주님을 기쁘시게 하는 마음으로 어떤 손해를 본다 하더라도 주님 한 분 모시고 살겠다는 결심 하에서 움직이는 사람이 그런 믿음을 가지고 주님 앞에 구할 때에 그것이 과연 믿음으로 구하는 것입니다. 기본적인 끈기도 없고 진실성이 부족한 신앙을 보고 하나님께서 기쁘게 주신다는 말씀으로는 해석하고 싶지 않습니다.

믿고 의심치 않는 기도

우리는 평소에도 의심이 있어서는 안 됩니다. 의심이란 것은 어떤 것입니까? 자기 자신을 속이는 데서 의심이 생기는 것입니다. 자기가 자기를 속이는 것이지요. 그러므로 만족을 얻지 못하고 유리방황하며 흔들흔들하여 공중에 뜬 먼지와 같이 비참하게 근근이 존재나 유지하는 그러한 생활이 되는 것입니다.

언제나 이론주의만으로는 의심을 면치 못합니다. 교회 역사를 볼 때에 믿음을 가르치는 신학교들이 왜 그렇게 타락합니까? 믿음을 가르치는 교수들이 왜 그렇게 딴 소리를 합니까? 그 이유는 신학교들에서 가르치는 그 사람들이 이론주의 일변도인 관념 세계에서만 살고 있기 때문입니다. 실행에 옮기지 아니합니다. 병이 날 정도로 이 몸을 끌고 다니면서라도 기도를 해야 되는데 기도를 안 합니다. 또 실행하는 것을 볼 때에 몸을 아끼고 머리만 보호하고 있습니다. 이런 이론주의는 계속 의심을 숨기고 있습니다.

야고보서 1장 22절을 보면 말씀을 "듣기만 하여 자신을 속이는 자가 되지 말라"고 했습니다. 듣기만 하거나 연구만 하는 자는 자기 자신을 속이는 자라는 것입니다. 하나님 말씀을 들여다보고 자기를 봅니다. 하지만 성경을 접은 다음에는 자기의 얼굴이 어떻게 생겼는지 그것도 다 잊어버리는 것입니다. 성경 말씀은 먹고 마시고 살라고 준 것이지 내 머리로

접촉하는 정도로 끝을 내는 그러한 목적으로 주신 것이 아닙니다. 귀한 말씀대로 살지는 않으니까 자기를 속이는 자가 되어서, 결국 자기가 계속 속으니까 계속 의심을 하게 되는 것입니다. 의심을 없애고 믿음으로 행해야 하는 것입니다. 우리는 신앙으로 일관하여 살아가야 할 줄로 생각합니다. 신앙으로 일관하지 않으면 의심이 마음에 숨어 있는 것이고 따라서 남 모르게 바다 물결같이 불안정 상태로 지내는 까닭에 영적 기쁨은 맛보지 못하는 것입니다. 믿음으로 안정되어 무서운 풍파 속에서라도 기쁨을 유지할 수 있는 그런 생활은 전혀 못하는 것입니다.

맺는 말

여러분, 오늘 이 말씀을 우리가 함께 명심하십시다. 야고보가 기도를 어떻게 알고 가르쳤습니까? 그는 첫째로 기도 응답은 누구나 받을 수 있다는 것을 굳게 믿었습니다. 엘리야도 특별한 사람이 아니라고 하면서 누구든지 구하면 된다고 했습니다.

그리고 특별히 지혜를 구하라 했습니다. 이 지혜란 우리 인격 건설에 가장 귀한 방법으로서의 인내를 말하는 것입니다. 우리는 인내가 어렵다는 편견을 가지고 주저앉으려고만 하지 말고, 된다고 주장해야 합니다. 주님이 도와주시는데 안 되겠습니까? 우리는 주님 앞에 나아가서 생각할 줄 알아야 하고, 기다릴 줄 알아야 합니다. 주님 앞에서 시간을 쓰되 특별히 기도를 통하여 주님을 만나보는 이 귀한 기도를 유지해 나가야 하지 않겠습니까?

우리는 무엇보다도 믿음 일관주의로 나가야 합니다. 일시적 확신보다도 지속적인 신앙을 갖고서 의심이라는 것이 생길 수 없도록 말씀을 실행하면서, 계속하여 말씀의 맛을 보면서 주님이 기뻐하시는 분위기 속에서 살아갈 줄 알아야만 기도응답을 받으며 우리 주님께 영광을 돌릴 것으로 믿습니다.

기도

하나님 아버지 감사하옵나이다. 우리를 불쌍히 여기사 오늘도 시간 주신 것을 감사하옵나이다. 주여 이제 간구하오니 그저 우리가 믿는다고 말만 하지 않게 하시고 성경대로 믿기를 간절히 원하며 또 은혜로 믿어지며 과연 주님과 함께 사는 체험 안에서 기쁨이 없는 시대에 하늘의 즐거움을 전달하는 하나님의 역군들이 되게 하여 주옵소서. 우리의 죄와 허물을 용서하여 주옵소서. 우리는 너무나도 기도를 게을리 합니다. 실행하기에 게으릅니다. 주여 우리를 용서하시고 우리를 붙잡으사 기어코 이 시대에 주님의 말씀을 먹고 마시는 자가 되게 하옵소서. 과연 이 말씀에 우리의 몸을 던져 넣어서 말씀이 우리를 주장하게 하셔서 참으로 주님을 생각할 때에 마음이 평안해지며 주님께 기도할 때에 어떤 방법으로든지 응답되는 체험을 계속 받게 하여 주옵소서. 주님이여 우리가 가는 곳에 과연 평안이 전해지도록 아버지께서 우리를 세워 주시옵소서. 예수 그리스도의 이름으로 비옵나이다. 아멘

17.
신자의 원한을 들으신다

¹ 예수께서 그들에게 항상 기도하고 낙심하지 말아야 할 것을 비유로 말씀하여 ² 이르시되 어떤 도시에 하나님을 두려워하지 않고 사람을 무시하는 한 재판장이 있는데 ³ 그 도시에 한 과부가 있어 자주 그에게 가서 내 원수에 대한 나의 원한을 풀어 주소서 하되 ⁴ 그가 얼마 동안 듣지 아니하다가 후에 속으로 생각하되 내가 하나님을 두려워하지 않고 사람을 무시하나 ⁵ 이 과부가 나를 번거롭게 하니 내가 그 원한을 풀어 주리라 그렇지 않으면 늘 와서 나를 괴롭게 하리라 하였느니라 ⁶ 주께서 또 이르시되 불의한 재판장이 말한 것을 들으라 ⁷ 하물며 하나님께서 그 밤낮 부르짖는 택하신 자들의 원한을 풀어 주지 아니하시겠느냐 그들에게 오래 참으시겠느냐 ⁸ 내가 너희에게 이르노니 속히 그 원한을 풀어 주시리라 그러나 인자가 올 때에 세상에서 믿음을 보겠느냐 하시니라.(눅 18:1-8)

여러분이 잘 아시는 예수님의 기도 교훈입니다. 예수님이 기도를 그렇게 강조하시고 역설하시고 권장하시되 늘 "항상"이라는 개념으로, "항상"이라는 뜻으로 말씀하십니다. 그러면서 다음과 같이 비유로 말씀하셨습니다. 한 지방에 법관이 있었는데 어떤 과부가 억울함을 당해 그 법관을 찾아가서는 내 원한을 풀어달라고 부탁했습니다.

그런데 이 법관은 불의한 사람이라서 이런 억울한 사건을 취급하지 않았습니다. 의로운 사람이라면 억울한 것을 잘 재판해 주고 잘 풀어줘야 하는데 불의한 법관이라서 그에게는 정의감이 전혀 없었습니다. 일을 처리해 주지 않고 있다가 과부가 계속 와서 부탁하니까 시끄러워서 풀어 주었습니다. 시끄러워서 그 일을 처리해 주었습니다. 얼마나 불의한가 보세요. 정의감이라고는 전연 없습니다. 불쌍한 과부의 일을 처리해 주는 데 있어서도 자기 개인의 유익을 위해서 해 주었습니다. 의를 세우겠다는 마음이 없습니다. 늘 와서 청원을 하니까 시끄럽다고 생각한 것입니다.

시끄러움을 면하기 위하여, 그것이 개인적으로 유익하다고 생각하여 그 일을 처리해 주긴 했습니다.

이러한 비유로써 주님께서 우리에게 보장해 주시는 말씀은 기도는 반드시 이루어진다는 것입니다. 그것은 7절의 "하물며"라는 말에서 잘 나타납니다. 정의감이 전혀 없는 자, 언제든지 철두철미한 이기주의 입장에서 생각하는 불의한 법관도 자주 와서 청원하는 과부의 억울함을 풀어 주었는데 "하물며" 하나님께서 그 백성의 기도를 들어주지 않겠느냐는 말씀입니다.

억울함을 풀어주는 의로우신 하나님

첫째는 본문 7절에 있는 "하나님께서"라는 말입니다. 하나님께서 들어주시지 않겠느냐고 말씀하십니다. 하나님은 불의한 법관과는 완전히 대조되는 의로우신 분입니다. 정의감이 풍부하신 분입니다. 정의감이 풍부하시다는 표현으로 말하는 것조차 너무나 속된 말 같습니다. 하나님에 대해서 정의감이 풍부하시다는 말을 쓸 수 있겠습니까? 그보다는 하나님은 의로우실 뿐 아니라 그 자신이 의로 계시는 의 자체이십니다. 요한일서 4장에 '하나님은 사랑이시라'고 말씀하신 것처럼 '하나님은 의이시다'로 말씀하실 수 있습니다. 하나님이 세상을 이처럼 사랑하사 독생자를 주셨다고 말씀하셨습니다. 독생자는 예수님이신데, 예수님이 바로 하나님이신데, 하나님께서 하나님 자신을 우리에게 주셔서 하나님이 바로 우리에게 의가 되십니다.

우리의 의로는 구원받을 만한 내용이 전혀 없고 저주받고 멸망 받을 만한 죄만 있는 자들인데 우리를 구원하시기 위해서 의가 되시는, 의 자체가 되시는 예수 그리스도를 주신 것입니다. 예수 그리스도께서는 우리에게 의가 되십니다. 로마서 3장 25-26절에서는 하나님께서 우리 죄를 예수 그리스도의 보혈로 사죄하셔서 우리를 의롭게 하셨다고 했습니다. 우리를 의롭게 하시는 동시에 당신님의 의를 나타내셨다고 합니다. 우리의 죄를 거저 용서하신 것입니다. 당신님께서 친히 대가를 지불하고서 용서하신 것입니다. 우리 자신의 입장에서야 거저입니다. 우리의 의가 무슨 작용을 해서 구원받는 것 아닙니다. 하나님의 의를 받으므로, 그 주신 선물로서 의(義), 즉 그리스도를 받으므로 구원받습니다. 하나님의 의로 구원받습니다. 그러므로 하나님의 의는 바로 예수요, 그 예수님이 바로 우리에게 의가 되신 것입니다.

이렇게 자신이 의가 되셨으니 만큼 하나님께서는 정의감이 충만하십니다. 억울하게 당하는 자를 볼 때에 그 심정은 형용할 수 없을 만큼 불타오릅니다. 그가 하시는 일이 단기간에 이루어지는 것은 아닙니다. 하나님의 법도를 파괴시키는 그런 자들을 볼 때에도 오래 참으시기는 하십니다. 그렇지만 그 안타까운 심정만큼은 불붙고 있는 하나님이십니다.

불의한 법관과 의 자체이신 하나님과 대조해서 우리가 억울함을 가지고 기도할 때에 하나님께서 갚아주실 것은 너무도 명백합니다. 이제 억울한 것이 무엇인지 차차 말씀드리겠습니다.

진실한 기도

그 둘째 말씀이 무엇입니까? 7절을 다시 봅시다. "하물며 하나님께서 그 밤낮 부르짖는 택하신 자들"이라고 했습니다. 밤낮 부르짖는다는 것은 '운다'는 말과 뜻이 통하는 말씀입니다. '운다' 하는 뜻이 있습니다. 얼마나 심각한 안타까움이 있으면 울면서 구하겠습니까! 참으로 우는 자에게는 외식이 없습니다. 눈물이 글썽하거나 혹은 통곡하는 그 심정에 외식이 있겠습니까? 부르짖음은 아픔에서 나오는 현상입니다. 아픔에서 나오는 표현입니다. 아파하는 사람이 어떻게 외식을 하겠습니까? 아픈 데 정신이 온통 다 쏠려 버리고 말았는데, 거기에 아예 집중이 되어 버렸는데 어떻게 정신이 나뉘어 외식을 합니까? 우는 기도, 이것이 여러 가지로 장점을 가진 기도입니다. 그런데 이 기도를 밤낮 한다고 했어요. 이렇게 하는 기도가 어떻게 허사가 되겠습니까? 하나님은 기도를 들으시는 주님이신데 허사가 될 리 있겠습니까?

시편 51편 6절을 보면, 여호와께서는 중심이 진실함을 원하신다고 했으니 진실이 있을 때에 그 기도가 정당하면 응답해 주십니다. 하나님은 진실을 상대하십니다. 우리 믿는 사람들도 기도를 한다고 하지만 진실성이 너무 없기 때문에 오래 기다려 보십니다. 아무리 사랑하는 자라도 진실하기 전에는 주님께서 행동하지 않으십니다.

우리 믿는 사람들이 진실한 기도를 하게 되는 데에는 상당한 시간이 걸립니다. 우리 믿는 사람들도 아직은 못된 성질이 채 죽지 않았기 때문에 망령되고, 성의 없고, 허황하고, 집중하지 않고, 그저 헛된 말을 많이 합니다. 하지만 하나님께서 얼른 기도 응답을 안 해 주실 뿐만 아니라, 믿는 사람들은 분명 성령으로 거듭난 사람이긴 하니까 시간이 지나면 아무래도 진실한 맘이 나오기는 합니다. 낙심하지는 않습니다. 오랫동안 정신이 들지 못한 기도를 하다가 하나님이 이루어 주시지 아니하니까 안타까워 죽을 지경이 된다 말입니다. 그때에 하나님께서 그 진실을 보신다는 것입니다. 따라서 밤낮 기도해야 됩니다. 기도를 많이 해야 된다는 말입니다. 오랫동안 해야 그 가운데 참된 것이 나옵니다.

좋지 못한 땅에 경작을 하려면 많이 경작해야 좋은 곡식을 거둡니다. 우리는 좋지 못한 땅입니다. 참된 세계에 접촉하는 것이 쉽게 되는 일은 아닙니다. 하나님은 참이신 분입니다. 따라서 그분은 헛된 것과는 관계하지 않습니다. 헛된 것을 동정하며 헛된 것과 사귄다면 하나님 자신이 진실치 못하다는 말이므로 그렇게 될 수는 없습니다.

과연 시간을 많이 바쳐서 기도하는 중에 제 정신이 돌아와 가지고 그래도 조금이나마 기도다운 기도를 하는 순간이 오는 것입니다. 그러기 때문에 밤낮 부르짖어야 됩니다. 밤낮 부르짖는다는 것이 직장도 그만두고 기도만 하고 앉아 있으라는 말은 아닙니다. 그러나 직장도 그만두고 기도했으면 좋겠다고 하는 마음은 있어야 됩니다. 일정하게 뜻을 정하여 스스로 규칙을 만들고 그 규칙을 지켜서 기도할 때 그것이 밤낮 기도하는 것입니다. 밤에도 규칙을 지켜서 기도하고 낮에도 규칙을 지켜서 기도할 때에 그것이 밤에도 기도하고 낮에도 기도하는 것이라는 말입니다.

사람이 무슨 일을 하든지 규칙을 지켜야 일이 되는 법입니다. 의사가 병원만 차려놓고 그 시간을 규칙적으로 지키지 아니하면 그 병원은 안 됩니다. '지금 병원에 가면 있을까? 아마 없을 거야. 어떤 때는 오전에 없고 또 어떤 때에는 오후는 있는데 그것도 어떤 때는 오후에도 없더라.' 그렇게 될 것 아닙니까? 규칙을 안 지킨다는 것은 하지 않는 것과 마찬가지입니다. 성의 있게 하지 않는 것이 무슨 하는 것입니까? 진실하게 힘써가면서 규칙을 지키면서 해야 거기에 노력이 들어간 성의 있는 일이 되는 것입니다. 그 노력을 하지 않고 성의를 내지 않으면 하는 것도 아니고 일도 되지 않는 것입니다.

저는 기도를 많이 하지 못하는 사람입니다. 그러나 자식들에게, 너희들 그저 시간을 지켜서 기도해야 된다고 가르칩니다. 저녁에 모여서 기도할 때 보면 잘 앉아 있는 경우도 있고, 하기 싫은데 억지로 앉아 있는 경우도 더러 봅니다. 그런 경우에는 하나님께 기도하기 싫어하는 그것을 회개하고 기도하도록 해야 합니다. 그냥 싫은데 계속 옳지 않은 심리를 가지고 억지로 기도한다면 그것은 하나님을 욕하는 것이 됩니다. 규칙적으로 성의 있게 내 자신을 하나님께 내어 맡기면서 기도해야 하지 않겠습니까? 이같이 시간을 지킨다는 것이 중요합니다. 또 장소를 지킨다는 것도 중요합니다. 그저 되는 대로 할 때에 거기에는 그만큼 부족이 있습니다. '하면 하고 말면 말지' 하는 심정으로 기도하면 안 됩니다. 장소 문제도 중요합니다. 신자들은 경치 좋고 고요한 산골을 지나갈 때에도 '야, 저기 들어가서 기도하면 좋겠다' 하는 그러한 마음을 가져야 합니다.

기도하는 것을 즐거워해야 됩니다. '아, 저기 큰 돌이 있다. 저기 올라앉아서 밤새도록 기도했으면 좋겠다' 하는 생각을 할 수 있어야 하나님을 즐거워하는 표가 되는 것입니다. 그것이 과연 거듭난 사람의 태도입니다. 규칙을 지켜서 기도할 때 밤낮 기도하는 것이 되고 동시에 탄원의 기도, 탄식하는 기도가 됩니다. 자동차를 타고 가면서라도 두루 살펴보면서 기도하면 좋겠구나 하면서 탄식의 마음이 일어나야 합니다.

임기응변의 기도를 해야 합니다. 임기응변의 기도라는 것은 무슨 일이 있을 때 거기에 맞춰서 기도하는 것을 말합니다. 어떤 일에 응해서 기도한다는 말입니다. 느헤미야 2장을 보면 느헤미야는 페르시아의 관리로 있으면서 자기 민족이 걱정되었습니다. 사람들을 거느리고 유대로 돌아가게 해달라고 왕에게 청원하고 싶은 마음이 생겼고, 그래서 왕을 만나 대화를 나누면서 맘속으로 조용히 기도를 했습니다. 왕에게 청원을 드리는 마당에 조용히 기도한 것입니다. '주여 도와 주시옵소서, 이 왕을 감동시켜 주시옵소서'라고 그렇게 기도했는지 모르지만 기도했다고 기록되어 있습니다(느 2:4). 유명한 설교자 스펄전은 느헤미야의 기도와 같은 응급적인 기도를 아주 귀한 기도라고 했습니다. 왜냐하면 응급적인 기도에는 외식이 없다는 것입니다. 말을 매끄럽게 잘하려는 노력도 없이 그저 안타까우니까 '주여, 이것 어떻게 되게 해 주옵소서' 뭐 그런 것인데 외식이 없다는 것입니다. 응급 기도에 대한 스펄전의 평가입니다.

또한 특별기도를 하는 그것이 있어야 항상 기도가 되고 밤낮 기도가 되는 것입니다. 특별기도를 한다는 것은 일주일에 한 번이나 한 달에 한 번 혹은 두 달에 한 번, 산중이나 한적한 곳에 찾아가서 몇 날 금식하면서 기도하거나 설령 금식은 하지 않더라도 거기 가서 자기 자신을 검토하면서 간절한 마음으로 기도하는 것을 말합니다.

추운 겨울날 방안을 따뜻하게 하려면 불을 많이 때야 됩니다. 지금은 기계로 작동하는 난방 장치가 잘 되어 있지만 예전에는 직접 산에서 나무를 가져다가 아궁이에 불을 땠습니다. 온돌에 불을 많이 때 놓으면 방이 따뜻해 가지고 몇 날 동안 따뜻합니다. 그와 같이 언제든지 특별기도를 잊지 말고 해야 합니다. 우리 자신들이 살기 위해서는 그러한 특별기도를 해야 합니다. 이것은 온돌에 불을 한몫 많이 땐 것과 같다고 생각한 적이 있었습니다. 기도를 그렇게 한 번 집중적으로 많이 하면 오랫동안 그 힘이 남아 있습니다. 그 힘으로 기도가 탄원의 기도도 되고 응급의 기도도 되는 것입니다. 그러니까 항상 기도, 밤낮 기도, 이것이 가능한 것입니다. 직장도 가지 않고 그저 기도만 해야 밤낮 기도라 생각할 필요는 없습니다. 어떤 사람들은 기도 시간을 밤중으로 정하기도 했습니다. 옛날에 키프리안이라는 유명한 교회 행정가는 밤중에 기도를 했다고 합니다. 고요하여 잡소리도 나지 않고 캄캄하니 정신이 더욱 속으로 집중이 되면서 하나님만 생각하는 기회가 되었다고 합니다.

택하신 자의 기도

셋째는, 택하신 자의 기도입니다. 하나님께서는 구원 받기로 예정된 사람의 기도를 응답해 주시지 않겠느냐고 예수님은 말씀하십니다. 여기 7절 말씀을 보면 '하물며'라고 했고, '택하신 자'라고 했습니다. 하나님은 택하신 자를 특별히 사랑하시고 택하신 자의 기도를 들으십니다. 그러면 누가 택함을 받았습니까? 택함 받은 것이 구원 받는 데 근본이 됩니다. 택함 받지 못한 사람은 암만 그래도 구원을 못 받습니다. 그러면 누가 택함 받았는지 알 수 있느냐는 것입니다. 영원 전에 택함 받았다고 하니 우리는 영원 전의 일을 상상도 할 수 없는데 그것을 내가 알 수 있느냐는 것입니다. 그러나 성경 말씀대로 보면 택함 받은 사실을 쉽게 알 수 있습니다.

사도행전 13장 48절에 "영생을 주시기로 작정된 자는 다 믿더라"고 했습니다. 어느 때는 성경을 거꾸로 읽을 때에 뜻이 더 명확하게 나타납니다. 다시 말해 '믿는 자는 다 영생 주기로 작정된 자더라'고 거꾸로 읽을 수 있습니다. 성경 말씀대로만 따라가면 됩니다. 내가 양심적으로 정말 믿는가, 내가 가짜는 아닌가, 내가 군중 심리에 이끌려서 도매금으로 따라다니는 것은 아닌가, 우리 스스로 자신의 양심을 돌아보아야 합니다. 스스로 돌이켜 볼 때, 설혹 온 천하 사람이 믿지 않아도 나는 믿겠다 하는 그러한 고요한 양심의 소리가 있느냐는 말입니다. 양심적으로, 진실하게, 분명하게 자신이 믿는다고 여기면 그 사람은 이미 예정된 사람입니다. 택함 받은 사람입니다. 양심적으로 예수 믿는 것은 사람의 힘으로 못합니다. 성령을 받으므로 되는 일입니다. 성령은 누가 주십니까? 하나님이 주시는데 택하신 자에게 주십니다. 믿게 해 주신 것입니다. 저는 이 말을 언제든지 힘 있는 말씀으로 받습니다. 그러므로 택한 백성이 됐다는 것이 얼마나 자랑스러운 일입니까!

어떤 사람은 잘못 생각하기를, '택했으면 결국 만사형통할 것이고 최종적으로 구원받고야 말 것 아닌가? 영생을 주시려고 택했다 하였으니까 택했다면 영생 받을 것인데 무엇 때문에 안타까워하며 무엇 때문에 기도를 많이 하겠는가? 기도 안하고 가만히 있어도 일이 될 것은 분명한데 뭘 그렇게 할 필요가 있나' 그러는 것입니다. 그것은 잘못된 생각입니다. 우리는 그러한 잘못된 이론에 빠져들기 쉽습니다.

그러나 그런 사람은 진리를 모르는 사람입니다. 택함 받은 사람은 생명을 귀히 여깁니다. 택함 받은 사람은 살았기 때문에 활동합니다. 산 사람은 움직이는 법이고 죽은 사람은 움직이지 못하는 법입니다. 벼랑에서 떨어져 굴러 내려가는 시체는 살아 보려고 힘쓰지 않습니다. 그렇지만 산 사람은 굴러 내려가면서도 살기 위해서 뭘 잡으려고 필사적으로 노력합니다. 이같이 생명은 노력을 하는 것입니다. '예정됐는데 무슨 노력을 해'라고 하지 않습니다. 생명이니까 안할 수가 없습니다. 살았으니까 노력을 하는 것입니다.

더욱이 예정된 사람은 소망이 있기 때문에 더 노력을 합니다. 소망이 없다면 무슨 노력이 필요하겠습니까? 하나님이 택해 주셨으니 소망이 있구나, 일은 된다, 이렇게 생각을 할 것이고 동시에 어떠한 역경과 난관이 있어도 막 뚫고 나가게 됩니다. 즉 나는 하나님이 택한 사람이다, 몸이 부서져도 문제가 없다고 생각합니다. 하나님의 뜻인 줄 알면 막 뚫고 나가려고 합니다. 암만 어려움이 있어도 뚫고 나가려고 합니다. 거기는 후퇴가 없습니다. 하나님의 택한 것이 어찌 후퇴가 있겠습니까? 천지는 폐할지언정 택한 사실은 폐지되지 않습니다. 택함 받은 것을 믿는 사람은 성경에 의해 너는 택함 받았다는 통지를 받았는데 왜 시체처럼 가만히 있겠습니까? 가만히 있을 수 없습니다.

만일 이 사실들을 무시하고서 스스로 생각하기를, 택함 받았으니 가만히 있어도 된다고 하면 그것은 진리가 아닙니다. 오히려 노력을 부인하고 책임도 부인하기 때문에 하나님을 거스르는 죄입니다. 따라서 징책을 받습니다. 하나님께서 사랑하는 자를 채찍질한단 말입니다. 그를 때려서라도 기도하도록 하신다는 말입니다. 기도하지 않는다는 것은 하나님과 멀어진다는 것입니다. 결국 마귀처럼 하나님 아버지를 멀리 떠나서 살게 됩니다. 사랑하기 때문에 또한 영원 전에 택했기 때문에 진리대로 행하지 않는 자는 채찍질을 당하게 됩니다. 그렇게 징계받는 것이 좋습니까? 하나님께서 인자하셔서서 오래 참으시긴 하지만 끈덕지게 회개하지 않을 때에는 매를 때리십니다.

무슨 죽을병에 걸린다든지 해서 죽을 수도 있지만 좌우간 영혼만은 구원하시려고 하십니다. 그렇게 사랑이 많으신 분이 택하신 자의 기도를 듣지 않겠습니까? 하물며 하나님께서 그 밤낮 부르짖는 택하신 자들의 원한을 풀어주지 않겠습니까?

신자의 원한

넷째는, 원한의 기도를 들으십니다. 원통을 느낄 줄 아는 사람의 기도를 들으십니다. 원한이 있어야 됩니다. 그러면 원한이 무엇입니까? 자식이 불량한 사람에게 매를 맞았기 때문에 원한이 있습니까? 어떤 사람이 내 재산상 손해를 끼쳤기 때문에 원한이 있습니까? 어떤 사람이 너무나도 엄청나게 여러분에게 상처를 준 경우에 그 마음이 분해서 원한이 생긴다고 여러분들은 생각할 것입니다.

그러나 성경의 원한이란 그런 원한이 아닙니다. 오히려 그러한 원한은 용서하며 살라고 했습니다. 그렇게 원한을 품을 때는 기도가 안 됩니다. 용서하면서 기도해야지 원수를 맺으면서 기도하면 됩니까? 성경은 그와 반대로 말씀합니다. 정말 본문에서 가리키는 원한이란 무엇입니까? 과연 피눈물 나는 그 무엇입니까? 이 원한이란, 하나님의 이름이 땅 위에서 짓밟힘 당하는 것에 대하여 느끼는 느낌이 심각하다는 것을 말합니다.

예수님을 무시하고 욕하고 예수 믿는 사람들을 잡아 죽이고 하나님 없다 하고, 심지어 하나님의 이름 예수의 이름을 종이에 써서 길에 깔고 거기를 걸어가면서 저 이름을 짓밟아라 하면서 온갖 방법으로 하나님을 모독하는 것에 대한 원한입니다. 하나님 본위로 해서 상처를 입히고 악을 행하는 자들에 대한 원한을 말합니다. 이것이야말로 피눈물 나는 원한이 되어야 합니다. 그러한 원한이 없는 신자들은 몹쓸 신자들입니다. 멍하니 앉아 있습니다. 일이 잘 되는 줄만 압니다. 그러나 참된 신자는 죽을 지경으로 마음에 고통이 있어야 합니다.

공산주의 무신론자들이 우리 민족의 절반을 주장하면서 무신론을 강화하고 의식을 전부 개조시켜서 무신론으로 가득하여 굳어지도록 만들며 나아감으로써 하나님을 모독합니다. 하나님이 지으신 땅에서 살면서도 하나님을 무시합니다. 신자들을 멸시하고 핍박하고 죽이는 이러한 일들을 보면서도 여러분의 마음에 하등의 느낌이 없습니까? '그저 이럭저럭 살아가는 거지 뭐, 매일 생각해 봐야 무슨 소용이 있나' 한다면 살지도 못합니다. 우리가 이 세상에서 잘 살자고 하는 것이 최대 목표는 아니지만 살지도 못합니다. 가물 때에는 올챙이들이 물이 조금 있는 논 구덩이에 오글오글 모여 있다는 말입니다. 얼마 후에는 물이 다 마르고 그 올챙이들도 없어지고 맙니다. 저는 우리나라가 그렇게 되기를 원하지 않습니다.

밤낮 공산주의자들에게 위협받고, 밤낮 그들의 모든 흉계와 악한 짓들에 당하는 우리가 아닙니까? 이런 것을 보면서 같은 피를 나눈 민족인데 참 분하다고 민족적 차원에서만 생각할 것이 아니라 하나님을 모독한다는 생각을 해야 됩니다. 우리 민족이 전부 다 주님을 알고 살아야 하는데 주님을 아예 모독하는 방향으로 계속 가르치니 그 생각들이 전부 못된 쪽으로 흘러 굳어지고 있습니다. 아주 딴 민족처럼 되어 가는 것이 분명합니다. 하나님의 이름을 모독한다는 것입니다. 하나님이 만드신 땅 위에서 살면서 하나님을 모독합니다.

우리 땅에서만 그런 것이 아니라 전 세계적으로 그러합니다. 주님의 이름을 짓밟아 버리고 모독하며 모든 질서와 도덕까지도 파괴하여 사람이 못 살도록 만드는 이러한 적그리스도적 사상이 지금 세계를 휩쓸고 있습니다. 이렇게 당장 불타고 있는 집에서 살면서도 불이야 소리치지 않고 그런 집에서 살면서도 태연자약한 마음과 무감각한 상태로 지내고 있는 현실입니다. 그러면서도 우리가 기도할 때 그 기도가 응답되겠습니까?

우리에게는 원한이 있어야 합니다. 이것은 육적 원한이 아닙니다. 공산주의자들을 육적으로 미워한다는 것이 아닙니다. 그들도 영혼이므로 그들이 하는 행동과 그들이 가르치려는 사상에 대해서 참으로 주님을 믿는 우리들로서는 불에 데는 것 같은 안타까움과 놀람과 견딜 수 없음을 느껴야 되겠단 말입니다. 전날에도 말씀드렸지만 그렇다고 우리가 완력으로 어떻게 하자는 것 아닙니다. 그것은 우리가 원치 않는 바입니다.

우리에게는 하나님이 주신 귀한 방법이 있지 않습니까? 그것은 기도입니다. 여리고 성이 손도 안대고 무너졌습니다. 38선 장벽을 우리 기도로 무너뜨릴 수가 있습니다. 시간은 언제인지 모르겠지만 우리가 하나님을 움직일 때에, 우리 기도가 하나님을 움직일 때에 하나님께서 이 일을 못하시겠습니까? 우리는 기도하자는 것입니다. 기도하다 죽어도 좋습니다.

원한의 기도란 '다른 사람들은 행복하게 지내는데 나는 가난뱅이구나. 요것이 문제로다' 하는 것이 아닙니다. 하나님의 이름이 모독을 당하는 것에 문제를 느끼는 것입니다. 우리가 그렇게 대의명분을 가지고 기도를 해야지 시시하게 나는 배고프다, 나는 무슨 재산상 손해를 보았다, 나는 누구로 말미암아 명예에 손상을 당했다, 이런 등등의 시시한 것 가지고 주님 앞에 기도할 때에 그것이 뭐 좋은 기도이겠습니까?

기도

하나님 아버지여 감사하옵나이다. 오늘 아침도 우리를 모아 주옵시고 만고에 변치 않는 귀한 말씀, 예수님이 친히 우리에게 주신 그 말씀, 하물며 하나님께서 그 밤낮 부르짖는 택한 자의 그 원한을 풀어주지 않겠느냐 하는 이 가슴에 불타는 마음으로 말씀해 주신 이 말씀을 우리가 읽었는데, 하나님 아버지 우리가 받은 특권이 얼마나 위대한 것을 평가할 줄 알며 과연 받은 대로 행하며 살도록 하여 주시옵소서. 주님이여 오늘 우리는 원한이 많사옵나이다. 아버지 하나님이여 이 세상에 속한 자들이 하나님을 모욕하는 이 모든 악한 일들 속에서 살고 있는데 사랑하는 아버지, 우리에게 원한을 주시옵소서. 왜 이렇게 심령이 마비되어 있는지요. 주여 금강석같이 굳어진 이 마음을 주님의 능력으로 풀어서 살과 같이 부드러워지므로 느끼는 바 있게 하여 주옵소서. 주님이여 왜 이렇게 세세한 문제와 시시한 그런 일들 때문에 우리는 마음에 격분하며 또한 시간을 많이 쓰면서 정력을 많이 쓰는지요. 아버지 하나님이여 과연 진리를 알게 하시며 진리대로 걸어가게 하시며 진리대로 느끼게 하시며 진리대로 우리 하는 일에 일관해 나갈 수 있도록 은혜 주시옵소서. 예수 그리스도 이름으로 비옵나이다. 아멘

18. 평생 기도하는 복을 받으라

¹ 여호와께서 내 음성과 내 간구를 들으시므로 내가 그를 사랑하는도다 ² 그의 귀를 내게 기울이셨으므로 내가 평생에 기도하리로다.(시 116:1-2)

기도는 참으로 응답된다고 우리는 믿습니다. 여러분이 생각하시기에는 어떻습니까? 우리는 기도를 많이 하려고 또 잘하려고 힘씁니다. 그렇지만 기도 응답에 대한 확신이 필요합니다.

모든 기도에 응답하시는 하나님

우리는 하나님께서 모든 기도를 다 들으신다고 생각합니다. 하나님 앞에 기도한 대로 응답받을 때 우리는 하나님께서 우리의 기도를 들으셨다는 것을 깨닫습니다. 비록 기도 응답이 안 될 때에라도 우리는 하나님께서 기도를 들으셨다고 생각해야 됩니다. 왜 그렇습니까? 내가 기도한 것을 하나님께서 못 들으셔서 응답을 못 받은 것이 아니라 기도를 들어주면 안 되기 때문이며 또 지금 당장 들어주면 안 되기 때문입니다. 듣기는 들었어도 지체하시는 것입니다. 우리는 그것을 알아야 합니다. 그러니까 우리가 기도한 것을 듣기는 다 들으신 것입니다. 주님께서 모르시고 기도를 이루어주시지 않는 것은 아닙니다. 또 우리가 기도를 잘못하므로 오랫동안 기도 응답이라는 것이 무엇인지 모릅니다.

하나님께서 기도를 응답해 주실 때 우리 각자의 형편대로 이루어 주십니다. 상업하는 사람에게는 상업하는 일과 관계있는 도움을 주십니다. 상업하는 사람에게 군대 관계에 필요한 것을 하나님이 도와주신다고 생각하는 것은 조금 거리가 멉니다. 하나님께서는 우리 각 사람을 그 형편대로 취급하십니다. 우리의 형편을 자세히 아십니다. 제 말이 틀렸습니까? 여러분 어떻습니까? 여러분의 실생활에 기도 응답이 됐습니까? 이것은 중요한 문제입니다.

우리의 형편을 따라 응답하시는 하나님

여기 시편 116편 1절에 "여호와께서 내 음성과 내 간구를 들으시므로 내가 그를 사랑하는도다"라는 말씀이 있습니다. 하나님께서는 우리의 음성과 간구를 꼭 들어주십니다. 우리 각 개인의 형편대로 들어주십니다. 우리가 기도할 때 우리 자신의 신분을 지키지 않고, 가령 정치가가 되거나 장사꾼이 되거나 학자가 되어서 기도한다면 자기가 하지 않은 일에 대해서 구하는 것이기 때문에 하나님께서 그것을 즐겨 듣지 않으십니다. 하나님은 우리를 개인적으로 대하시기 원합니다. 하나님은 우리를 도매금으로 취급하지 않습니다. 하나님은 우리를 그렇게 사랑하십니다.

제 경험대로 말하자면 저는 하나님께 평생 개인 취급을 당했습니다. 제가 기도에 응답받은 것이 수다하지만 응답 못 받은 것도 많습니다. 기도를 잘못하고 쓸데없는 기도를 하니까 안 들어주십니다. 기도 응답

받은 것은 특별히 진리 연구와 관계된 일들입니다. 또 설교하는 데 관계된 일들입니다. 기도 응답은 언제든지 한 번 해주시지만 그것이 백 번, 천 번 한 것과 마찬가지의 영향력을 제 기도 생활에 끼칩니다. 하나님께서 기도에 응답하신 것은 너무나 확실합니다. 응답하신 것을 생각할 때부터 힘이 납니다.

예를 들면, 설교하는 데 매번 하나님의 응답을 받습니다. 하나님의 응답을 받는다는 것은 적극적 의미에서의 응답을 받는 것도 있지만 부정적 의미에서의 응답을 받는 것도 있습니다. 적극적 의미에서 응답을 받는다는 것은 꼭 필요한 것을 구하니까 주시는 것입니다. 하나님께서는 꼭 필요치 아니한 것은 주지 않습니다.

분명한 기도를 들으시는 하나님

기도할 때 참으로 구하지 않으면 주지 않습니다. 여기 우리 본문의 말씀이 그 사실을 가르칩니다. 여호와께서 내 음성과 내 간구를 들으셨다고 말씀합니다. 여호와께서는 음성을 들으십니다. 그 말씀의 뜻이 무엇입니까? 분명하게 기도하는 것을 들으신다는 뜻입니다.

우리의 요구가 마음속에만 있을 때는 막연합니다. 분명한 의식도 없이 나 자신도 잊은 채 살게 되면 흐리멍덩해집니다. 그런고로 사람과 말할 때도 음성으로 해야 분명하듯이 하나님과 말할 때도 음성으로 해야 분명합니다. '하나님이 내 마음에 있는 생각의 움직임을 다 아시는데 기도할 필요가 있나. 가만히 있어도 우리의 요구를 다 알아 응답해 주실 것이야'라고 생각하면 잘못입니다.

기도 응답을 할 때에 기도하는 사람 스스로 이건 정말 기도 응답이라 깨달을 수 있게 하려니까 음성으로 딱 말할 때에 하나님께서 그 요구를 감찰하시고 응답해 주십니다. 따라서 기도한 나도 '아 그때 그렇게 말했는데 그대로 됐다' 이렇게 생각하게 됩니다. 마음 가운데 숨겨 두고서 소원이 있다고 해서는 안 되는 것입니다. 내 가슴 속에 있는 소원대로 하나님이 일을 이루어주셨어도 자기 자신도 분명치 않았다면 그것을 기도 응답으로 인정하지 못하는 것입니다.

그러나 응답 받고 그것을 기도 응답으로 인정한다는 것은 아주 중요합니다. 응답받음으로써 하나님이 살아 계시다는 것을 느끼는 법입니다. 하나님이 주셨다는 것을 분명하게 느끼는 것입니다. 그렇기 때문에 한 번 기도 응답 받고 계속 그 힘으로, 그 사건에 대한 응답으로 말미암아 가슴이 뛰는 것입니다. 하나님은 각 사람을 개별적으로 대하십니다. 그런데 여기 있는 말씀과 같이 기도할 때는 음성으로 기도해야 합니다. 그렇게 분명하고 구체적이어야 합니다. 이 말은 하나님을 상대할 때에 정신 빠진 사람처럼 대하지 말라는 뜻입니다. 상대와 지금 대화하듯이, 분명히 믿고, 확실히 주실 것을 알고, 구체적으로 똑똑히 기도해야 합니다.

간구를 들으시는 하나님

하나님께서 내 간구를 들으셨다고 했는데, 이 "간구"는 불쌍히 여겨달라는 말입니다. 이 간구가 히브리 원어로는 '타하눈'인데, 이 말은 불쌍히 여겨 달라는 뜻입니다. 불쌍히 여겨 달라는 말을 우리가 좀 생각할 줄 알아야 합니다. 걸인이 와서 빌 때 그 태도가 어떻습니까? 겸손합니까?

겉으로는 비는 것 같지만 속으로는 '주지 않으면 욕하겠다'는 생각이 있습니다. 주지 않으면 욕하고 갑니다.

그러나 우리는 그런 예외를 생각하지 않아야 됩니다. 정말 걸인이라면, 당장 옷도 없고 먹을 것도 없는 정말 그런 사람이라면 그야말로 눈물을 흘리며 빕니다. 긍휼을 베풀어 달라는 것입니다. 이처럼 긍휼을 베풀어 달라는 기도는 그야말로 마음의 자세가 몹시 겸손합니다. 막 땅에 엎드린 마음입니다. 울면서 기도하게 됩니다. 기도는 하지만 우는 사람이 많지 않습니다. 참 원통한 일입니다. 하나님과 관계하는 사람들은 무엇보다도 자신은 꿈에서조차도 내세우지 않는 겸손한 마음을 가져야 합니다. 울면서 불쌍히 여겨 달라고 하는 심정으로 기도해야 합니다.

저는 기도할 적에 설교 때문에 기도하는 예가 많습니다. 강단에 앉아서도 기도를 하는데 어느 때는 그저 '주여 주여' 하면서 앉아 있습니다. 보기에 좋은 태도는 아닙니다. 뭔가를 중얼거리며 앉아 있을 수도 있었고, 어느 때는 흔들흔들하며 앉아 있기도 했을 것입니다. 좌우간 그런 태도인데 설교하기 힘들 때가 있습니다. 설교 준비를 잔뜩 했어도 설교하기가 어렵습니다.

설교하려면 마음이 평안해야 합니다. 또 담대해야 합니다. 마음이 하나님에게 삼키워져야 설교를 하는 것입니다. 마음이 복잡하면 설교할 수 없습니다. 마음이 평안치 않아도 못합니다. 또 설교하려면 담대해야 합니다. 설교할 때 저기를 쳐다보고 말하고, 땅을 쳐다보고 말하고, 이쪽 쳐다보고 저쪽 쳐다보다가는 설교 못합니다. 설교를 하긴 하겠지만 그것은 설교 아닌 설교입니다. 설교란 것은 마음이 평안해서 '이 분들이 내게 대해서 어떻게 생각할까' 하는 생각도 없어야 하고 담대해야 합니다. 어느 때에는 설교하러 나갈 수가 없습니다. 마음이 평안하지 않고 즐거움과 기쁨이 없습니다. 그럴 때는 설교가 안 됩니다.

그래도 '주님이여, 담대하게 하옵소서. 주님, 기쁨을 주옵소서' 하고 기도합니다. 그렇게 기도했더니, 거기 앉아서 할 때에는 그런 기쁨이 없었는데 나오니까 기쁨이 다른 데서 옵니다. 기쁨이 다른 데서 오는지 내 마음에서 솟아나는지 그걸 모르겠습니까? 또한 어떻게 나가서 말할까 그렇게 무서워하던 존재가 담대해집니다. 그것을 본인이 깨닫게 됩니다. 분명히 위에서 그런 기쁨과 담대함이 온단 말입니다. 기도에 이렇게 응답하시는 것입니다.

하나님 말씀을 연구하면서 제목을 받으려 할 때에 설교하기가 어려우니까 안타까워서 기도하고 간절히 간구를 합니다. 불쌍히 여겨 달라고 울면서 기도했습니다. 그러면서 붓을 들어서 써보려고 하면 그때 하나님이 성경 말씀을 열어 주십니다. 성경 말씀을 열어주셔서 설교문을 쓰게 됩니다. 모든 설교자들이 다 같은 체험을 하게 되는 것입니다.

그러면 진리를 연구하고 진리를 전파하는 저로서는 어떤 기도를 하겠습니까? '성경 말씀을 깨닫도록 해 주옵소서. 말씀을 전할 때에 담대하게 해 주옵소서. 말씀을 전할 때에 기쁨이 있게 해 주옵소서.' 그런 기도를 계속 합니다. 그런 간구는 하나님이 이루어 주십니다. 나의 처지에 필요한 것은 꼭 구해서 받습니다.

그러나 기도를 잘못할 때가 있습니다. 음성으로 하지 않는 것입니다. 더러 무얼 중얼중얼 하기야 합니다. 하지만 기도해야 된다더라 하니까 혼수상태에서 억지 기도를 하는 것입니다. 기도를 하면서도 내 양심도 기도한다고 인정을 못하는 것입니다. 그러나 제 마음이 안타까워하면 기도가 됩니다. 하나님이 기도할 힘을 주셔야 기도를 하게 됩니다. 기도를 달게 하는 때가 있습니다. 음성을 내서 기도하는데 자신이 듣기에도 얼마나 좋은지 모릅니다..

기도는 꼭 응답됩니다. 기도로 구한 그것을 받든지 아니면 부정적으로 응답을 받습니다. 부정적으로 응답이 올 때는 도무지 기도로 구한 그대로 안 됩니다.

우리가 기도 응답을 못 받았으면 자기를 좀 반성해야 됩니다. 내가 기도를 올바로 했는지, 믿기는 믿는다고 하지만 정신 빠진 사람은 아닌지, 기도를 했다면 얼마나 했으며 또 쓸 만한 기도를 얼마나 했는지를 반성해야 합니다. 도무지 반성 없이 세월을 보낸다면 얼마나 답답합니까?

소도 한 번 빠졌던 구덩이에는 가지 않는다고 합니다. 또 소도 임자를 안다고 했는데 성경은 그것을 칭찬합니다. 소가 임자를 안다는 것은 우리가 본받을 만한 것입니다. 우리의 임자는 하나님이신데 하나님을 알고 하나님을 찾을 줄 알아야 하지 않겠습니까? 소가 먹고 마시고, 등이 근지러우면 나무에 대고 비비고, 근지러우면 벽에도 갖다 대고 마구 비비는 그것을 지혜라고 합니까? 그렇게 말하기는 어렵습니다. 그런 소일지라도 주인을 아는 것에 대해서 성경은 칭찬했습니다.

사람은 임자가 없습니까? 굴러다니는 먼지와 같이 이렇게 떠돌다가 죽는 것입니까? 인생을 그렇게 생각하면 안 됩니다. 우리에게는 임자가 있습니다. 그 임자는 바로 하나님이십니다. 여호와 하나님이 임자를 아는 소를 칭찬하였거든 하물며 사람이 주님을 아는 것을 얼마나 기뻐하시겠습니까? 주님을 안다고 하면 어려움이 있을 때 주 앞에 나아가서 울 줄 알고 긍휼을 빌 줄 알아야 합니다. 잔뜩 교만해서 속으로 '하나님께 기도해야 무슨 소용이 있나, 내가 다 해 나갈 텐데' 하는 따위의 생각이나 하는 것입니다. 그러니까 기도를 안 합니다. 하나님은 신자가 기도하지 않는 것을 미워하십니다.

하나님을 사랑하게 됨

기도의 유익이 무엇입니까? 기도가 응답되면 하나님을 사랑하게 된다는 것입니다. "여호와께서 내 음성과 내 간구를 들으시므로 내가 그를 사랑하는도다." 주를 사랑하는 것이 얼마나 귀합니까? 사람이 무엇을 사랑하든지 그 사랑하는 대로 됩니다. 나쁜 것 사랑하면 나빠지고, 좋은 것 사랑하면 좋아지고, 진실한 것을 사랑하면 진실해지고, 거짓을 사랑하면 거짓됩니다.

돈을 힘써 모아 주님을 위해 써야 하는데 제 욕심을 채우느라고 주님을 위해 쓰지 못합니다. 돈을 사랑하는 것이 일만 악의 근본인데 그런 식으로 돈을 사랑하면 돈과 함께 망해 버립니다. 만악의 근본이라고 했으니 일만 악의 시험을 받고 일만 악에 빠졌다가 죽는 것입니다. 사람이 무엇을 사랑하든지 그 사랑의 성질에 따라서 그대로 되어가는 것입니다. 그러므로 하나님을 사랑하는 것이 얼마나 귀한 일입니까?

평생 기도하게 됨

기도가 응답되면 평생 기도합니다. 2절을 봅시다. "그의 귀를 내게 기울이셨으므로 내가 평생에 기도하리로다." 평생 기도하는 것이 얼마나 복입니까? 하루 한 시간 지켜서 기도해도 큰 복인데 평생 기도하는 사람이 되었으니 얼마나 복 받은 것입니까?

평생 기도하니 평안할 때에도 기도합니다. 많은 사람들이 평안할 때는 기도하지 않습니다. 무엇이든지 다 있는데 왜 기도합니까? 부족한 것이 있어야 기도하는데 모든 것이 풍성한데 무슨 기도를 하겠습니까? 그렇게 되면 그 사람은 망합니다. 평안할 때에도 기도해야 됩니다. 평안할 때는 특별기도를 해야 합니다. 특별기도는 시간을 내야 됩니다. 사흘이든지 시간을 내서 산에 가든지, 들에 가든지, 어디 가서 앉을 데가 있으면 거기 가서 금식하면서 기도하든지 혹은 먹으면서 기도하든지 기도해야 됩니다. 이것이 특별기도입니다. 사업도 귀하지만 사업은 잠시 놔두고 기도해야 사는 것입니다.

사람이 평안하기만 하면 타락합니다. 디모데전서 5장 6절에는 "향락을 좋아하는 자는 살았으나 죽었느니라"고 하였습니다. 이 세상에서 평안하니까 쾌락만 생각합니다. 잘 먹고 잘 쓰는 것만 생각합니다. 그렇게 되면 하나님께로부터 멀어지고 타락하게 됩니다. 영혼이 망하게 되는 것입니다. 사람은 이렇게 미련한 것입니다. 평안하면 평안해서 타락하고, 괴로우면 괴로워서 타락하니, 평안할 때도 기도해야 하고 괴로울 때도 기도해야 합니다.

평안할 때에 특별기도를 해야 한다 그 말입니다. 특별기도를 해서 멸망하지 말아야 하겠습니다. 평안한 것이 위험한 것입니다. 평안할 때에 죽을 힘을 다해서, 생명을 다해서 기도해야 합니다. 혹 전도하다가 매도 맞고 욕먹고 이렇게 일이 될 때에 보람되고 그것이 진리이고 단단한 것입니다. 힘도 안 썼는데 술술술 일이 잘되고, 아무 시험도 당하지 아니하고, 괴로움도 없었고, 쾌락은 쾌락대로 그대로 누리는데 그 일이 다 잘됐다면 그것이 착실한 것 아닙니다. 고생과 어려움과 역경 가운데서 일은 알차게 되도록 되어 있습니다.

환난 때 기도함

우리 기독자는 평안을 탐해서는 안 됩니다. 교회도 시험이 있을 수가 있습니다. 어려운 일을 당할 때에 '옳지, 옳지, 좋은 일에는 시험이 있는 법이다.' 이렇게 생각해야 합니다. 일이 알차게 되려면 모든 어려움을 통과해야 합니다. 쉽사리 되면 쉽사리 변하고 쉽사리 잘못 되는 것입니다. 그러므로 평안할 때에 기도해야 합니다. 뿐만 아니라 환난 때에 기도해야 합니다. 다시 말하면 응급한 기도를 할 줄 알아야 합니다. 응급한 기도, 그것은 조금 심보가 고약한 것처럼 보일 수도 있습니다. 어려운 일 당할 때만 '주여' 하기 때문입니다. 그 말도 일리는 있습니다. 다른 때에는 전혀 기도 하지 않다가 어려워지니까 '주여' 하는데 그럴 때에 하나님께서 좋지 않게 볼 수도 있습니다. 그렇다면 하나님은 어려운 때만 이용하는 분입니까? 하나님은 그렇게 생각할 만도 합니다.

하지만 우리가 어떤 이유인지는 몰라도 어려운 때, 보통으로는 기도하지 못하다가 '주여' 하고서 정말 겸손히 낮아지고, 이제부터라도 사람이 될 것이 분명하고, 이제부터라도 기도를 계속 할 것이 분명할 때에 하나님께서 그 사람을 불쌍히 여기십니다. 지금은 '주여' 하지만 내일은 안 그럴 사람들은 안 돌아보십니다.

응급적인 기도는 장점도 있습니다. 위급하니까 외식을 섞지 못합니다. 평안할 때 기도하면 외식이 많이 섞입니다. 형식을 많이 섞습니다. 기도하는 가운데도 너무 편안하게 합니다. 그러나 위급해서 기도할 때에는 외식과 형식이 어디 있겠습니까? '주님이여, 내가 죽는 것도 좋습니다만 주께 영광이 되게끔 죽어야겠습니다. 주님이여, 내가 죽는 것도 좋습니다만 주님이 받을 만한 제물로 죽게 해 주시옵소서. 내가 주를 위해서 있는 것인데 이때까지 주를 위해 생활하지 못했습니다.' 이렇게 껍질을 다 벗겨놓고 적나라하게 주님을 대면하여 찾는 것입니다.

시편 50편 15절에 "환난 날에 나를 부르라 내가 너를 건지리니 네가 나를 영화롭게 하리로다" 하셨습니다. 우리는 기도의 마음 자세로 늘 살아가야 합니다. 사업하면서도 기도해야 합니다. 사업하면서도 남이 듣지 않을 정도로 '주여 주여' 하며 기도해야 합니다. 여기 또 장점이 있습니다. '그 모든 활동과 그 모든 사업도 주님을 영화롭게 해 주시옵소서' 하는 심리이고, '내 활동과 이 모든 사업도 주님의 의를 나타내게 해 주옵소서' 하는 중심이지 '내가 이 사업에서 욕심을 채우게 해 주옵소서' 한다면 잘못 기도하는 것입니다.

야고보서 1장 15절에 "욕심이 잉태한즉 죄를 낳고 죄가 장성한즉 사망을 낳느니라"고 하신 무서운 말씀이 있는데도 불구하고 내 욕심으로 무엇을 구한다는 것은 말도 안 되는 것입니다. 사업을 하면서도 그렇게 기도하면 안 됩니다. 오직 주님 사랑하는 마음으로 기도해야 합니다. 기도하는 마음의 자세를 가지고 사업에 임해야 합니다. 그래서 손 한 번 움직이는 그 때도 기도가 돼야 합니다. 기도에 이런 장점이 있는 것인데 이런 일에도 마귀는 신자들을 멸망시키려고 시험에 들게 하여 외식으로 기도하게 만듭니다. '주여 주여' 하지만 진짜 가슴에서 나오는 기도가 아닙니다. 입술에만 붙은 습관일 뿐입니다. 어떻게 우리가 하나님 앞에서 기도하면서 입술로만 말하겠습니까? 이 활동과 사업이 주님을 영화롭게 할 소원이 되는데 어떻게 입술에 붙은 말을 하겠습니까?

평생 기도하는 사람은 얼마나 하나님께로부터 복을 받습니까? 지금 우리가 오늘날까지 나오는 가운데 하나님이 많이 역사하신 것을 감사하는데 앞날을 내다보면서 우리가 기도를 많이 해야만 되지 않겠습니까? 이 교회는 적어도 질적으로 우리 주님을 높이고 주님을 영화롭게 하고 주님을 기쁘시게 하는 교회가 되게 해달라고 우리가 계속 기도해야 되겠습니다. 기도의 마음 자세로 늘 움직여야 되겠습니다.

또 우리 교회가 운명을 같이 하는 신학교를 위해서 뭐 주일날 예배 시간이나 다른 예배 시간에 한 번씩 기도하는 정도로 멎어져서는 안 되겠습니다. 이 기도는 뜨거운 가슴에서 나오는 기도가 되는 동시에 일을 하면서도 이 기도를 해야 되겠습니다. 우리가 무슨 욕심으로 기관을 하나 세우려는 것이 아닙니다. 이것이 선한 뜻을 가진 것인 만큼 시험이 많을 것입니다. 좋은 일이 하루 이틀에 그렇게 눈부시게 크게 되는 것은 아닙니다. 이것은 나무를 심는 일과 같아서 당장 열매를 거두는 것이 아닙니다. 우리는 심기만 하고 후대 사람이 거두게 될 지도 모르는 일이요 또 하나님이 역사하시면 우리 시대에 거둘 수도 있겠습니다.

그러나 상당한 고생과 상당한 희생과 눈물을 뿌려야 할 것이고 때로는 낙심된 일이 있고 난관과 애로들이 반드시 있는 것을 우리가 생각해야 합니다. 하나님의 선한 일이 어찌 쉽사리 되겠습니까? 쉽사리 됐다면 거기 무슨 병탈이 있겠지요. 하나님께서는 우리를 다듬고 다듬고 또 이기고 이기게 해서 질병의 원인이 될 만한 것은 다 업혀 나가도록 진탕을 칠지도 모릅니다. 우리 자신들이 무엇이 잘났습니까? 우리가 남보다 뭐가 나아서 지금 이 일을 하는 겁니까? 아닙니다. 우리가 보기엔 분명히 한국 교회는 병이 나 있습니다, 다 병이 나 있는데 어디에서든지 그 누구라도 살자는 소리는 해야 되겠습니다. 좀 고쳐보자, 좀 새로워지자는 소리라도 쳐야 되니까 우리가 이처럼 이 시대에 이 기치를 든 것입니다.

여러분, 기도의 제물이 되지 않고 어떻게 하나님의 좋은 일이 이루어지겠습니까? 희생과 봉사의 피나는 노력 없이 어떻게 좋은 일이 이루어지겠습니까? 시험과 환난과 곤고를 언제 어디서든지 겪지 아니하고 어떻게 참으로 깨달은 일이 나오며 어떻게 참으로 연단 받은 참된 것이 나오겠습니까? 주님의 일을 한다는 것은 투전이 아닙니다. 요행수로 일이 되는 것이 아닙니다. 하나님 앞에서 우리 자신들이 연단을 받으며, 먼저 자신들이 신앙생활에 진보가 있어야 하겠습니다.

많고 적은 것이 문제가 아니라, 적어도 참된 것을 주님이 원하시니까 우리는 무엇보다도 기도에 수고를 해야 됩니다. 우리 교우들은 설교란 그저 한번 듣기만 하고 마는 것이라는 식으로 살아서는 안 되겠습니다. 하나님 말씀대로 못 사는 것을 심히 아프게 알아서 어떻게 하든지 힘쓰고 애쓰고 고생하고 시험을 통과하면서 마침내 죽기 전에 하나님의 역사를 봐야 하지 않겠습니까?

맺는 말

기도의 유익이 무엇입니까? 기도 응답을 받은 사람의 받는 유익이 무엇입니까?

첫째는, 주님을 사랑하게 되는 것입니다. 주님을 사랑한다는 것은 목마른 사슴이 시냇물을 갈급해 하는 것같이 주를 늘 사모하는 것입니다. 동시에 주님께 순종하는 것입니다. 요한복음 14장 21절에서 "나의 계명을 지키는 자라야 나를 사랑하는 자니 나를 사랑하는 자는 내 아버지께 사랑을 받을 것이요 나도 그를 사랑하여 그에게 나를 나타내리라" 말씀하였습니다.

사랑은 순종입니다. 손아랫사람을 사랑하거나 아이들을 사랑하는 것처럼 머리 쓰다듬어 주고 등 두드려 주는 것이 아닙니다. 순종하는 것입니다. 자식이 부모를 사랑한다는 것이 무엇입니까? 부모님 말씀에 순종해 드리는 것입니다.

주님을 위해서 희생하는 것이 또한 사랑입니다. 주님을 위해서 희생하는 것을 달게 여겨야 합니다. 희생하는 일이 없다면 얼마나 세상이 헛되겠습니까? 천하에 주님을 위해서 희생하는 것과 같이 귀한 일이 어디 있겠습니까? "여호와께서 내 음성과 내 간구를 들으시므로 내가 그를 사랑하는도다."

둘째는, "그의 귀를 내게 기울이셨으므로 내가 평생에 기도하리로다."

평생 기도하는 이 복을 받는 것입니다.

기도

하나님 우리 아버지 감사하옵나이다. 오늘도 이와 같이 우리를 사랑하시고 이 장소에 모여서 주를 높이며 찬송하며 기도하며 주의 말씀 듣도록 하신 것을 감사하옵나이다. 말씀을 전하는 자도 입술에서만 끝나지 않게 하여 주시고 말씀을 듣는 이들도 귀로만 받지 않게 하여 주옵시고 과연 이 말씀을 듣고 주님께 순종하며 주님을 사랑하게 하여 주옵소서. 예수의 이름으로 기도하옵나이다. 아멘

19. 기도의 네 가지 요소

¹ 그러므로 내가 첫째로 권하노니 모든 사람을 위하여 간구와 기도와 도고와 감사를 하되 ² 임금들과 높은 지위에 있는 모든 사람을 위하여 하라 이는 우리가 모든 경건과 단정함으로 고요하고 평안한 생활을 하려 함이라.(딤전 2:1-2)

우리는 기도하지 않고는 못 삽니다. 예수를 진실로 믿는 사람이라면 기도를 통해서 예수님과 사귀게 되고 예수님과 말씀하게 되고 예수님께 무엇을 구해서 은혜로 받게 되니 기도는 언제나 해야 될 중요한 일입니다. 우리가 기도하는 가운데 빼놓을 수 없는 네 가지 요소들이 있습니다. 1절에 나와 있듯이 간구와 기도와 도고와 감사, 이 네 가지입니다.

간구

첫째로, 간구가 무엇입니까? 간구 懇求 라는 것이 무엇인지는 '간' 자가 잘 말해 줍니다. 간절하게 구하는 것입니다. 기도한 것을 받기까지 구하는 것입니다. 왜 그렇게 구합니까? 우리가 기도할 때는 하나님 뜻에 합당한 것만 구하기 때문에 꼭 이루어집니다. 시간이 지체되는 예는 있습니다만 계속 구하면 이루어주십니다. 하나님 뜻에 합당한 것은 우리에게 제일 유익합니다. 그렇기 때문에 좋은 것은 구하다가 그만두지 않게 됩니다.

그래서 간구라는 말이 여기 기록되었습니다.

우리는 기도할 때에 신중을 기해야 합니다. 잘 생각하고 기도해야 합니다. 생각 없이 기도하지 않아야 합니다. 무엇을 생각해야 합니까? 하나님의 뜻을 생각해야 합니다. 내가 이렇게 기도하는 것이 참으로 하나님이 기뻐하시는 일인지, 하나님의 뜻에 합당한 것인지, 하나님이 일하시는 가운데 이런 일을 하시는지, 그것을 잘 알아 봐야 합니다. 우리가 기도할 때 내는 열심은 귀합니다. 열심이 없다는 것은 간절하지 못한 증거가 됩니다. 간절한 사람은 열심이 있습니다. 하지만 참된 열심은 신중한 결정에서 생깁니다. 우리는 열심히 기도한다고 하면서 생각 없이 하기 쉽습니다. 그러면 열심히 하는 노력이 헛됩니다. 그러므로 기도할 때는 잘 생각해서 하나님의 뜻을 분명히 알고 해야 합니다. 하나님의 뜻이 무엇인가 알아야 합니다. 하나님의 뜻만 알았다면 좋은 일입니다. 하나님의 뜻을 알았다면 하나님의 뜻은 꼭 승리하는 것입니다. 하나님의 뜻은 최상으로 좋습니다. 그러니까 우리가 무엇을 구하기 전에 먼저 이것이 하나님의 뜻인가 알아보고 간구에 착수하면 기쁨도 있고 낙심되지 않고 힘이 나고 끝까지 간구하게 됩니다.

우리가 병을 고치는 일로 기도할 때 먼저 하나님의 뜻이 어디 있는지 생각해야 합니다. 우리 믿는 사람들에게는 기도로 병 고치는 일이 있습니다. 빌리 그래함은 병들었을 적에 믿음으로 고친다는 확신이 생겼으면 병원에 갈 필요가 없다고 말했습니다. 나의 병을 믿음으로 고친다는 확신이 생겼을 때 그것은 하나님의 뜻이니까 병든 그 자신이 하나님 앞에 병 고쳐 주시길 기도하면 시간이 문제지, 빠르든지 늦든지 반드시 고쳐 주신다고 말씀하셨습니다. 그렇지만 그런 믿음이 생기지 않는다면 병원에

다녀야 한다고 말했습니다. 옳은 말입니다. 믿음이 생기지 않는 것은 다른 방법이 있기 때문에 믿음이 생기지 않는다는 말입니다. 다른 방법이 무엇입니까? 병원 제도도 하나님이 경륜하시고 이 세상에 있게 하셨습니다. 의사와 약의 필요성도 하나님께서 제정하셨습니다.

디모데전서 5장 23절에서 바울은 디모데에게, 병을 위하여 포도주를 조금씩 쓰라 했습니다. 그러므로 약을 쓰는 것은 잘못이 아닙니다. 질병으로 하나님 앞에서 기도하는 중 확신이 생기면 하나님께서 직접 고쳐 주신다는 뜻이고, 병원을 통하지 않고 고쳐 주신다는 확신이 생겼으면 하나님이 보여주신 뜻이라는 말입니다. 그러므로 우리가 질병을 고침 받기 위해서 간절히 하나님께 기도하는 것입니다. 그런 것이 간구입니다.

기도

둘째로, 기도란 말이 나옵니다. 기도는 무엇입니까? 기도는 간구와 조금 다릅니다. 기도는 좀 넓게 쓰는 말입니다. 기도에는 하나님을 찬송하고 영화롭게 하는 기도도 들어가고 간구하는 것도 들어갑니다. 그리고 하나님을 묵상하면서 내 마음이 하나님과 통하고 하나님의 아름다움을 묵상하고 하나님을 바라보고 하나님을 사모하는 이런 것도 다 기도에 들어갑니다. 특별히 이 기도라는 말이 중요하게 가르치는 바는 꼭 하나님께만 한다는 것입니다. 기도라는 단어는 반드시 하나님께만 사용됩니다. 기도할 때에 사람을 상대하면 기도가 아닙니다. 눈을 감고 기도하지만 사람을 생각하면 그것은 기도가 아닙니다. 내가 지금 기도하는 것을 사람이 어떻게 생각하겠는가 하는 그런 마음을 가진다면 기도가 아닙니다. 그런 기도는 착실하지 못한 기도입니다. 그런 기도도 하나님이 불쌍히 여겨서 들어주실 만한 부분은 들어주시겠지만 하나님께만 말하는 것이 기도입니다. 그런데 우리가 기도할 적에 다른 사람이 내 기도를 어떻게 생각하겠는가 하는 시험에 떨어지기 쉽습니다. 하나님에게 기도하는 것이 생명보다 귀한데 기도를 참되게 해야 되겠습니다. 그러기 위해서 우리가 연단을 받아야 되는 줄로 저는 생각합니다.

디모데전서 4장 7절에서는 경건에 이르도록 자신을 연단하라고 말씀합니다. 경건에 이르도록 연습해야 합니다. 기도할 때 우리가 사람을 생각하고 기도하면 기도하는 자신에게 기쁨이 있습니까? 기도를 할 때에 사람에 대한 생각은 다 잊어버리고 하나님께만 기도를 올려야 마음이 기쁩니다. 기도한 뒤에 마음이 아주 유쾌합니다. 하나님이 주시는 은혜도 물론 있지만 우선 양심을 가진 우리들로서 그 마음이 기쁘다 그 말입니다. 기도하는 가운데 거짓말하는 기도를 안했기 때문입니다. 다시 말하면 사람 들으라는 기도를 하지 않았다는 것입니다. 그러니까 참 기쁨이 있습니다. 무엇보다도 하나님을 기쁘시게 하기 위하여 우리가 기도를 참되게 해야 되겠습니다. 그러기 위해서는 우리가 기도의 연단을 받아야 됩니다.

기도의 연단을 어디서 받느냐 하면 밀실에서 받는 것입니다. 즉 고요한 자리에서 기도의 연단을 받는 것입니다. 공석에서 기도하면 다른 사람을 의식하기 쉬우니까 밀실, 즉 고요한 자리에 가서 힘써 기도해야만 점차 연단이 됩니다. 무슨 연단이 됩니까? 고요한 자리에 가서 기도하면 사람을 기쁘게 하려는 그 생각으로 말하는 시험은 안 받으니까, 하나님이 기뻐하시는 기도가 될 기회가 됩니다. 그렇기 때문에 우리가 그런 자리에 가서 기도할 때에 재미를 봅니다.

특별히 무슨 재미를 보는가 하면 하나님을 사랑하는 재미를 봅니다. 우리의 기도가 참되게 이루어져서 하나님께 올라가면 체험하는 것이 있습니다. 하나님을 기뻐하게 되는 마음이 생기는 체험이 있습니다. 하나님께서 그러한 은혜를 주십니다. 기도를 잘하면 하나님과 소통이 되며, 하나님과 교제가 되며, 하나님께만 올리는 기도가 되기 때문에 우리 마음에 하나님을 사랑하는 마음이 점점 더해집니다.

그러므로 밀실 기도, 즉 고요한 자리에서 하는 기도가 우리에게는 은혜를 많이 받는 기회가 됩니다. 그렇게 되면 기도할 마음이 점점 더 많아져서 재미를 느끼며, 하나님을 즐거워하는 마음이 점점 많아지게 됩니다. 하나님을 즐거워하는 마음이 점차 강해지고 그 마음이 점차 힘이 붙으면 잘 되어 나가는 것입니다. 기도생활이 잘 되어가는 것입니다. 하나님을 사랑하는 마음이 차차 강해지는 것, 이것이 귀하다 그 말입니다. 그래서 공석에 나서서 기도할 때도 사람을 생각할 기분이 생기지 않고, 도리어 하나님께 지금 기도한다 하는 마음 자세가 되면 하나님을 즐거워하기 시작하는 그런 마음이 일어나면서 하나님을 좋아하고 하나님을 즐거워하고 하나님에게 말씀드리는 이것이 너무 귀한 일로만 생각해서 하나님께만 집중이 될 가능성이 많습니다.

우리는 교리도 배워야 되겠고, 특별히 성경을 많이 배워야 하지만 기도도 배워야 합니다. 기도란 되는 대로 하는 것이 아닙니다. 하나님 앞에 말씀드리는 일이므로 우리가 기도를 잘 해야 됩니다. 그러므로 무엇보다도 밀실 기도, 한적한 자리에 가서 기도하는 일에 우리가 힘써야 하는 것입니다. 예수님께서 한적한 곳에 가서서 기도했다는 말씀이 성경에 많이 있습니다. 광야에 가서도 기도하셨고 빈 들에 가서도 기도하셨습니다. 산에 올라가서 기도하셨고, 새벽 미명에, 즉 사람들이 떠들기 전 고요한 시간에 기도하셨다는 말씀들이 복음서에 많이 있는데 우리는 예수님을 본받아야 합니다. 뭐 누구의 말을 들을 것 없습니다. 예수님이 기도를 이렇게 하셨으니 우리도 예수님처럼 기도하는 것이 제일 잘하는 것입니다. 우리도 빈 들판에서, 깊은 산중에서, 고요한 밀실에서, 그리고 고요한 시간 새벽 미명에 기도하기를 힘써야 합니다. 그렇게 기도하는 중에 주님만 상대해서 말씀하는 그 힘이 차차 배양되는 것입니다. 그래야만 공석기도에서도 시험받지 아니하고 기도를 옳게 할 수 있습니다.

도고

셋째로, 여기 도고란 말이 나옵니다. 이 도고라는 것은 남을 위해서 기도하는 것입니다. 우리는 신앙생활을 할 때 이기주의로 흘러가기 쉽습니다. 기도하는 일에 있어서도 역시 이기주의, 개인주의로 흘러가기 쉽습니다. 성경을 읽어 보면 제 생각에 가장 유익한 기도가 도고의 기도라 생각이 됩니다. 기도 중에도 유익한 기도가 도고의 기도, 다시 말하면 남들을 위하여 하는 기도라 그렇게 생각이 됩니다. 왜 그런가 하면 우리가 하나님 앞에서 은혜를 받으려고 하면 개인주의, 이기주의로는 안 된다는 것을 늘 명심해야 하기 때문입니다.

야고보서 4장 초두에 "너희가 얻지 못함은 구하지 아니하기 때문이요 구하여도 받지 못함은 정욕으로 쓰려고 잘못 구하기 때문이라"고 분명히 말씀했습니다. 욕심으로 구하는 것이, 누구보다도 내가 하는 이 개인주의, 이기주의 사상이 신앙생활에 언제나 해를 끼치는 것입니다. 주기도문을 읽어 보면 '나'라는 글자가 없습니다. 주기도문에는 하나님이라는 말이 있고 '우리'라는 말이 있습니다. 주기도문을 내리 읽어 보면 계속 '우리'라는 말만 나오지 '나'라는 말이 없습니다. 그만큼 예수님께서는 기도의 근본정신을 주기도로서 가르쳐 주셨는데 주기도에 나타난 말씀은 하나님 중심이요, 또 우리에게 관계된 것, 즉 하나님의 교회 공동체에 관계된 것입니다.

우리가 언제나 자신을 위해서 기도해서는 안 된다는 것은 아닙니다. 다만 여기서 제가 지적하는 것은 무엇보다도 유익한 기도, 무엇보다도 좋은 기도, 우리가 더 힘써야 할 기도가 도고의 기도라는 말입니다. 즉 남들을 위하여 기도하는 이 기도를 중요하게 여겨야 되겠다는 말씀입니다. 우리가 남들을 위하여 기도할 때에는 자기 개인을 위하여 기도하는 것만큼 열심이 나지 않습니다. 처음에는 열심이 나지 않습니다. 마음에 남들을 위하여 안타까워하고 속이 타는 그런 것이 적습니다.

그러나 그것은 우리의 결점이고 그런 점은 시정이 되어야 합니다. 왜 남들의 문제에 대해서는 그렇게 냉랭하고 나 자신의 문제나 일에 대해서는 그렇게 뜨거운가 하는 여기에 과오가 있는 것입니다. 이웃 사랑하기를 네 자신과 같이 하라는 예수님의 말씀이 철칙이고 진리이고 자타에게 유익을 주는 말씀인데 어찌해서 우리가 남들에게 대해서 그렇게도 무관심한가를 생각할 때 우리 자신들의 병통이 이만저만이 아니라는 것을 느끼게 됩니다. 인간이 전적으로 부패했다는 그 진리가 여기서도 발견되는 것입니다. 우리가 도고하는 것을 배워야 합니다. 우리가 어찌하여 기도하는 데 있어서 이기주의와 개인주의로 일관하겠습니까? 이런 태도에는 아무런 기도의 승산도 없고 또 기도도 더욱 타락해 가는 것입니다. 그렇기 때문에 이 도고의 기도를 배워야 한다고 생각합니다.

감사

넷째로, 감사란 말이 여기 나옵니다. 우리가 기도할 때에 먼저 감사해야 하고 또 진심으로 해야 하겠습니다. 습관성으로 감사하기보다는 우리 중심에서 감사해야 합니다. 왜 감사합니까? 나와 같은 죄인을 구원하시는 구주님이 계시니 감사한 것입니다. 또 선하신 하나님이 영원토록 살아 계시니 감사합니다. 착하고 의로우신 하나님이 살아 계시니 소망이 거기에 있습니다. 늘 감사해야 되겠지요. 게다가 하나님께서는 기도하면 응답하시니 감사하다 그 말입니다. 조만간의 시간문제지 기도는 헛되지 않고 반드시 이루어 주십니다. 그러므로 이제 주실 것을 생각해서 감사합니다.

계시록을 읽어 보면 감사의 노래가 그렇게 많습니다. 이것을 보면 천국에는 감사밖에 없습니다. 그러니까 우리가 기도할 때도 이것을 주십시오, 저것을 주십시오 하는 그런 것은 없어야 하겠습니다. 다 이루어 주셨으니까 감사밖에 없는 것입니다. 하늘나라에 가면 거기 있는 성도들이 하는 말에 감사, 감사, 감사하는 노래밖에 없습니다. 그렇기에 우리는 미리 이 세상에서부터 그 연단을 해야 되겠습니다. 이 세상에 살면서부터 우리는 천국 사람의 생활을 연습해야 됩니다. 감사를 배워야 합니다. 범사에 감사하라고 했습니다. 보통은 감사하지 않는 일일지라도 거기에 감사할 오묘한 내용이 있다는 것입니다. 감사는 저 하늘나라에 가서 영원토록 할 일인데, 영원히 변하지 않고 늘 할 일인데, 우리가 이 세상에서부터 감사하는 참된 생활을 배워야 합니다.

맺는 말

오늘 여러분에게 말씀드린 것은 기도의 네 가지 중요한 요소에 대한 것입니다. 간구하자, 기도하자, 도고하자, 감사하자는 이 네 가지입니다. 우리가 이렇게 기도하되 특별히 본문의 임금들과 높은 지위에 있는 모든 사람을 위하여 하라 이렇게 말씀하셨는데 우리가 국가를 위하여 얼마나 기도했는지 모르겠습니다. 우리 국가를 위해서 많이 기도하는 경건 생활이 꼭 있어야 될 줄로 압니다. 간구, 기도, 도고, 감사 이 네 가지를 기억하고 기도 생활에 한 번 더 전진이 있기를 바랍니다.

기도

지극히 거룩하신 우리 아버지 하나님 감사하옵나이다. 우리는 항상 기도해야 될 이런 처지이지만 시험을 받고 이 모양 저 모양으로 약해져서 기도를 부지런히 하지 못하고 또 간구와 기도와 도고와 감사에 분명치 못한 부족한 자들임을 다시 깨닫사오니 주님께서 우리에게 은혜를 주셔서 오래지 않은 세월 동안에 우리들이 이러한 기도생활을 하게 하여 주옵소서. 아버지여 무엇보다도 도고 생활에 날마다 힘쓰며 배울 수 있도록 은혜 주시기를 간절히 비옵고 원합니다. 우리 국가를 주님 주장하여 주시기를 간절히 비옵나이다. 우리 국가가 우리 주님의 은혜로 바로 되어 나가도록 하여 주시고 이 민족이 과연 국제 사회에 빛을 발하도록 하여 주시고 자손만대에 하나님 중심하여 사는 귀한 민족이 되도록 은혜 주시기를 바라나이다. 다스리는 모든 지도자들을 주님이 주장하여 주시고 이 민족을 언제든지 바로 인도해 나가도록 지혜와 총명을 주시옵기를 바라오며 이북 공산당도 회개하고 주께로 돌아오게 하시며 이 민족이 속히 진리 안에서 하나 되며 주님을 영화롭게 하는 단합된 민족으로 살아가도록 은혜를 주옵소서. 예수 그리스도 이름으로 비옵나이다. 아멘